José Roberto Julianelli
Fábio Souza da Silva
Leandro Carvalho Vieira
Gilmar de Paula Matta
Ilydio P. de Sá

1000 QUESTÕES
DE MATEMÁTICA
ESCOLAS MILITARES E ENSINO MÉDIO

CB041248

EDITORA
CM CIÊNCIA MODERNA

Editor: Paulo André P. Marques
Supervisão Editorial: Camila Cabete Machado
Copidesque: Nancy Juozapavicius
Capa: Cristina Satchko Hodge
Diagramação: Abreu's System
Assistente Editorial: Patricia da Silva Fernandes
Revisão de Provas: Aline Vieira Marques

FICHA CATALOGRÁFICA

JULIANELLI, José Roberto; MATTA, Gilmar de Paula; VIEIRA, Leandro Carvalho; SOUZA, Fábio.
1000 Questões de Matemática – Escolas Militares – Ensino Médio
Rio de Janeiro: Editora Ciência Moderna Ltda., 2009.

1. Matemática
I — Título

ISBN: 978-85-7393-838-8   CDD 510

Editora Ciência Moderna Ltda.
R. Alice Figueiredo, 46 – Riachuelo
Rio de Janeiro, RJ – Brasil   CEP: 20.950-150
Tel: (21) 2201-6662/ Fax: (21) 2201-6896
LCM@LCM.COM.BR
WWW.LCM.COM.BR   05/09

Sumário

1

Revisão de Conteúdos do Ensino Fundamental

1) **(IME)** – Mostre que o número:

$$x = \sqrt[3]{3+\sqrt{9+\dfrac{125}{27}}} - \sqrt[3]{-3+\sqrt{9+\dfrac{125}{27}}} \quad \text{é racional}$$

Resp.: x = 1

2) **(EsFAO)** – Se $\underline{a}$, $\underline{b}$ e $\underline{c}$ são naturais pares e consecutivos o número $3^a + 3^b + 3^c$ é sempre divisível por:

a) 2   b) 5   c) 7 **(x)**

d) 11   e) 17

3) **(ITA)** Sobre o número $x = \sqrt{7-4\sqrt{3}} + \sqrt{3}$ é correto afirmar que

a) $x \in\ ]0, 2[$

b) x é racional. **(X)**

c) $\sqrt{2x}$ é irracional.

d) x^2 é irracional.

e) $x \in\ ]2, 3[$

4) **(IME)** Demonstre que $\sqrt[3]{20+14.\sqrt{2}} + \sqrt[3]{20-14.\sqrt{2}}$ é um número inteiro múltiplo de quatro.

Resp. 4

5) **(EsFAO)** – Se "n" é real e positivo, o valor de $\dfrac{1}{\sqrt{n^2+1}-n}$ é:

a) um valor entre "n" e "2n"

b) um valor entre "$\dfrac{n}{2}$" e "n"

c) um valor entre 0 e "n"

d) um valor que diminui à medida que "n" cresce

e) maior que "2n" **(X)**

6) **(ITA)** – O menor inteiro positivo n para o qual a diferença $\sqrt{n}-\sqrt{n-1}$ fica menor que 0,01 é:

a) 2499.

b) 2501. **(X)**

c) 2500.

d) 3600.

e) 4900.

7) **(EEAR)** Se $k=\sqrt{3}+\sqrt{5}$ então $\sqrt{15}$ é igual a

a) $\dfrac{k^2-8}{2}$ **(X)**

b) $\dfrac{k^2}{2}$

c) k^2-8

d) k^2

8) **(EPCAR)** – Um mês com 30 dias pode ter:

a) 5 sábados e 5 domingos **(X)**

b) 5 sábados e 5 segundas-feiras

c) 5 segundas-feiras e 5 quartas-feiras

d) 5 domingos, 5 sábados e 5 segundas-feiras

9) **(ExPCEx)** – Para todo $n \in Z$ e $k \in Z$, com $n < k$, é sempre verdadeira a sentença:

a) $\dfrac{1}{n} < \dfrac{1}{k}$

b) $\dfrac{n+k}{n \cdot k}$, é m número inteiro

c) $\sqrt{n} < \sqrt{k}$

d) $1 - n < 1 - k$

e) $\dfrac{1}{2^n} > \dfrac{1}{2^k}$ **(X)**

10) **(EN)** – Anos bissextos são os divisíveis por 400 e também os divisíveis por 4 mas não por 100. Quantos anos bissextos há entre 1993 e 2993?

a) 240   b) 243   c) 245

d) 248   e) 250 **(X)**

11) **(EsPCEx)** Este ano, duas empresas patrocinarão a premiação, em dinheiro, dos alunos de uma escola pelo destaque no critério "Melhor Rendimento Escolar". A empresa Alfa doará um montante de R$9.600,00 e a empresa Bravo de R$7.800,00. Cada aluno deve receber como prêmio um cheque de somente uma das empresas e todos os cheques devem ter o mesmo valor. Se todo esse montante for distribuído, o número mínimo de alunos que poderá ser contemplado nessa premiação é de:

a) 25   b) 29 **(X)**   c) 30

d) 32   e) 40

12) **(EsFAO)** – Sendo $1 \le a \le 3$ e $2 \le b \le 5$; é correto afirmar:

a) $-12 \le 2a - 3b \le -4$ b) $-13 \le 2a - 3b \le 0$ **(X)**

c) $8 \le 2a - 3b \le 21$ d) $-2 \le a - b \le -1$

e) $1 \le a - b \le 2$

13) **(CFO)** – Se a e b são números inteiros e $1 \le a < b \le 9$, o menor valor que $\dfrac{a+b}{ab}$ pode assumir é:

a) 1   b) 15/56   c) 2/9

d) 9/20   e) 17/72 **(X)**

14) **(EN)** – Uma senhora extremamente gorda resolveu fazer uma dieta e perdeu em três meses 30% de seu peso; entretanto, nos três meses seguintes, ela aumentou seu peso em 40%. No decorrer desse semestre, o peso da senhora:
a) aumentou 16%
b) aumentou 10%
c) manteve seu valor inicial
d) diminuiu 10%
e) diminuiu 2% **(X)**

15) **(EsFAO)** – Em uma fábrica de lâmpadas, 60% da produção é do tipo A e 40% do tipo B. Sabe-se que 4% das lâmpadas do tipo A e 1,5% das do tipo B são defeituosas. Qual o percentual de lâmpadas defeituosas no lote?
a) 5,5%   b) 2,75%   c) 1,9%
d) 3% **(X)**   e) 2%

16) **(AFA)** – Analisando-se uma amostra populacional com relação à altura, determinou-se:
• 95% têm altura maior ou igual a 1,62m;
• 8% têm altura menor ou igual a 1,62m.
Qual o percentual de indivíduos com exatamente 1,62m?
a) 3 **(X)**   b) 5   c) 8   d) 13

17) **(ITA)** O número de divisores positivos de 17640 que, por sua vez, são divisíveis por 3 é:
a) 24   b) 36   c) 48 **(X)**
d) 54   e) 72

18) **(CN – 2º ano)** – Uma pessoa empregou todo o seu capital da seguinte maneira: metade a 6% ao ano; um terço a 10% ao ano e a parte restante a uma taxa tal que o seu lucro total no fim de um ano foi de $7\frac{1}{3}$ % do capital. Qual é essa taxa em por cento ao ano?

a) 18

b) 12

c) 6 **(X)**

d) 4

e) 3

19) **(CFO)** – Há um ano, uma floresta tinha uma extensão de 20.000 km^2. Devido ao desmatamento, hoje sua área é 13% inferior. Supondo que a extensão dessa floresta continue diminuindo 13% ao ano, assinale a alternativa que indica a extensão que a floresta terá daqui a 5 anos, em km^2.

a) $20.000 (0,87)^2$ b) $20.000 (0,87)^3$ c) $20.000 (0,87)^4$

d) $20.000 (0,87)^5$ **(X)**   e) $20.000 (0,87)^6$

20) **(CFO)** – Em um avião, os passageiros são de quatro nacionalidades: argentina, brasileira, colombiana e dominicana nas seguintes proporções: 20% de argentinos, 85% de não colombianos e 70% de não dominicanos. Assinale a alternativa que indica a porcentagem dos passageiros que são brasileiros.

a) 25%   b) 35% **(X)**   c) 38%

d) 40%   e) 45%

21) **(CN – 2º ano)** – Dividindo-se 5/6 em partes inversamente proporcionais a 6, 3/2, 4/3 e 2, uma das partes NÃO é:

a) 1/15   b) 2/15 **(X)**   c) 4/15

d) 3/10   e) 1/5

22) **(CFO)** – Uma determinada quantia x reais é dividida igualmente entre n pessoas. Se houvesse 3 pessoas a mais, cada uma receberia R$ 100,00 a menos, e se fossem 2 pessoas a menos, cada uma receberia R$ 100,00 a mais. Então x . n vale:

a) R$ 60.000,00   b) R$ 72.000,00 **(X)**   c) R$ 75.000,00

d) R$ 80.000,00   e) R$ 100.000,00

23) **(EsFAO)** – Um feirante vendeu 1/3 das frutas que possuía, mais 2. A seguir vendeu 4/5 mais 1, ficando, então, com 3 frutas. Se "n" é o número inicial de frutas do feirante, então:
a) $n \geq 100$ b) $90 < n < 100$ c) $70 < n < 90$
d) $50 < n < 70$ e) $30 < n < 50$ **(X)**

24) **(EsPCEx)** Um comerciante aumenta o preço inicial (PI) de um produto em x% e, em seguida, resolve fazer uma promoção, dando um desconto, também de x%, sobre o novo preço. Nessas condições, a única afirmativa correta, dentre as apresentadas abaixo, em relação ao preço final (PF) do produto, é:
a) o PF é impossível de ser relacionado com o preço inicial.
b) o PF é igual ao preço inicial.
c) $PF = PI.\dfrac{10^{-2}}{2}x^2$
d) $PF = PI.\dfrac{10^{-4}}{2}x^2$
e) $PF = PI.(1 - 10^{-4}x^2)$ **(X)**

25) **(EsPCEx)** No semestre passado houve no curso de Matemática três provas, cada uma com um peso diferente do peso das demais. A tabela abaixo indica as notas e as médias de alguns alunos do curso.

Aluno	Provas			Média
	Prova 1	Prova 2	Prova 3	
Apolônio	8,0	5,0	7,0	7,0
Bolzano	5,0	5,0	7,0	6,0
Copérnico	4,0	4,0	4,0	4,0
Demócrito	5,5	1,0	10,0	?

Se a soma dos pesos é igual a 6, a média do aluno Demócrito é

a) 4,5

b) 5,0

c) 6,0

d) 6,5

e) 7,0 **(X)**

26) **(EsPCEx)** – Considere a equação em x, dada por $(m + 2)x = m^2 - 4$. Podemos então afirmar que essa equação:

a) admite uma única solução: $x = m - 2$, $\forall\ m \in R$.

b) não admite solução para $m = -2$.

c) admite uma única solução para $m \neq -2$. **(X)**

d) admite infinitas soluções, $\forall\ m \in R$.

27) **(AFA)** – O conjunto-solução da inequação $3x + 2 < -x + 3 \leq x + 4$ é:

a) $\left\{ x \in R \middle| -\dfrac{1}{2} \leq x < \dfrac{1}{4} \right\}$ **(X)**

b) $\left\{ x \in R \middle| x \leq -\dfrac{1}{2}\ \text{ou}\ x > \dfrac{1}{4} \right\}$

c) $\left\{ x \in R \middle| x < -\dfrac{1}{2}\ \text{ou}\ x \geq \dfrac{1}{4} \right\}$

d) $\left\{ x \in R \middle| -\dfrac{1}{2} < x \leq \dfrac{1}{4} \right\}$

28) **(AMAN)** – A soma das raízes da equação $x^{-1} - 4x^{-\frac{1}{2}} + 3 = 0$ é:

a) $\dfrac{10}{9}$ **(X)** b) 2 c) –1

d) $\dfrac{10}{3}$ e) $-\dfrac{2}{9}$

29) **(EsPCEx)** – A soma dos inversos das raízes da equação $x^2 + 4x + m = 0$ é 1/3. A soma dos quadrados das raízes da equação é igual a:

a) 26   b) 40 **(X)**   c) 58

d) 80   e) 96

30) **(AMAN)** – A soma dos inversos dos quadrados das raízes da equação $x^2 + x + 1 = 0$ é:

a) -1 **(X)**   b) $\dfrac{\sqrt{3}}{2}$ c) 1   d) -3 e) $\dfrac{2}{\sqrt{3}}$

31) **(CFO)** – As raízes da equação $x^2 + bx - 53 = 0$ são inteiras e b é positivo. Se $\underline{a}$ é a maior das raízes, então:

a) $a + b = 1$ b) $a + b = 53$ **(X)**   c) $a - b = -1$

d) $a = b$ e) $a = -b$

32) **(EPCAR)** – O valor de k para que a soma das raízes da equação $(k - 2)x^2 - 3kx + 1 = 0$ seja igual ao seu produto é:

a) $- 1/3$

b) $1/3$ **(X)**

c) $1/3$ ou 2

d) $-1/3$ ou 2

33) **(AFA)** – O polinômio do 2° grau $y = \dfrac{b}{2}\left(x^2 + 1\right) + ax$, com coeficientes reais, não possui raiz real se, e somente se:

a) $a - b < 0$ b) $a^2 - b^2 < 0$ **(X)**

c) $b^2 - 4a > 0$ d) $b^2 - 2ab < 0$

34) **(ITA)** Considere a equação em $x \in R$, $\sqrt{1 + mx} = x + \sqrt{1 - mx}$, sendo m um parâmetro real.

a) Resolva a equação em função do parâmetro m.

b) Determine todos os valores de m para os quais a equação admite solução não nula.

Resp: A) $2\sqrt{1-m^2}$ ou $-2\sqrt{1-m^2}$ B) $\dfrac{\sqrt{2}}{2} \le m < 1$

35) **(EsFAO)** – Sendo dados os conjuntos A = {{3}} e B = {x ∈ N* | x < 4}, então A ∪ B é:
a) {1, 2, 3}
b) {1, 2, {3}}
c) {{3}, 1, 2, 3} **(X)**
d) ϕ
e) {{3}, {1, 2, 3}}

36) **(ITA)** Considere as seguintes afirmações sobre o conjunto U = {0, 1, 2, 3, 4, 5, 6, 7, 8, 9}:
I) ∅ ∈ U e n(U) = 10.
II) ∅ ⊂ U e n(U) = 10.
III) 5 ∈ U e {5} ⊂ U.
IV) {0, 1, 2, 5} ∩ {5} = 5.
É possível dizer, então, que é (são) verdadeira(s)
a) apenas I e III.
b) apenas II e IV.
c) apenas II e III. **(X)**
d) apenas IV.
e) todas as afirmações

37) **(ITA)** Seja o conjunto S = {r ∈ Q: r ≥ 0 e $r^2 \leq 2$}, sobre o qual são feitas as seguintes afirmações:
I) $\dfrac{5}{4}$ ∈ S e $\dfrac{7}{5}$ ∈ S.
II) {x ∈ R: 0 ≤ x ≤ $\sqrt{2}$} ∩ S = ∅.
III) $\sqrt{2}$ ∈ S.
É possível dizer, então, que é (são) verdadeira(s) apenas:
a) I e II
b) I e III
c) II e III
d) I **(X)**
e) II

38) **(EN)** – A negação da proposição "$x \neq 3$ e $y < 2$" é:
a) "$x = 3$ e $y \geq 2$"
b) $x = 3$ e $y > 2$"
c) "$x = 3$ ou $y \geq 2$" **(X)**
d) "$x \neq 2$ e $y < 3$"
e) "$x \neq 3$ ou $y < 2$"

39) **(EsPCEx)** – Qual é afirmação verdadeira?
a) A soma de dois números irracionais positivos é um número irracional.
b) O produto de dois números irracionais distintos é um número irracional.
c) O quadrado de um número irracional é um número racional.
d) A diferença entre um número racional e um número irracional é um número irracional. **(X)**
e) A raiz quadrada de um número racional é um número irracional.

40) **(EsPCEx)** – Sejam A, B e C conjuntos finitos. O número de elementos de $A \cap B$ é 25, o número de elementos de $A \cap C$ é 15 e o número de elementos de $A \cap B \cap C$ é 10. Então o número de elementos de $A \cap (B \cup C)$ é:
a) 30 **(X)**
b) 10
c) 40
d) 20
e) 15

41) **(EsFAO)** – Dado o conjunto $A = \{\varphi, 1, 2, \{1\}, \{2\}\}$ a afirmação FALSA é:
a) $\phi \in A$
b) $\phi \subset A$
c) $\{1\} \subset A$
d) $(\{1\} \cup \{2\}) \in A$**(X)**
e) $2 \in A$

42) **(AMAN)** – A fórmula A – B = A ∩ B' pode definir a diferença de dois conjuntos usando somente as operações de interseção e complemento. Da mesma forma, A ∪ B pode ser representada por:
a) [A ∩ B'] ∪ [B ∩A'] ∪ [A ∩ B] **(X)**
b) [A ∩ B'] – B
c) [A ∩ B'] ∪ [B ∩A'] ∪ [A ∩ B]
d) [A ∪ B'] – B
e) [A + B]

43) **(EsPCEx)** – Se P e Q são subconjuntos de A, e P' e Q' seus respectivos complementares em A, então (P ∩ Q) ∪ (P ∩ Q') é igual a:
a) P'
b) Q'
c) P**(X)**
d) Q

44) **(EN)** – Considere os conjuntos A = {x{ e B = {x, {A}} e as proposições
I) {A} ∈ B.
II) {x} ∈ A .
III) A ∈ B.
IV) B ⊂ A.
V) {x, A} ⊂ B.
As proposições FALSAS são:
a) I, III e V
b) II, IV e V
c) II, III, IV e V **(X)**
d) I, III, IV e V
e) I, III e IV

45) **(EsFAO)** – Considere os conjuntos "A", "B", "C" tais que $n(A) = 30$; $n(A \cap B \cap C) = 5$; $n(B \cap C) = 7$ e $n(A \cup B \cup C) = 70$. O valor de $n[(B - A) \cup (C - A)]$ é:
a) 42
b) 40 **(X)**
c) 38
d) 36
e) 30

46) **(ITA)** Denotemos por $n(X)$ o número de elementos de um conjunto finito X. Sejam A, B e C conjuntos tais que $n(A \cup B) = 8$, $n(A \cup C) = 9$, $n(B \cup C) = 10$, $n(A \cup B \cup C) = 11$ e $n(A \cap B \cap C) = 2$. Então, $n(A) + n(B) + n(C)$ é igual a:
a) 11
b) 14
c) 15
d) 18 **(X)**
e) 25

47) **(ITA)** Sejam A um conjunto com 8 elementos e B um conjunto tal que $A \cup B$ contenha 12 elementos. Então, o número de elementos de $P(B \setminus A) \cup P(\varnothing)$ é igual a
a) 8
b) 16(X)
c) 20
d) 17
e) 9

48) **(ITA)** Sejam U um conjunto não-vazio e $A \subset U$, $B \subset U$. Usando apenas as definições de igualdade, reunião, intersecção e complementar, prove que:
I) Se $A \cap B = \varnothing$, então $B \subset A^c$.
II) $B \setminus A^c = B \cap A$.

49) **(EN)** – Sejam A = [0, 2), B = (−1, 2] e C = (1, 3). O complemento de A ∩ (B − C) em relação ao conjunto B é igual a:
a) $(-1, 0) \cup [1, 2]$
b) $(-1, 2)$
c) $(-1, 0] \cup (1, 2]$
d) $(-1, 1]$
e) $(-1, 0) \cup (1, 2]$ **(X)**

50) **(EN)** – Considere a proposição: "Se x > 5 então y = 6". A proposição equivalente é:
a) "Se x <5 então y ≠ 6"
b) "Se y ≠ 6 então x < 5"   d) "Se y ≠ 6 então x ≤ 5" **(X)**
c) "Se y > 5 então x = 5"   e) "Se x ≤ 5 então y ≠ 6"

51) **(EsPCEx)** – Considerando-se que:
$A \cup B \cup C = \{n \in N \mid 1 \le n \le 10\}$
$A \cap B = \{2, 3, 8\}$
$A \cap C = \{2, 7\}$
$B \cap C = \{2, 5, 6\}$
$A \cup B = \{n \in N \mid 1 \le n \le 8\}$
É possível afirmar que o conjunto C é:
a) $\{9, 10\}$ b) $\{5, 6, 9, 10\}$ c) $\{2, 5, 6, 7, 9, 10\}$**(X)**
d) $\{2, 5, 6, 7\}$ e) $A \cup B$

52) **(EsPCEx)** – Sendo:
R_+, o conjunto dos números reais não negativos,
Q, o conjunto dos números racionais,
Z, o conjunto dos números inteiros,
N, o conjunto dos números naturais.
a interseção dos conjuntos R_+, $Q \cup (N \cap Z)$ e $(Z \cap Q) \cup N$ é igual a:
a) ϕ d) N**(X)**
b) R_+^* e) Z_+
c) Q^*

53) **(EsPCEx)** – Em uma pesquisa feita junto a 200 universitários sobre o hábito de leitura de dois jornais (A e B), chegou-se às seguintes conclusões:

(1) 80 universitários lêem apenas um jornal;

(2) o número dos que não lêem nenhum dos jornais é o dobro do número dos que lêem ambos os jornais;

(3) o número dos que lêem o jornal A é o mesmo dos que lêem apenas o jornal B.

Com base nesses dados, podemos afirmar que o número de universitários que lêem o jornal B é:

a) 160   b) 140   c) 120   d) 100**(X)**   e) 80

54) **(EEAR)** Em uma pesquisa de mercado sobre o consumo de cerveja, obteve-se o seguinte resultado: 230 pessoas consomem a marca A; 200 pessoas, a marca B; 150, ambas as marcas; e 40 não consomem cerveja.

O número de pessoas pesquisadas foi:

b) 620

c) 470

d) 320**(X)**

e) 280

55) **(EsPCEx)** – Sejam A, B e C conjuntos quaisquer com B ≠ ø, tais que:

I) $(A \cap B) \cup C \subset A \cap B \cap C$

II) $(C - B) \cup (A - B) \supset A \cup B \cup C$

III) $(A \cup B) \cup (C \cap B) \supset (A - B) \cap (C \cup B)$

podemos afirmar que:

a) I é a única verdadeira.

b) I e III são verdadeiras.

d) I e II são verdadeiras.

c) III é a única verdadeira. **(X)**

e) I, II e III são verdadeiras.

56) **(AFA)** – Assinale a afirmação correta:
a) A interseção de conjuntos infinitos pode ser finita. **(X)**
b) A interseção infinita de conjuntos não vazios é vazia.
c) A reunião infinita de conjuntos não vazios tem infinitos elementos.
d) A interseção dos conjuntos A e B possui sempre menos elementos do que o A e do que o B.

57) **(EPCAR)** – No diagrama abaixo, a parte sombreada representa:

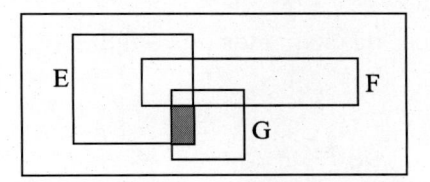

a) $E \cap G$
b) $E - G$
c) $(E \cap G) - F$**(X)**
d) $(E \cap F) \cap G$

58) **(EPCAR)** – Dados os conjuntos $C = \{x \mid x = (-1)^k . k \text{ e } k \in N\}$ e
$D = \{x \mid x = 2p + 1 \text{ e } p \in N \text{ e } p \le 3\}$, é possível afirmar que:
a) $C \cap D = \phi$ **(X)**
b) $C = N \cup Z_-$
c) $D = \{1, 2, 3\}$
d) D = conjunto de números primos

59) **(EPCAR)** – Dada a relação $R = \{(0, 1); (2, 5); (1, 3); (4; 3)\}$, o conjunto imagem de R^{-1} é:
a) ϕ
b) $\{1, 3, 5\}$
c) $\{0, 1, 2, 4\}$ **(X)**
d) $\{0, 1, 2, 3, 4, 5\}$

60) **(EPCAR)** – A interseção dos conjuntos N e N × N é:
a) N
b) {0}
c) ϕ **(X)**
d) N^2

61) **(AFA)** – Dados os conjuntos:
A = {x ∈ N | $(x + 1)^2 < 28$},
B = {x ∈ Z | x + 1 > – 1} e
C = {x ∈ Z | $(x – 3)^4 < 8$}.
Então o número de elementos do conjunto (A ∩ B) × (B ∩ C) é:
a) 12
b) 15 **(X)**
c) 16
d) 20

62) **(EsPCEx)** – Dos conjuntos X, Y e Z sabe-se que:
I) X ∩ Y ∩ Z = {a, b}
II) X ∪ Y = {a, b, c, e, f}
III) Y ∪ Z = {a, b, e, g}
IV) X ∪ Z = {a, b, c, f, g}
Então, o conjunto X é dado por:
a) {a, b, e, f}
b) {a, c, f, g}
c) {a, b, e, g}
d) {a, b, c, f} **(X)**

63) **(CFO)** – Dado o conjunto A = {1, 2, 3}, assinale a alternativa que indica o número de subconjuntos de A.
a) 4
b) 5
c) 6
d) 7
e) 8 **(X)**

64) **(EsPCEx)** – Se A é o conjunto dos números naturais múltiplos de 15 e B o conjunto dos números naturais múltiplos de 35, então A ∩ B é o conjunto dos números naturais múltiplos de:
a) 15
b) 35
c) 105**(X)**
d) 525

65) **(EsPCEx)** – Em uma cidade, há 1000 famílias: 470 assinam o "Estado"; 420 a "Folha"; 315 a "Gazeta"; 140 assinam a "Gazeta" e a "Folha"; 220 a "Gazeta" e o "Estado"; 110 a "Folha" e o "Estado"; 75 assinam os três jornais.

É possível então concluir que o número de famílias que não assinam jornal é:
a) 150
b) 170
c) 190**(X)**
d) 210

2

Funções: Composta, Inversa e Polinomial do 1° Grau

1) **(EsPCEx)** – A função f, de domínio real mais amplo possível, é tal que $f(x) = \dfrac{ax + b - 5}{ax + 3b}$. Sabendo que $f(3)$ não existe e $f(-1) = 1$, o valor de $a^2 + b^2$ é:

   a) $\dfrac{50}{16}$ b) $\dfrac{25}{3}$ c) $\dfrac{25}{2}$ **(X)**   d) $\dfrac{50}{8}$ e) $\dfrac{50}{9}$

2) **(EsPCEx)** – Seja a função $f: R - \{-1, 1\} \to R$, definida por $f(x) = \dfrac{x^3}{x^2 - 1}$, não inversível.

   Podemos afirmar que essa função é:

   a) bijetora e não par nem ímpar
   b) par e injetora   d) par e sobrejetora
   c) ímpar e injetora   e) ímpar e sobrejetora **(X)**

3) **(EsPCEx)** – Sendo f: $R \rightarrow R$ definida por $f(x) = \begin{cases} 1/x, \text{ se } x \in \mathbb{Z}^* \\ 2, \text{ se } x \in \mathbb{R} - \mathbb{Z}^* \end{cases}$

e g: $R \rightarrow R$ definida por $g(x) = \begin{cases} -1, \text{ se } x \in Q \\ \frac{1}{2}, \text{ se } x \in R - Q \end{cases}$, então

(f o g o f o g) $(2 + \sqrt{2}\,)$ é igual a:

a) -1 **(X)**   b) $\frac{1}{2}$ c) 2   d) $1 - \dfrac{\sqrt{2}}{2}$ e) -2

4) **(EsPCEx)** – Seja f uma função cujo domínio é o conjunto dos números reais e $f(a + b) = f(a) \cdot f(b)$ para todo a e b. Se $f(0) = 1$, então o valor de x que satisfaz a igualdade $f(2x) = \dfrac{1}{f(1)}$, onde $f(1) \neq 0$, é um dos zeros da equação:

a) $x^2 - x - 6 = 0$

b) $2x^2 + 3x - 5 = 0$

c) $2x^2 + 5x + 2 = 0$ **(X)**

d) $x^2 + 2x + 1 = 0$

e) $x^2 - 3x + 1 = 0$

5) **(EsPCEx)** – Sejam as funções f: $R \rightarrow [-3, +\infty[$ e g: $R+ \rightarrow [2, +\infty[$, definidas respectivamente por $f(x) = 3x^2 - 3$ e $g(x) = 2x^2 + 2$. Se $h(x) = g(f(x))$, então o valor de $h^{-1}(10)$, onde $h^{-1}(x)$ é a função inversa de $h(x)$, é:

a) $\dfrac{\sqrt{10}}{3}$ b) $\dfrac{\sqrt{13}}{2}$ c) $\dfrac{\sqrt{15}}{5}$ d) $\dfrac{\sqrt{15}}{3}$ **(X)**   e) $\dfrac{\sqrt{13}}{3}$

6) **(EsFAO)** – Sendo $f(x) = \dfrac{ax + b}{x - a}$; (f o f) (x) é igual a:

a) $x + b$

b) $bx + a$

c) x **(X)**

d) $1/x$

e) $(ax + b) / (x - a)$

7) **(ITA)** Sejam a, b, c reais não nulos e distintos, $c > 0$. Sendo par a função dada por $f(x) = \dfrac{ax+b}{x+c}$, $-c < x < c$, então $f(x)$, para $-c < x < c$, é constante e igual a

a) $a + b$.   b) $a + c$.

c) c.   d) b.

e) a. **(X)**

8) **(ITA)** Considere uma função $f: IR \to IR$ não-constante e tal que $f(x + y) = f(x) f(y)$, $\forall x, y \in IR$.

Das afirmações:

I) $f(x) > 0$, $\forall x \in IR$.

II) $f(nx) = [f(x)]^n$, $\forall x \in IR$, $\forall n \in N^*$.

III) f é par.

é(são) verdadeira(s)

a) apenas I e II. **(X)**

b) apenas II e III.

c) apenas I e III.

d) todas.

e) nenhuma.

9) **(EsFAO)** – $f: R \to R$ associa a cada real x o número $\dfrac{1}{1+x^2}$, o valor de $f\left(\sqrt[4]{7}\right)$ é:

a) $0,0(714285)$ b) $1 - \sqrt{7}$ c) $\dfrac{\sqrt{7}-1}{6}$ **(X)**

d) $\dfrac{\sqrt{7}-1}{8}$ e) $1 - \dfrac{\sqrt{7}}{7}$

10) **(AMAN)** – Sejam f e g funções de A em A com gráficos $f^* = \{(1, 2), (2, 1), (3, 5), (4, 4), (5, 2)\}$ e $g^* = \{(1, 1), (2, 3), (3, 5), (4, 3), (5, 1)\}$. Logo $f^{-1}(4) . g^{-1}(5)$ vale:

a) ϕ b) 2   c) 25   d) 6   e) 12 **(X)**

11) **(AMAN)** – Sendo $f(x) = \dfrac{1}{1+x^2}$, $f[f(x)]$ é igual a:

a) a^x

b) bx

c) x^{-1}

d) $\dfrac{a^2 x}{a+b}$

e) x **(X)**

12) **(EsFAO)** – Se $f(x) = x + \dfrac{1}{x}$ então, para todo $x > 0$, temos:

a) $f(x) \geq 2$ **(X)**

b) $3/2 \leq f(x) < 2$

c) $1 \leq f(x) < 3/2$

d) $1/2 \leq f(x) < 1$

e) $0 < f(x) < 1/2$

13) **(ITA)** Seja $D = \mathbb{R} \setminus \{1\}$ e $f: D \to D$ uma função dada por $f(x) = \dfrac{x+1}{x-1}$.

Considere as afirmações:

I. f é injetiva e sobrejetiva

II. f é injetiva, mas não sobrejetiva.

III. $f(x) + f\left(\dfrac{1}{x}\right) = 0$, para todo $x \in D$, $x \neq 0$.

IV. $f(x) \cdot f(-x) = 1$, para todo $x \in D$.

Então, são verdadeiras

a) apenas I e III. **(X)**

b) apenas I e IV.

c) apenas II e III.

d) apenas I, III e IV.

e) apenas II, III e IV.

14) **(AFA)** – Sejam A = {0, 1, 2, 3} e f: A → A uma função definida por f(0) = 1, f(1) = 2, f(2) = 3 e f(3) = 0. Calculando fofofofof(1), encontra-se:

a) 0   b) 1   c) 2 **(X)**   d) 3

15) **(EN)** – Sejam $h(x) = x^3$, $t(x) = \dfrac{1}{1+x}$, $x \neq -1$ e, $f(x) = t(h(2x))$. O valor de $f^{-1}\left(\dfrac{1}{9}\right)$ é:

a) –2   b) –1   c) 1 **(X)**   d) 2   e) 3

16) **(EsPCEx)** – O gráfico abaixo representa uma função definida em R por y = f(x). O valor de f(f(–4)) + f(–3) é igual a:

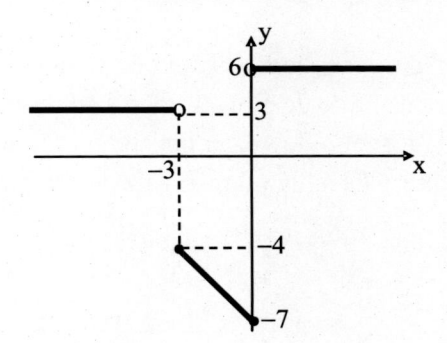

a) –2
b) –1
c) 0
d) 1
e) 2 **(X)**

17) **(EN)** – O conjunto-imagem da função $f(x) = \sqrt{16 - x^2} + \sqrt{x^2 - 16}$ é:

a) [–4, 4]   b) (–∞, –4] ∪ [4, ∞)   c) {0} **(X)**
d) {–4, 4}   e) [0, ∞)

18) **(EsPCEx)** – Considere a função real $f(x) = \sqrt{1-x}$. Dentre as proposições abaixo:

I)   o maior valor de f(x) é 1.

II) se f(p) existe, então o maior valor de p é 1.

III) se f(x) é igual a $\dfrac{1}{3}$, então x é igual a $\dfrac{8}{9}$.

IV) O gráfico de f(x) intercepta o eixo das ordenadas no ponto (0, 1).

É possível afirmar que são verdadeiras apenas as proposições:

a) I e II

b) II e III

c) I e III

d) III e IV

e) II, III e IV **(X)**

19) **(EN)** – Um reservatório tem a forma de uma esfera com uma pequena abertura na parte de cima. Enche-se o reservatório por intermédio de uma torneira de vazão constante. O gráfico que melhor representa a altura da água no reservatório em função do tempo é:

a) 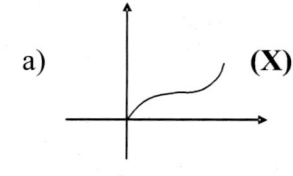 **(X)**   b)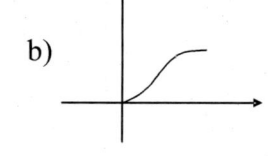

c) 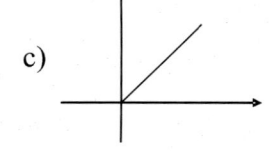   d)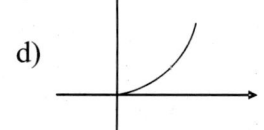

e)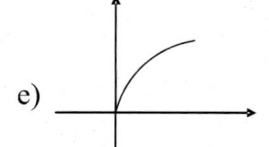

20) (EsPCEx) – Seja f: R → R uma função tal que $-2 \leq f(x) < 5$ e g: R → R dada por $g(x) = 1 - f(x)$. Então o conjunto imagem da função $g(x)$ é:

a)]–4, 3] **(X)**
b) [–4, 3]
c)]–4, 3[
d) [–3, 4[
e)]–3, 4]

21) (EsPCEx) – Os gráficos representam duas funções reais "f" e "g", cujas únicas raízes são –1 e 2, respectivamente:

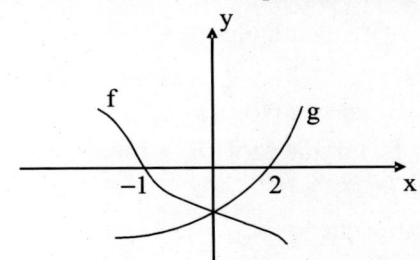

O conjunto de todos os números reais tais que $f(x) \cdot g(x) < 0$ é dado por:

a) $x > 0$ ou $x < -1$ b) $-1 < x < 0$ c) $0 < x < 2$
d) $-1 < x < 2$ e) $x < -1$ ou $x > 2$ **(X)**

22) (CN – 2º ano) – Sejam f e g funções reais de variável real, tais que $f(x) = \sqrt{\dfrac{x-1}{x+2}}$ e $g(x) = \dfrac{\sqrt{x-1}}{\sqrt{x+2}}$. Sejam ainda A e B os respectivos domínios de f e g, tais que quaisquer outros conjuntos, X e Y que pudessem definir, respectivamente, um domínio para essas leis de formação de f e g, $X \subset A$ e $Y \subset B$. É possível afirmar que:

a) $A \subset B$ e $B \subset A$
b) $A \subset B$ e $B \not\subset A$
c) $A \not\subset B$ e $B \subset A$ **(X)**
d) $A \not\subset B$ e $B \not\subset A$ e $A \cap B = \phi$
e) $A \not\subset B$ e $B \not\subset A$ e $A \cap B \neq \phi$

23) **(EsPCEx)** – Na função $f(x) = 3x - 2$, sabemos que $f(a) = b - 2$ e $f(b) = 2b + a$. O valor de $f(f(a))$ é:
a) 2
b) 1 **(X)**
c) 0
d) −1
e) −2

24) **(ITA)** – Dadas as funções reais de variável $f(x) = mx + 1$ e $g(x) = x + m$, onde m é uma constante real com $0 < m < 1$, considere as afirmações:
I) $(fog)(x) = (gof)(x)$, para algum $x \in R$.
II) $f(m) = g(m)$.
III) Existe $a \in R$, tal que $(fog)(a) = f(a)$.
IV) Existe $b \in R$, tal que $(gof)(b) = mb$.
V) $0 < (gog)(m) < 3$.
Podemos concluir que:
a) Todas são verdadeiras.
b) Apenas quatro são verdadeiras.
c) Apenas três são verdadeiras.
d) Apenas duas são verdadeiras.
e) Apenas uma é verdadeira. **(X)**

25) **(ITA)** – Seja $f: R \to R$ uma função não nula, ímpar e periódica de período p. Considere as seguintes afirmações:
I) $f(p) \neq 0$
II) $f(-x) = - f(x + p)$, $\forall x \in R$
III) $f(-x) = f(x - p)$, $\forall x \in R$
IV) $f(x) = -f(-x)$, $\forall x \in R$
Podemos concluir que:
a) I e II são falsas.
b) I e III são falsas. **(X)**
c) II e III são falsas.
d) I e IV são falsas.
e) II e IV são falsas.

26) **(IME)** – Sejam as funções $g(x)$ e $h(x)$ assim definidas: $g(x) = 3x - 4$ e $h(x) = f(g(x)) = 9x^2 - 6x + 1$.
Determine a função $f(x)$ e faça seu gráfico. $\mathbf{f(x) = x^2 + 6x + 9}$

27) **(EN)** – Sejam f, g, h funções reais de variável real não nula, definidas, respectivamente, por $f(x) = x^2$, $g(x) = 1 + \dfrac{1}{x}$ e $h(x) = g\left[f\left(\dfrac{1}{x} \right) \right]$ para todo $x \in R^*$. Então, para todo $x \in R^*$, $h(x)$ é:

a) $(1 + x)^2$

b) $[g(x)]^2$

c) $1 + f(x)$ **(X)**

d) $\dfrac{1}{f(x)}$

e) $\dfrac{1 + f(x)}{f(x)}$

28) **(EPCAR)** – A inversa da função $f(x) = \dfrac{x + 3}{x - 1}$ é:

a) $f^{-1}(x) = \dfrac{x - 1}{x + 3}$ b) $f^{-1}(x) = \dfrac{x + 3}{x - 1}$ **(X)**

c) $f^{-1}(x) = \dfrac{3 - x}{x + 1}$ d) $f^{-1}(x) = \dfrac{3 - x}{1 - x}$

29) **(EPCAR)** – Sejam as funções f_1, f_2, f_3 abaixo representadas:

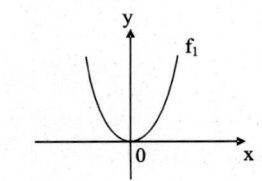 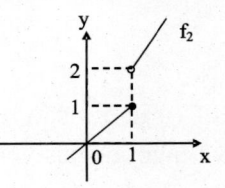 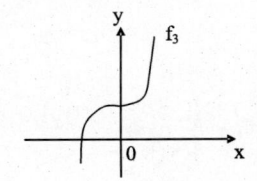

Considere as afirmações:

I) f_1 admite inversa

II) f_2 é uma função crescente

III) f_3 é sobrejetora

Associe a cada uma delas o valor verdade V se for verdadeiro, e F caso seja falso. Nessa ordem, tem-se:
a) V, V, F
b) V, F, V
c) F, V, V **(X)**
d) F, F, V

30) **(CN – 2º ano)** – Seja "f" uma função satisfazendo as seguintes condições $\begin{cases} f(2) = 1 \\ f(x \cdot y) = f(x) + f(y) \end{cases}$, nestas condições $f(16)$ vale:

a) 0   b) 2   c) 3   d) 4 **(X)**   e) 6

31) **(EsPCEx)** – A temperatura T de aquecimento de um forno, em ºC, varia com o tempo t, em minutos, segundo a função abaixo:

$$T(t) = \begin{cases} 20 + 28t, \text{ se } t \le 10 \\ t^2 + 5t + 150, \text{ se } t > 10 \end{cases}$$

O tempo necessário para que a temperatura do forno passe de 160ºC para 564ºC é:
a) 5 minutos
b) 12 minutos
c) 13 minutos **(X)**
d) 18 minutos
e) 23 minutos

32) **(CN – 2ª ano)** – Seja "f" uma função real de variável real, tal que $f(x^2+1) = x^4 + 5x^2 + 8$. Logo, é possível afirmar que $f(-1)$ é:
a) inexistente
b) igual a 2 **(X)**
c) igual a 3
d) igual a 4
e) igual a 14

33) **(EsPCEx)** – Considere as funções f: R → R e g: R → R definidas por $f(x) = x + 1$ e $g(x) = 2x^2 - 3$.
O conjunto dos valores de x tais que $(fog)(x) = f^{-1}(x)$ está contido em:
a) $[-2, 0]$
b) $[-1, 2]$ **(X)**
c) $[-10, -2]$
d) $[1, 10]$

34) **(EsPCEx)** – Sejam f: R → R e g: R → R, funções sobrejetoras tais que:
i) $f(x) > 0$, se e somente se, $x \geq 3$ ou $x \leq -2$
ii) $g(x) > 0$, se e somente se, $1 \leq x \leq 5$

Nessas condições, $\dfrac{f(x)}{g(x)} < 0$, somente se:
a) $x \leq -2$ ou $1 \leq x < 3$ ou $x > 5$
b) $x \leq -2$ ou $3 < x \leq 5$
c) $x < -2$ ou $x > 5$ ou $1 < x < 3$**(X)**
d) $-2 \leq x < 3$ ou $x \geq 5$

35) **(EsPCEx)** – O diagrama ao lado representa:

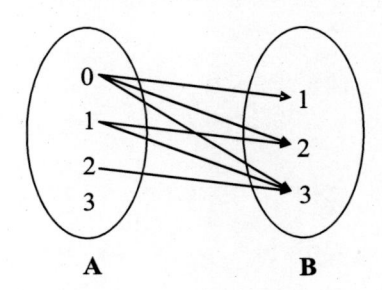

a) Uma relação de A em B cuja inversa é uma função de B em A. **(X)**
b) um sub-conjunto de $A \times B$.
c) uma função de domínio A e imagem B.
d) uma função de A em B que associa ao elemento do domínio um elemento da imagem maior que esse elemento.

36) **(EsPCEx)** – As funções f: R → R e g: R → R são definidas por f(x) = 2x + 3 e g(x) = 3x + m. Se f(g(x)) = g(f(x)), então f(m) vale:
a) 3
b) 6
c) 9
d) 12
e) 15 **(X)**

37) **(EsPCEx)** – Sejam os conjuntos A = $\left\{ x \in R \mid x \leq \dfrac{1}{2} \right\}$, B = {x ∈ R | x ≥ −1} e as funções f de A em R $_-$ definidas por f(x) = 2x − 1; g de R $_-$ em R $_+$, definida por g(x) = x² e h de R $_+$ em B, definida por h(x) = 4x − 1. É possível, então, afirmar que a função inversa de ho(gof) é definida por:

a) $\dfrac{2 - \sqrt{x+1}}{4}$

b) 16x² − 16x + 3

c) $\dfrac{2 + \sqrt{x+1}}{4}$

d) $\dfrac{2 \pm \sqrt{x+1}}{4}$ **(X)**

38) **(EsFAO)** – Sejam as funções R = $\left\{ (x, y) \in Z \times Q \mid y = \dfrac{2x+1}{x-3} \right\}$ e S = $\left\{ (x, y) \in N \times Z \mid y = x^2 - 1 \right\}$, então SoR é:

a) $\dfrac{3x^2 + 10x - 8}{x^2 - 6x + 9}$ **(X)**

b) $\dfrac{x - 3}{2x + 1}$

c) $\dfrac{x^2 - 6x + 9}{3x^2 + 10x - 8}$

d) $\dfrac{x^2 - 1}{x - 3}$

e) $\dfrac{x^2 + 8x - 10}{x^2 - 9x + 6}$

39) **(EsPCEx)** – Se f é uma função real, tal que:
i) $f(a + b) = f(a) \cdot f(b)$;
ii) $f(1) = 2$;
iii) $f\left(\sqrt{2}\right) = 4$, então é possível afirmar que $f\left(3 + \sqrt{2}\right)$ vale:
a) $3\sqrt{2}$
b) 8
c) 16
d) 32 **(X)**

40) **(CFO)** – Seja f: R → R definida por $f(x) = \begin{cases} -1;\text{ se } x \in Q \text{ e } |x| < 1 \\ 2;\text{ se } x \in Q \;\; |x| \geq 1 \\ 1;\text{ se } x \in (R - Q) \end{cases}$ sendo Q o conjunto dos números racionais.

O valor de $f(-1/2) - 2f\left(\sqrt{2}/2\right) + f(3/2) + f\left(\sqrt{3}\right)$ é:
a) 0 **(X)**
b) 1
c) 2
d) 4
e) 6

41) **(ITA)** – Considere os conjuntos S = {0, 2, 4, 6}, T = {1, 3, 5} e U = {0, 1} e as afirmações:
I. {0} ∈ S e S ∩ U ≠ ∅
II. {2} ⊂ S / U e S ∩ T ∩ U = {0, 1}
III. Existe uma função *f*: S → T injetiva
IV. Nenhuma função *g*: T → S é sobrejetiva
Então, é(são) verdadeira(s)
a) apenas I.
b) apenas IV.**(X)**
c) apenas I e IV.
d) apenas II e III.
e) apenas III e IV.

42) (EN) – Temos $\dfrac{1}{x} < 2$ se e somente se:

a) $x > \dfrac{1}{2}$

d) $x < 0$ ou $x > \dfrac{1}{2}$ **(X)**

b) $x < \dfrac{1}{2}$

e) $x < 0$

c) $0 < x < \dfrac{1}{2}$

43) (EsPCEx) – O gráfico abaixo fornece a relação entre o custo das ligações telefônicas locais de um assinante e o número de pulsos utilizados pelo mesmo.

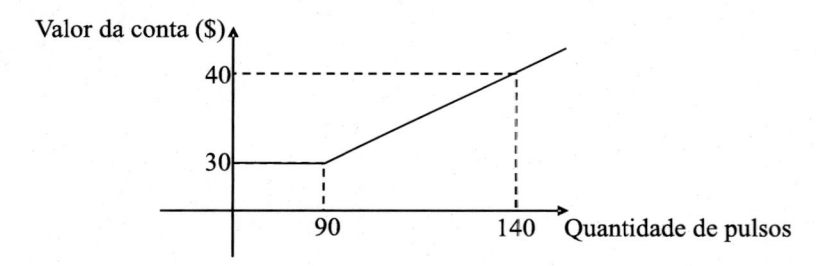

Considerando-se que:

I)   Em Maio/98 o assinante utilizou 100 pulsos.

II) Em Junho/98 o valor de sua conta telefônica foi o dobro do valor de Maio/98.

III) Só foram realizadas ligações locais à mesma tarifa.

É possível afirmar que o número de pulsos utilizados por esse assinante em Junho/98 foi:

a) 180

b) 260

c) 270 **(X)**

d) 280

e) 300

44) **(EsPCEx)** – Sabendo que a função y = ax + b, é possível afirmar que:
a) O gráfico da função passa sempre pela origem.
b) O gráfico da função corta sempre o eixo das ordenadas. **(X)**
c) O zero da função é $\frac{b}{a}$.
d) A função é crescente para a < 0.
e) O gráfico nunca passa pela origem.

45) **(EN)** – Considere os conjuntos $A = \left\{ x \in R \ \middle| \ \frac{2x-3}{5x-2} \geq 0 \right\}$ e B = {x ∈ R | $x^2 - 5x + 4 < 0$}. O conjunto solução A ∩ B é:

a) $\left[\frac{3}{2}, 4 \right[$ **(X)**

b) $\left] \frac{3}{2}, 4 \right]$

c) $\left] 1, \frac{3}{2} \right]$

d)]1, 4]

e) $\left] -\infty, \frac{2}{5} \right[\cup \,]4, +\infty[$

46) **(EPCAR)** – Determine os valores de x para os quais $\frac{2x}{x+2} > 2$
a) {x ∈ R | x < −2} **(X)**
b) {x ∈ R | x ≥ −2}
c) {x ∈ R | x ≤ −2}
d) {x ∈ R | −2 ≤ x ≤ 2}

47) **(AFA)** – O valor de uma máquina decresce linearmente com o tempo, devido ao desgaste. Sabendo-se que hoje ela vale 10.000 dólares, e daqui a 5 anos 1.000 dólares, o seu valor em dólares, daqui a 3 anos, será:
a) 3600
b) 4200
c) 4600 **(X)**
d) 5000

48) **(AFA)** – A função linear f, dada por $f(x) = ax + b$, satisfaz a condição $f(5x + 2) = 5f(x) +2$. Então:

a) $a = 2b$

b) $a = b + 2$

c) $a = 2b + 1$**(X)**

d) $a = 2(b + 1)$

49) **(EsPCEx)** A fim de incentivar o gosto pela corrida, a Seção de Treinamento Físico Militar da Escola Preparatória de Cadetes do Exército criou prêmios com base em uma pontuação mensal que estabelece:

– 3 pontos para cada 3000m corridos (até 45000m corridos);

– após 45000m, cada 3000m corridos vale 5 pontos.

Se em um mês um determinado aluno dez 100 pontos, então, nesse mês, ele correu

a) 96km

b) 86km

c) 80km

d) 78km **(X)**

e) 76km

3

Função do 2º Grau

1) **(EsPCEx)** – Um fabricante pode produzir sapatos ao custo de R$ 200,00 o par. Estima-se que, se cada par for vendido por x reais, o fabricante venderá por mês $800 - x$, $(0 \leq x \leq 800)$, pares de sapatos. Assim, o lucro mensal do fabricante é uma função do preço de venda. O lucro mensal máximo, em reais, é:
a) 60.000
b) 70.000
c) 80.000
d) 90.000 **(X)**

2) **(EN)** – Na confecção da raia de tiro para navios da Marinha, verificou-se que o alvo ideal seria um retângulo. As dimensões de um retângulo de área máxima com base no eixo x e vértices superiores sobre a parábola $y = 12 - x^2$ pertencem ao intervalo:
a) [2, 5]
b) [0, 3]
c) [3, 7]
d) [4, 9] **(X)**
e) [0, 6]

3) **(EsPCEx)** – Um fio de comprimento L é cortado em dois pedaços, um dos quais formará um quadrado e o outro, um triângulo eqüilátero. Para que a soma das áreas do quadrado e do triângulo seja mínima, o fio deve ser cortado de forma que o comprimento do lado do triângulo seja igual a:

a) $\dfrac{3L}{7}$

b) $\dfrac{L\left(9-4\sqrt{3}\right)}{11}$ **(X)**

c) $\dfrac{\sqrt{3}\,L}{9+4\sqrt{3}}$

d) $\dfrac{3L}{2}$

e) $\dfrac{\sqrt{3}\,L}{3}$

4) **(EsPCEx)** – A figura representa uma parábola de vértices em A é um triângulo retângulo em B. Sabendo que $\overline{OA} = \sqrt{85}$, podemos afirmar que essa parábola passa pelo ponto:

a) $(5, 17)$
b) $(-1, 18)$ **(X)**
c) $(1, 9)$
d) $(-2, 24)$
e) $(2, 12)$

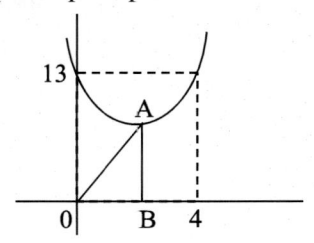

5) **(EsPCEx)** – A solução da inequação $\dfrac{x^2-2x}{-x^2+2x+3} \geq 0$ é:

a) $\{x \in R \mid 0 \leq x \leq 2 \text{ ou } x > 3\}$
b) $\{x \in R \mid -1 < x \leq 0 \text{ ou } 2 \leq x < 3\}$ **(X)**
c) $\{x \in R \mid -1 \leq x \leq 0 \text{ ou } 2 \leq x \leq 3\}$
d) $\{x \in R \mid x < -1 \text{ ou } 0 \leq x \leq 2 \text{ ou } x > 3\}$
e) $\{x \in R \mid -1 < x \leq 0 \text{ ou } 2 < x \leq 3\}$

6) **(EsPCEx)** – Se na equação $2x^2 + mx - 1 = 0$, onde m é real, a soma das raízes é igual ao produto delas, então o conjunto-solução da equação é:

a) $\left\{ 3, \dfrac{3}{2} \right\}$

b) $\left\{ -3, \dfrac{3}{4} \right\}$

c) $\left\{ -2, \dfrac{2}{3} \right\}$

d) $\left\{ -1, \dfrac{1}{2} \right\}$ **(X)**

7) **(AFA)** – A expressão do polinômio $P(x)$ do 2° grau, de raiz nula, tal que $P(x) - P(x - 1) = x$ para todo x real é:

a) $x^2 + x$

b) $x^2 - x$

c) $\dfrac{x^2}{2} + \dfrac{x}{2}$ **(X)**

d) $\dfrac{x^2}{2} - \dfrac{x}{2}$

e) n.d.a.

8) **(AMAN)** – Uma condição necessária e suficiente para que o número real x satisfaça a inequação $\dfrac{x^2 - 9}{x^2 - 16} < 0$ é:

a) $x < -3$

b) $-3 < x < 4$

c) $-4 < x < -3$ ou $3 < x < 4$ **(X)**

d) que x seja um número real qualquer

e) $x \in Z$

9) **(AFA)** – Para que o valor mínimo da função $y = x^2 - 4x + k$ seja igual a -1, o valor de k é:

a) 1   b) 2   c) 3**(X)**   d) 4

10) **(AFA)** – A solução da inequação $\dfrac{x^2+x+3}{x+1} \le 3$ é dada pelo conjunto:

a) $\{x \in R \mid 0 \le x \le 2\}$
b) $\{x \in R \mid x \le -1 \text{ ou } 0 < x \le 2\}$
c) $\{x \in R \mid x > -1 \text{ ou } 0 \le x \le 2\}$
d) $\{x \in R \mid x < -1 \text{ ou } 0 \le x \le 2\}$ **(X)**

11) **(EsPCEx)** – Seja a função real $f(x) = (m^2 - 4) x^2 - (m + 2) x + 1$.
Das afirmações abaixo:
I) f é função afim para m = 2
II) f é função constante para m = –2
III) f é função quadrática para m ≠ 2 e m ≠ –2
IV) f tem uma raiz igual a – 1 para m = 3
Estão corretas apenas as afirmações:
a) I, II e IV
b) I e III
c) II, III e IV
d) III e IV
e) I, II, III **(X)**

12) **(EsPCEx)** – O domínio da função $f(x) = \sqrt{\dfrac{x^2 - x - 6}{3x - 6}}$ é:
a) $[-2, 2[\cup [3, + \infty]$ **(X)**
b) $[-2, 0] \cup]2, 3]$
c) $[0, 2[\cup [3, +\infty[$
d) $]-\infty, -2] \cup]2, 3]$
e) $]-\infty, 0] \cup]2, 3]$

13) **(EN)** – Considere os conjuntos $A = \left\{ x \in R \mid \dfrac{2x-3}{5x-2} \ge 0 \right\}$ e $B = \{x \in R$
$\mid x^2 - 5x + 4 < 0\}$. O conjunto-solução $A \cap B$ é:

a) $\left[\dfrac{3}{2}, 4 \right[$ **(X)**

b) $\left] \dfrac{3}{2}, 4 \right]$

c) $\left]1, \dfrac{3}{2}\right]$

d) $]1, 4]$

e) $\left]-\infty, \dfrac{2}{5}\right] \cup \,]4, +\infty]$

14) **(EsPCEx)** – Considere o trinômio do $2°$ grau $f(x) = ax^2 + bx + c$, cujos zeros são 2 e -3. Se $f(1) = -12$, então o valor de $f(3)$ é:

a) -36

b) -6

c) 12

d) 18 **(X)**

e) 20

15) **(EsPCEx)** – Dada a função $f: R \to R$ definida por $f(x) = x^2 + ax - b$, onde $\{a, b\} \subset R_+^*$, é possível concluir que o gráfico que mais se assemelha ao de $f(x)$ é:

a) 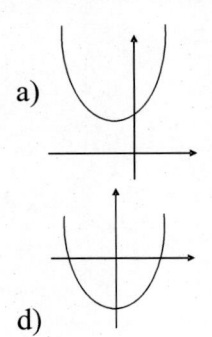   b) 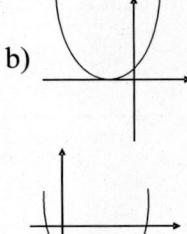   c) 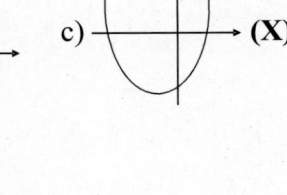 **(X)**

d)   e)

16) **(EsPCEx)** – Um número real x é solução da inequação $-5 < x^2 - 3 < 1$ se, e somente se:

a) $x < -5$

b) $x > 1$

c) $x \neq 2$

d) $0 < x < 1$

e) $-2 < x < 2$ **(X)**

17) **(CN – 2º ano)** – A produção total y de uma fábrica desde a sua inauguração, somada ano a ano, é dada por $y = 5x^2$, sendo x o número de anos de funcionamento. Sabendo-se que no último ano foram produzidas 405 unidades de seu produto, há quantos anos a fábrica vem produzindo?

a) 9
b) 18
c) 30
d) 41 **(X)**
e) 82

18) **(ITA)** Sejam as funções f e g definidas em R por $f(x) = x^2 + \alpha x$ e $g(x) = -(x^2 + \beta x)$, em que α e β são números reais. Considere que estas funções são tais que

f		g	
Valor mínimo	Ponto de mínimo	Valor máximo	Ponto de máximo
-1	< 0	$\dfrac{9}{4}$	> 0

Então, a soma de todos os valores de x para os quais $(f \circ g)(x) = 0$ é igual a

a) 0
b) 2
c) 4
d) 6 **(X)**
e) 8

19) (EN) – O conjunto-solução da inequação $\dfrac{x^4 - 1}{-x^4 + 3x^3 - 2x^2} \leq 0$ é:

a) $(-\infty, -1] \cup (2, \infty)$ **(X)**
b) $(-\infty, -1] \cup (1, 2)$
c) $(-\infty, -1) \cup (0, 2)$
d) $(-\infty, -1) \cup (1, 2)$
e) $(-\infty, -1) \cup (-1, 0)$

20) **(AFA)** – A parábola $y = -x^2 + 8x - 15$ intercepta o eixo das abscissas nos pontos A e B. Seja C o vértice da parábola. A área do triângulo ABC, em unidades de área, é:

a) 1 **(X)**

b) 2

c) $\sqrt{2}$

d) $\sqrt{3}$

21) **(ITA)** – Os dados experimentais da tabela abaixo correspondem às concentrações de uma substância química medida em intervalos de 1 segundo. Assumindo que a linha que passa pelos três pontos experimentais é uma parábola, tem-se que a concentração (em moles) após 2,5 segundos é:

Tempos	Concentração Moles
1	3,00
2	5,00
3	1,00

a) 3,60

b) 3,65

c) 3,70

d) 3,75 **(X)**

e) 3,80

22) **(EPCAR)** – O gráfico do trinômio do 2° grau $ax^2 - 10x + c$ é o da figura. É possível concluir que:

a) $a = 1$ e $c = 16$ **(X)**

b) $a = 1$ e $c = 10$

c) $a = -1$ e $c = 10$

d) $a = -1$ e $c = 16$

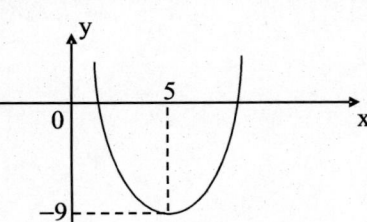

23) **(EPCAR)** – A representação cartesiana da função $y = ax^2 + bx + c$ é a parábola abaixo. Tendo em vista esse gráfico, é possível afirmar que:

a) $a < 0, \Delta > 0$ e $c > 0$
b) $a > 0, \Delta > 0$ e $c > 0$
c) $a < 0, \Delta > 0$ e $c > 0$ **(X)**
d) $a < 0, \Delta > 0$ e $c < 0$

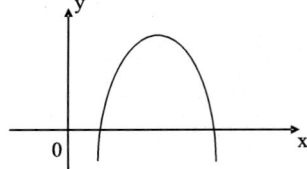

24) **(EsPCEx)** – O conjunto solução da inequação $\dfrac{2x^2 + 3x - 2}{2 - 3x} \leq 0$ está contido em:

a) $\left]-\infty, \dfrac{2}{3}\right[$

b) $]-2, +\infty[$

c) $\left[\dfrac{1}{2}, +\infty\right[$

d) $]-3, +\infty[$ **(X)**

e) $]-\infty, -2]$

25) **(EsPCEx)** – Um curral retangular será construído aproveitando-se um muro pré-existente no terreno, por medida de economia. Para cercar os outros três lados, serão utilizados 600 metros de tela de arame. Para que a área do curral seja a maior possível, a razão entre as sua menor e sua maior dimensão será:

a) 0,25
b) 0,50 **(X)**
c) 0,75
d) 1,00
e) 1,25

26) **(EsPCEx)** – O projétil disparado por um canhão, posicionado em um ponto de altitude igual a 200 metros, atinge um alvo localizado em um ponto de altitude igual a 1200 metros.

Considerando-se que:

I) A trajetória descrita pelo projétil é dada pela equação $y = \dfrac{8}{3}x - \dfrac{4}{3}x^2$, com x e y em quilômetros, e referenciada a um sistema cartesiano com origem no canhão.

II) O alvo é atingido quando o projétil encontra-se no ramo descendente da sua trajetória.

Nas condições acima descritas, é possível afirmar que a distância horizontal entre as posições do canhão e do alvo é:

a) 0,5 km

b) 1,0 km

c) 1,5 km **(X)**

d) 2,0 km

e) 2,5 km

27) **(EsPCEx)** – Se o conjunto-solução da inequação $\dfrac{x-1}{x^2+ax+b} \geq 0$ em R é $\{x \in R \mid -1 < x \leq 1 \text{ ou } x > 3\}$ então a + b é igual a:

a) 2

b) –5 **(X)**

c) 4

d) –3

28) **(EsPCEx)** – Considere as funções de domínio R: $f(x) = -x^2 + 6x - 5$ e $g(x) = 5k - k^2$, onde k é uma constante real. Os gráficos de f e g interceptam-se em um único ponto, se o módulo da diferença entre os valores de k for igual:

a) 0

b) 1

c) 2

d) 3 **(X)**

e) 5

29) **(CFO)** – Em um quadrado ABCD de lado 10m inscreve-se um outro quadrado A'B'C'D' de modo que AA' = BB' = CC' = DD' = x.
Para que a área do quadrado A'B'C'D' seja mínima, o valor de x,
em metros, deve ser:

a) 2

b) $\sqrt{5}$

c) $\sqrt{10}$

d) 4

e) 5 **(X)**

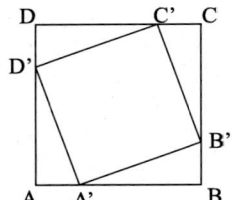

30) **(EsPCEx)** Em uma cabine de um estádio de futebol, um computa-
dor registra todos os lances de uma partida. Em um desses lances,
Zaqueu cobrou uma falta, fazendo a bola descrever um arco de
parábola contido em um plano vertical, parábola simétrica ao seu
eixo, que também era vertical. A bola caiu no chão exatamente a
30m de Zaqueu. Durante o trajeto, a bola passou raspando a cabeça do juiz. O juiz, que não interferiu na trajetória da bola, tinha
1,76m de altura e estava ereto, a 8m de distância de onde saiu o
chute. Desse modo, a altura máxima, em metros, atingida pela
bola foi de

a) 2,25m **(X)**

b) 4,13m

c) 6,37m

d) 9,21m

e) 15,92m

4

Função Modular

01) **(EsPCEx)** – Seja a função f: R → R, tal que $f(x) = \dfrac{|x+3|}{2}$ e k um número real. A soma dos valores de k para que f(k) = k é:

a) 2 **(X)**

b) 3

c) 4

d) 5

e) −2

02) **(EsPCEx)** – Se f é a função $f(x) = \dfrac{|x|}{x}$, então:

a) $f(a) = 1, \forall a \in R_-^*$

b) $f(a) = -1, \forall a \in R^*$

c) $f(a) = 1, \forall a \in R^*$

d) $f(a) = 1, \forall a \in R_+$

e) $f(a) = -1, \forall a \in R_-^*$ **(X)**

03) **(EsPCEx)** – S $f(x) = |x|$, $g(x) = x^2 + mx + m$, $m \in R$, e $f(g(x)) = g(x)$, para todo x real, então os valores que a constante m pode assumir pertencem ao seguinte intervalo:
a) $[1, 5]$
b) $[-1, 3]$
c) $[2, 6]$
d) $[-2, 2]$
e) $[0, 4]$ **(X)**

04) **(EsPCEx)** – Sendo x um número real, $(1 + x)(1 - |x|) \geq 0$, se e somente se:
a) $x \leq 1$ **(X)**
b) $|x| \leq 1$
c) $|x| \geq 1$
d) $x \leq -1$

05) **(EsFAO)** – O conjunto imagem da função real definida por $f(x) = |2 - |x + 1||$ é o intervalo real:
a) $[0, 2]$
b) $[1, 2]$
c) $[0, +\infty[$ **(X)**
d) $[2, +\infty[$
e) $]-\infty, 2]$

06) **(EsPCEx)** – O gráfico que melhor representa a função $f(x) = |x^2 - 5x + 4|$ é:

a) 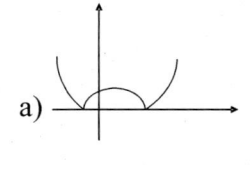 b) 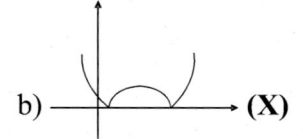 **(X)**

c) 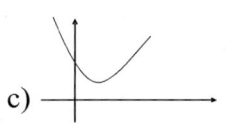 d)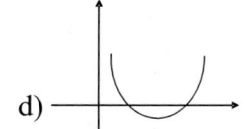

07) **(AMAN)** – Assinale o gráfico que melhor representa: $f = \{(x, y) \in R^2 / y = x + \frac{|x|}{x}$

a) 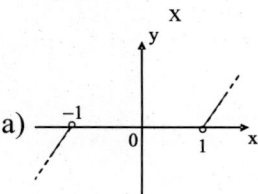   b)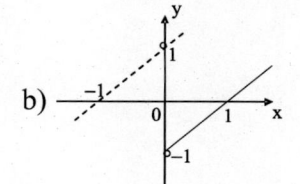

c) 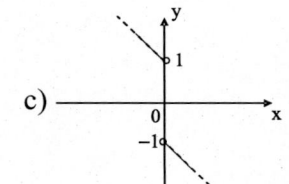   d) 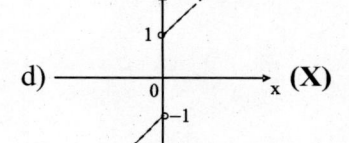 **(X)**

e)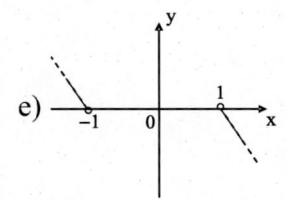

08) **(EsPCEx)** – O conjunto-solução em R da equação $|2x^2 - 5| = x^2 - 4$ é:

a) $\left\{ -\sqrt{3}, \sqrt{3} \right\}$

b) $\left\{ -\sqrt{3}, -1, 1, \sqrt{3} \right\}$

c) $\{-1, 1\}$

d) ϕ **(X)**

09) **(AMAN)** – A função $y = \dfrac{2|x|}{x}$, quanto à continuidade, classifica-se como:

a) contínua;

b) descontínua unilateralmente;

c) descontínua em $x = \infty$;

d) descontínua com salto finito; **(X)**

e) contínua apenas em $x = 2$.

10) **(AMAN)** – A amplitude do domínio da desigualdade $|2x + 4| \leq 8$ é igual a:
a) 8 **(X)**
b) 6
c) 10
d) 12
e) 4

11) **(EN)** – O conjunto solução da inequação $3|x - 1| + x > |1 - x|$ é:

a) $\left[\dfrac{2}{3}, \infty\right)$

b) $(-\infty, 2)$

c) $\left[\dfrac{2}{3}, 2\right)$

d) ϕ

e) $(-\infty, +\infty)$ **(X)**

12) **(EsFAO)** – O conjunto solução de $2 < |x + 3| < 7$ é
a) $\{x \in R \mid x < -10 \text{ ou } x > 4\}$
b) $\{x \in R \mid -5 < x < -1\}$
c) $\{x \in R \mid x < -10 \text{ ou } 5 < x < -1 \text{ ou } x > 4\}$
d) ϕ
e) $\{x \in R \mid -10 < x < -5 \text{ ou } -1 < x < 4\}$ **(X)**

13) **(EsPCEx)** – O conjunto solução da equação $|x - 3| = |x - 3|^2$, em R:
a) Possui somente 4 elementos
b) Possui somente 3 elementos **(X)**
c) Possui somente 2 elementos
d) Possui somente 1 elemento
e) É vazio

14) **(EsPCEx)** – O conjunto solução da inequação
$\left| x^2 + x + 1 \right| \leq \left| x^2 + 2x - 3 \right|$ é:

a) $\left\{ x \in R \mid \dfrac{-1}{2} \leq x \leq 2 \text{ ou } x \geq 4 \right\}$

b) $\left\{ x \in R \mid -2 \leq x \leq \dfrac{1}{2} \text{ ou } x \geq 4 \right\}$ **(X)**

c) $\left\{ x \in R \mid x < \dfrac{-1}{2} \text{ ou } 2 \leq x \leq 4 \right\}$

d) $\left\{ x \in R \mid x \leq -2 \text{ ou } \dfrac{1}{2} \leq x \leq 4 \right\}$

e) $\left\{ x \in R \mid \dfrac{-1}{2} \leq x \leq 4 \right\}$

15) **(EsPCEx)** – Sejam o conjunto $A = \{x \in Z^* \mid \left| x \right| \leq 5\}$ e a função $f: A \rightarrow Z$, definida por $f(x) = x^2$. Se B é o conjunto imagem da função $f(x)$, o número de elementos do conjunto $B \cup A$ é:
a) 16
b) 15
c) 14
d) 13 **(X)**
e) 12

16) **(EN)** – O conjunto solução de $\left| \dfrac{2x+1}{x-3} \right| > 3$ é:
a) $(8/5, 3) \cup (3, \infty)$
b) $(3, 10) \cup (10, \infty)$
c) $(-\infty, 8/5) \cup (3, 10)$
d) $(8/5, 3) \cup (3, 10)$ **(X)**
e) $(8/5, 3) \cup (10, \infty)$

17) **(EPCAR)** – Analise as funções abaixo quanto à tipologia e assinale a opção correta:

I) $f: R \rightarrow R$, tal que $f(x) = x^2$

II) $f: R \rightarrow R_+$, tal que $f(x) = x^2$

III) $f: R \rightarrow R$, tal que $f(x) = x^3$

IV) $f: R \rightarrow R$, tal que $f(x) = |x|$

a) III é bijetora **(X)**

b) I e III são injetoras

c) II e IV são sobrejetoras

d) Todas são bijetoras

18) **(EPCAR)** – Dados os conjuntos $A = \{x \in Z \mid |x - 5| < 3\}$ e $B = \{x \in Z \mid |x - 4| \geq 1\}$, a soma dos elementos de $A \cap B$ é igual a:

a) 19

b) 21 **(X)**

c) 23

e) 25

19) **(EPCAR)** – Qual a representação gráfica de $y = |x - 1|$?

a)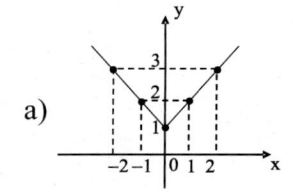

b) 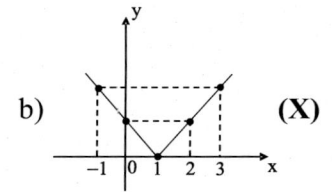 **(X)**

c)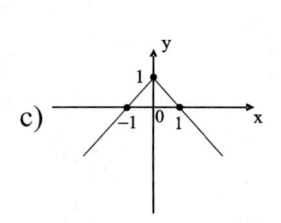

d)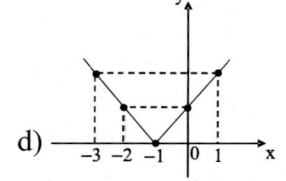

20) **(EPCAR)** – Seja a função f: R → R definida por

$$f(x) = \begin{cases} |x| + 3, \text{ se } |x| \leq 2 \\ |x - 3|, \text{ se } |x| > 2 \end{cases}$$

O valor de $f(f(f(...f(0)...)))$

a) é 0.

b) pode ser 1.

c) é 3.

d) pode ser 3. **(X)**

21) **(EsPCEx)** – A soma das raízes da equação $|2x^2 - 1| + x = 0$ é:

a) 0

b) $\frac{1}{2}$

c) $-\frac{3}{2}$ **(X)**

d) $-\frac{1}{2}$

22) **(EsPCEx)** – O conjunto-imagem da função real definida por
$f(x) = -1 + |x + 1| - 2|x| + |x - 1|$ é:

a) $\{-1, 1\}$

b) $[-1, 1]$ **(X)**

c) $\{-1, 0, 1\}$

d) $]-1, 1[$

23) **(EsPCEx)** – A sentença $x \leq |x|$ é verdadeira se, e somente se,

a) $x = 0$

b) $x \in R_+$

c) $x \in R_-$

d) $x \in R$ **(X)**

24) **(EsPCEx)** – O conjunto-solução da inequação
$|x - 1| - |x| + |2x + 3| > 2x + 2$ é:

a) $S = \{x \in R \mid -\dfrac{3}{2} < x < 1\}$

b) $S = \{x \in R \mid x < -\dfrac{3}{2}\}$

c) $S = \{x \in R \mid x < 1\}$ **(X)**

d) $S = \{x \in R \mid x < -\dfrac{3}{2}$ ou $0 < x < 1\}$

25) **(EsPCEx)** – O domínio e o conjunto-imagem da função real definida por $f(x) = \dfrac{|x|}{x}$ são respectivamente:

a) R_+^* e $]-1, 1[$

b) R^* e $[-1, 1]$

c) R^* e $\{-1, 1\}$ **(X)**

d) R_+^* e $R - \{-1, 1\}$

26) **(EsPCEx)** – Seja a função $f: R \to R$, definida por
$f(x) = 2x + |x + 1| - |2x - 4|$. O valor de $f^{-1}(30)$ é:

a) 6

b) 20

c) 25 **(X)**

d) 35

e) 10

27) **(EN)** – O gráfico da função $f(x) = \begin{cases} \dfrac{\left|x^2 - 4x + 3\right|}{x-3} + 2x - 1, & \text{se } x \neq 3 \\ 0, & \text{se } x = 3 \end{cases}$ é:

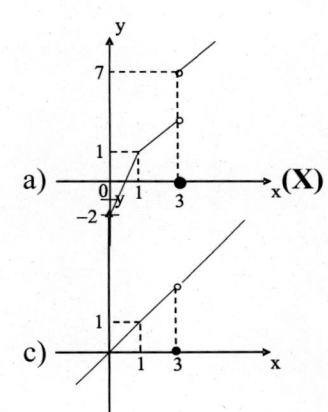

a) **(X)**

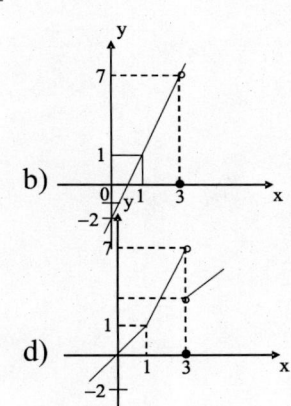

b)

c)

d)

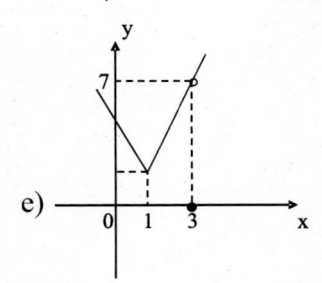

e)

28) **(ITA)** Os valores de $x \in R$, para os quais a função real dada por $f(x) = \sqrt{5 - \left\| 2x - 1 \right| - 6 \right|}$ está definida, formam o conjunto.

a) $[0, 1]$.
b) $[-5, 6]$.
c) $[-5, 0] \cup [1, \infty)$.
d) $(-\infty, 0) \cup [1, 6]$.
e) $[-5, 0] \cup [1, 6]$. **(X)**

5

Função Exponencial

01) **(EsPCEx)** A soma e o produto das raízes da equação

$$9 \cdot \left(\frac{3}{5} \right)^{x^2 - x - 9} = \frac{243}{125}$$ são, respectivamente:

a) 1 e −12 **(X)**
b) 7 e 12
c) −2 e −8
d) −1 e 12
e) 7 e 10

02) **(EsPCEx)** − O domínio da função $f(x) = \dfrac{1}{\sqrt{3^{-x-2} - \dfrac{1}{9}}}$ é:

a) R_-^* **(X)**
b) R_-
c) R_+
d) R_+^*
e) R

03) **(EsFAO)** – O conjunto solução da equação exponencial real
$7^x + 7^{x-1} = 8^x$ admite m elementos, então:
a) m é maior que 3
b) m = 3
c) m = 2
d) m = 1 **(X)**
e) m = 0

04) **(EsFAO)** – Se $2^{x-1} = \dfrac{\sqrt{2\sqrt[3]{2}}}{8\sqrt[4]{2}}$, então x é igual a:
a) 3
b) –7/12
c) –43/12
d) 5/4
e) –19/12 **(X)**

05) **(AFA)** – O conjunto-solução da desigualdade: $\left(\dfrac{1}{2}\right)^{x^2-4} \le 8^{\,x+2}$ é:
a) $\{x \in R \mid -2 \le x \le -1\}$
b) $\{x \in R \mid -1 \le x \le 2\}$
c) $\{x \in R \mid x \le -2 \text{ ou } x \ge -1\}$ **(X)**
d) $\{x \in R \mid x \le -1 \text{ ou } x \ge 2\}$
e) n.r.a.

06) **(AMAN)** – O conjunto solução de $19^{\left(x^2 + 2x - 3\right)} = 1$ é:
a) (3; 4; 5)
b) (1; –3) **(X)**
c) (1; –2; 4)
d) (1;–2)
e) (–3; 4; –5)

07) **(AMAN)** – Uma solução para a equação $\left[\sqrt[3]{2^{(x+4)}}\right]^{(x-2)} = 1$ é
dada pelo conjunto:
a) $\{-2; 1\}$ b) $\{0, 2\}$ c) $\{-4; 2\}$**(X)**   d) $\{-4; 1\}$ e) $\{0\}$

08) **(EsFAO)** – O valor real de x que resolve a equação $\dfrac{3^x + \dfrac{1}{3^x}}{3^x - \dfrac{1}{3^x}} = 2$ é tal que:

a) $-1 \le x \le -1/4$

b) $-1/4 < x \le 0$

c) $0 < x \le 1/4$

d) $1/4 < x \le 1/2$ **(X)**

e) $1/2 < x \le 3/2$

09) **(EsFAO)** – Se m e n são números reais tais que $5^m = a$ e $5^n = b$, então $(0, 2)^{(2m-3n)}$ é igual a:

a) $\dfrac{3b}{2a}$

b) $6ab$

c) b^3a^2

d) $\dfrac{b^3}{a^2}$ **(X)**

e) $\dfrac{3a}{2b}$

10) **(AFA)** – A solução da equação $3.9^x + 7.3^x - 10 = 0$ é:

a) $-\dfrac{10}{3}$

b) 0 **(X)**

c) 1

d) 3

11) **(AFA)** – O triplo da solução da equação $\dfrac{4^{\frac{x}{2}}}{2} - \dfrac{2^{x-1}}{3} = \dfrac{4}{3}$ é igual a:

a) 3

b) 6 **(X)**

c) 9

d) 12

12) **(EsPCEx)** – Se $f(x) = 5^x$, com $x \in R$, o valor de $f(x + 2) - f(x + 1)$ é:
a) $30 \cdot f(x)$
b) $24 \cdot f(x)$
c) $20 \cdot f(x)$ (x)
d) $9 \cdot f(x)$
e) $5 \cdot f(x)$

13) **(EsPCEx)** – A soma das raízes da equação $3^x + 3^{1-x} = 4$ é:
a) 2
b) –2
c) 0
d) –1
e) 1 **(X)**

14) **(EsPCEx)** – A soma e o produto das raízes da equação $\left(2^{x+6}\right)^{x^2-6x+5} = 1$, são respectivamente:

a) –5 e 6

b) 11 e 30

c) 0 e –30 **(X)**

d) 0 e –6

e) –11 e 0

15) **(ITA)** – Um acidente de carro foi presenciado por 1/65 da população de Votuporanga (SP). O número de pessoas que soube do acontecimento t horas após é dado por:

$$f(t) = \frac{B}{1 + Ce^{-kt}}$$

onde B é a população as cidade. Sabendo-se que 1/9 da população soube do acidente 3 horas após, então o tempo que passou até que 1/5 da população soubesse da notícia foi de:

a) 4 horas **(X)**
b) 5 horas
c) 6 horas
d) 5 horas e 24 minutos
e) 5 horas e 30 minutos

16) **(AFA)** – O conjunto-solução da inequação $2^{2x+2} - (0,75) \cdot 2^{x+2} < 1$ é:

a) ϕ
b) $\{x \in R \mid x > 0\}$
c) $\{x \in R \mid x < 0\}$ **(X)**
d) $\{x \in R \mid -\dfrac{1}{4} < x < 1\}$

17) **(AFA)** – O produto das raízes da equação $\left(\sqrt{2+\sqrt{3}}\right)^x + \left(\sqrt{2-\sqrt{3}}\right)^x = 4$ pertence ao conjunto dos números:

a) naturais e é primo
b) inteiros e é múltiplo de 4 **(X)**
c) complexos e é imaginário puro
d) racionais positivos e é uma fração imprópria

18) **(EN)** – O domínio da função $y = \dfrac{-32x}{\sqrt{(1/3)^x - 243}}$ é:

a) $(-\infty, -5)$ **(X)**
b) $(-\infty, 5)$
c) $(-5, \infty)$
d) $(5, \infty)$
e) $(-5, 5)$

19) **(ITA)** – Considere as funções $f: R^* \to R$, $g: R \to R$ e $h: R^* \to R$, definidas por:

$$f(x) = 3^{x+\frac{1}{x}} \qquad g(x) = x^2 \qquad h(x) = \frac{81}{x}$$

O conjunto dos valores de x em R* tais que (fog)(x) = (hof)(x), é subconjunto de:

a) [0, 3]

b) [3, 7]

c) [−6, 1] **(X)**

d) [−2, 2] e) n.d.a.

20) **(EPCAR)** – O valor de x que satisfaz a equação $\dfrac{1}{27}\cdot 9^x - \dfrac{8}{27}\cdot 3^x - \dfrac{1}{3} = 0$ é:

a) −2

b) 1

c) 2 **(X)**

d) 3

21) **(EPCAR)** – O conjunto solução da desigualdade $(1/2)^{x^2-2} < 1/4$ é:

a) $\{x \in R \mid 0 < x < 2\}$

b) $\{x \in R \mid -2 < x < 2\}$

c) $\{x \in R \mid x < 0 \text{ ou } x > 2\}$

d) $\{x \in R \mid x < -2 \text{ ou } x > 2\}$**(X)**

22) **(AFA)** – A solução da inequação exponencial $\left(\dfrac{1}{5}\right)^{x^2+2} \geq \left(\dfrac{1}{125}\right)^x$ é:

a) $\{x \in R \mid 0 \leq x \leq 1\}$

b) $\{x \in R \mid 1 \leq x \leq 2\}$ **(X)**

c) $\{x \in R \mid 0 \leq x \leq 2\}$

d) $\{x \in R \mid x \leq 1 \text{ ou } x \geq 2\}$

23) **(CFO)** – Se f: R → R é tal que $f(x) = 2^{x^2} + 1$, o conjunto imagem de f é:

a) $]0; +\infty[$

b) $]1; +\infty[$

c) $]2; +\infty[$

d) $[1; +\infty[$

e) $[2; +\infty[$ **(X)**

24) **(EsPCEx)** – O conjunto solução em R da inequação
$\left[\left(\dfrac{2}{3} \right)^x \right]^{x/2} \geq \dfrac{4}{9}$ é:

a) $\{x \in R \mid x \geq \dfrac{1}{2}\}$

b) $\{x \in R \mid -2 \leq x \leq 2\}$ **(X)**

c) $\{x \in R \mid x \geq \dfrac{4}{9}\}$

d) $\{x \in R \mid 2 \leq x \leq 3\}$

25) **(EsPCEx)** – A raiz da equação $\left(7^x - 2\sqrt{10}\right) \cdot \left(7^x + 2\sqrt{10}\right) = 9$
é um número:

a) irracional positivo

b) inteiro negativo

c) real negativo

d) inteiro positivo **(X)**

26) **(EsFAO)** – Seja R o conjunto dos números reais e sejam f: R → R
e g = R → R definidos como $f(x) = 2^x$ e $g(x) = x^3 - x$. Então:

a) $f(x)$ é injetora e $g(x)$ é sobrejetora **(X)**

b) $f(x)$ é sobrejetora e $g(x)$ é injetora

c) ambas são injetoras

d) ambas são sobrejetoras

e) não são injetoras nem sobrejetoras.

27) **(EsPCEx)** – A solução da inequação $\left(\dfrac{\sqrt{3}}{2} \right)^{x^2} < \left(\dfrac{\sqrt{3}}{2} \right)^{4x+5}$ é:

a) $\{x \in R \mid x < -1 \text{ ou } x > 5\}$ **(X)**

b) $\{x \in R \mid x > 5\}$

c) $\{x \in R \mid -1 < x < 5\}$

d) $\{x \in R \mid -5 < x < 1\}$

e) $\{x \in R \mid x < -5 \text{ ou } x > 1\}$

28) **(EsPCEx)** – Sabendo que $\dfrac{1}{\sqrt{2}+1} = \sqrt{2}-1$, as soluções da equação

$\left(\sqrt{2}+1\right)^x + \left(\sqrt{2}-1\right)^x = \sqrt{2}\left[1-\left(\sqrt{2}-1\right)^x\right]+2$, estão no intervalo:

a) $-1 < x \le 0$
b) $0 < x < 2$
c) $-1 \le x \le 1$ **(X)**
d) $1 \le x \le 2$
e) $-2 \le x \le -1$

29) **(ITA)** Considere a função $f : Z \setminus \{0\} \to IR$,

$f(x) = \sqrt{3^{x-2}} \, (9^{2x+1})^{1/(2x)} - (3^{2x+5})^{1/x} + 1$. A soma de todos os valores de x para os quais a equação $y^2 + 2y + f(x) = 0$ tem raiz dupla é:

a) 0
b) 1
c) 2 **(X)**
d) 4
e) 6

30) **(ITA)** Seja α um número real, com $0 < \alpha < 1$. Assinale a alternativa que representa o conjunto de todos os valores de x tais que

$\alpha^{2x}\left(\dfrac{1}{\sqrt{\alpha}}\right)^{2x^2} < 1$.

a) $]-\infty, 0] \cup [2, +\infty[$
b) $]-\infty, 0] \,[\cup]\, [2, +\infty[$
c) $]0, 2[$ **(X)**
d) $]-\infty, 0[$
e) $]2, +\infty[$

31) **(ITA)** Seja $S = [-2, 2]$ e considere as afirmações:

I) $\frac{1}{4} \leq \left(\frac{1}{2}\right)^x < 6$, para todo $x \in S$.

II) $\frac{1}{\sqrt{32 - 2^x}} < \frac{1}{\sqrt{32}}$, para todo $x \in S$.

III) $2^{2x} - 2^x \leq 0$, para todo $x \in S$.

Então, podemos dizer que

a) apenas I é verdadeira. **(X)**

b) apenas III é verdadeira.

c) somente I e II são verdadeiras.

d) apenas II é falsa.

e) todas as afirmações são falsas.

32) **(ITA)** A soma das raízes reais positivas da equação $4^{x^2} - 5 \cdot 2^{x^2} + 4 = 0$ vale

a) 2.

b) 5.

c) $\sqrt{2}$ **(X)**

d) 1.

e) $\sqrt{3}$

Função Logarítmica

6

01) **(AFA)** – O domínio da função $\log_2 \left[\log_{\frac{1}{4}} \left(x^2 - 2x + 1 \right) \right]$ é:

a) $\left]0, \dfrac{1}{2}\right[\cup \left]\dfrac{3}{2}, 2\right[$

b) $]2, 0[\cup \left]\dfrac{3}{2}, 2\right[$

c) $]-1, 0[\cup \left]\dfrac{3}{2}, +\infty\right[$

d) $\left]-\infty, \dfrac{1}{2}\right[\cup \left]\dfrac{3}{2}, +\infty\right[$

e) n.r.a. **(X)**

02) **(AMAN)** – Se $\log \sqrt{7x + 3} + \log \sqrt{4x + 5} = \dfrac{1}{2} + \log 3$, então o $\log x$ é igual a:

a) 3,48

b) 4,0

c) 2,718...

d) 0 **(X)**

e) 1

03) **(AMAN)** – Sendo $y = e^{\log_e |x|}$ então, sua tangente em $x = 2$ tem por inclinação o ângulo θ igual a:

a) $\pi/4$ rd **(X)**

b) $\pi/3$ rd

c) π rd

d) $\pi/2$ rd

e) 0 rd

04) **(AMAN)** – A equação $\sqrt[x]{e^{2x-1}} = \ell ne$ admite como solução:

a) um número inteiro

b) uma fração racional **(X)**

c) um número complexo

d) dois números inteiros

e) um número irracional

05) **(AMAN)** – O valor de a para que a equação $2x^2 - 4x + \log_2 a = 0$ tenha raízes reais e iguais é:

a) 0

b) 1

c) 2

d) 3

e) 4 **(X)**

06) **(AFA)** – Se $x > 1$ é a solução da equação: $\log_5 \sqrt{x-1} + \log_5 \sqrt{x+1}$ $= \dfrac{1}{2} \log_5 3$, então x vale:

a) 2 **(X)**

b) 3

c) 4

d) 5

e) n.r.a.

07) **(AMAN)** – Um número n é tal que $\log_m n = 2$, e $m + n = 4$. A solução do valor de n será encontrada ao resolvermos.

a) $n^2 + 4n + 1 = 0$

b) $n^2 - 9n + 16 = 0$ **(X)**

c) $n^3 - n^2 + 4 = 0$

d) $n = 5$

e) $n - n^2 + 1 = 0$

08) **(EsFAO)** – Se $\log_2 3 = a$ e $\log_2 5 = b$, o valor de $\log_{\sqrt{2}} 135$ é:

a) $\dfrac{a+b}{2}$

b) $2(a + b)$

c) $\dfrac{3a+b}{2}$

d) $\dfrac{3a-b}{2}$

e) $2(3a + b)$ **(X)**

09) **(EsFAO)** – O conjunto solução da inequação

$$\log_{4/3} \left[\log_{1/2} \left(2x - \frac{3}{2} \right) \right] \leq 0 \text{ é:}$$

a) $\{x \in R \mid x \geq 1\}$

b) $\{x \in R \mid \dfrac{3}{4} < x \leq 1\}$

c) ϕ

d) $\{x \in R \mid \dfrac{3}{4} < x \leq \dfrac{5}{4}\}$

e) $\{x \in R \mid 1 \leq x < \dfrac{5}{4}\}$ **(X)**

10) **(AFA)** – A raiz da equação $\log(x - 1) - \dfrac{\log(x+7)}{2} = \log 2$ é:

a) -9

b) -3

c) 3

d) 9 **(X)**

11) **(AFA)** – O logaritmo de um número em uma certa base é 3, e o logaritmo desse mesmo número em uma base igual ao dobro da anterior, é 2. Então, o número vale:

a) 64 **(X)**

b) 65

c) 75

d) 76

12) **(EN)** – Seja x a solução da equação $\log_{7}\sqrt{x+1} + \log_{7}\sqrt{x-1} = \frac{1}{2}\log_{7} 3$. O valor de $z = \log_{2\sqrt{2}}\frac{1}{64} + \log_{x} 128$ é:

a) 4

b) 3 **(X)**

c) 2

d) 1

e) 0

13) **(EN)** – O domínio da função real $f(x) = \dfrac{\sqrt{25-4x^2}}{\log(x-2)}$ é um subconjunto de:

a) $\left(2, \dfrac{5}{2}\right]$ **(X)**

b) $\left[1, \dfrac{9}{4}\right]$

c) $[2, 3]$

d) $\left[\dfrac{5}{2}, 4\right]$

e) $\left[\dfrac{9}{4}, 3\right]$

14) **(EN)** – O produto das raízes positivas da equação: $x^{\log_5 x^2} = \dfrac{x^5}{125}$ é:

a) $\sqrt{5}$

b) 5

c) $5\sqrt{5}$

d) 25

e) $25\sqrt{5}$ **(X)**

15) **(EsPCEx)** – Sabendo que $\log M + \log N = 0$, é possível afirmar que:

a) M e N são nulos

b) M e N têm sinais contrários

c) M é o inverso de N **(X)**

d) M e N são números inteiros positivos

e) M e N não existem.

16) **(ITA)** – Sejam x e y números reais, positivos e ambos diferentes de 1, satisfazendo o sistema: $x^y = \dfrac{1}{y^2}$ e $\log x + \log y = \log\left(\dfrac{1}{\sqrt{x}}\right)$.

Então o conjunto (x, y) está contido no intervalo:

a) $[2, 5]$

b) $]0, 4[$ **(X)**

c) $[-1, 2]$

d) $[4, 8[$

e) $[5, \infty[$

17) **(ITA)** – O conjunto solução da inequação
$\log_x [(1 - x) x] < \log_x [(1 + x) x^2]$ é dado por:

a) $1 < x < \dfrac{3}{2}$

b) $0 < x < 1$

c) $0 < x < \dfrac{\sqrt{2} - 1}{2}$

d) $0 < x < \dfrac{\sqrt{2}}{2}$

e) $0 < x < \sqrt{2} - 1$ **(X)**

18) **(EN)** – Dada a função $f(x) = \ell n \left(\dfrac{1+x}{1-x} \right)$ podemos afirmar que:

a) $f(x + y) = f(x) + f(y)$

b) $f(xy) = f(x) + f(y)$

c) $f(x + y) = \dfrac{f(x) + f(y)}{x + y}$

d) $f(x + y) = f\left(\dfrac{x + y}{1 + xy} \right)$

e) $f(x) + f(y) = f\left(\dfrac{x + y}{1 + xy} \right)$ **(X)**

19) **(ITA)** Sejam $a \in R$, $a > 1$ e $f: R \to R$ definida por $f(x) = \dfrac{a^x - a^{-x}}{2}$.
A função inversa de f é dada por:

a) $\log_a \left(x - \sqrt{x^2 - 1} \right)$, para $x > 1$.

b) $\log_a \left(-x + \sqrt{x^2 + 1} \right)$, para $x \in R$.

d) $\log_a \left(-x + \sqrt{x^2 - 1} \right)$, para $x < -1$.

c) $\log_a \left(x + \sqrt{x^2 + 1} \right)$, para $x \in R$. **(X)**

e) n.d.a.

20) **(ITA)** – Seja $f: R \to R$ definida por: $f(x) = \begin{cases} e^x, & \text{se } x \le 0 \\ x^2 - 1, & \text{se } 0 < x < 1 \\ \ell n\ x, & \text{se } x \ge 1 \end{cases}$.

Se D é um subconjunto não vazio de R tal que $f: D \to R$ é injetora, então:

a) $D = R$ e $f(D) = [-1, +\infty[$

b) $D =]-\infty, 1] \cup]e, +\infty[$ e $f(D) =]-1, +\infty[$

c) $D = [0, +\infty[$ e $f(D) =]-1, +\infty[$

d) $D = [0, e]$ e $f(D) = [-1, 1]$

e) n.d.a. **(X)**

Notação: f(D) = {y ∈ R: y = f(x), x ∈ D} e ℓn x denota o logaritmo neperiano de x.

Observação: Esta questão pode ser resolvida graficamente.

21) **(ITA)** – O conjunto dos números reais que verificam a inequação $3 \log x + \log (2x + 3)^3 \le 3 \log 2$, é dado por:

a) {x ∈ R: x > 0}

b) {x ∈ R: 1 ≤ x ≤ 3}

c) {x ∈ R: $0 < x \le \frac{1}{2}$ }**(X)**

d) {x ∈ R: $\frac{1}{2} \le x < 1$}

e) n.d.a.

22) **(EN)** – Sendo $\log 2 = 0{,}30103$ e $\log 3 = 0{,}47712$, encontra-se para

$\log \sqrt[3]{\dfrac{32}{9}}$ o valor:

a) 0,81980

b) 1,65273

c) 0,18364 **(X)**

d) 0,55091

e) 0,14969

23) **(EN)** – O valor da expressão $\log_{0{,}125} \sqrt{2} + \log_{0{,}1} 0{,}001 + \log_3 \sqrt[5]{27}$ é:

a) $\dfrac{103}{30}$ **(X)**

b) $\dfrac{49}{15}$

c) $\dfrac{113}{30}$

d) $\dfrac{59}{15}$

e) $\dfrac{77}{30}$

24) **(EN)** – Se $x = 10^{\frac{1}{1-\log Z}}$ e $y = 10^{\frac{1}{1-\log x}}$, então:

a) $Z = 10^{\frac{1}{\log x + \log y}}$

b) $Z = 10^{\log y - \log x}$

c) $Z = 10^{\frac{1}{\log y}}$

d) $Z = 10^{\frac{1}{1-\log y}}$ **(X)**

e) $Z = 10^{1+\log y}$

25) **(AFA)** – Quais as raízes reais da equação $2(1 + \log_{x^2} 10) = \left(\dfrac{1}{\log x^{-1}}\right)^2$?

a) $\dfrac{1}{10}$ e $\dfrac{1}{\sqrt{10}}$

b) $\dfrac{1}{10}$ e $\sqrt{10}$ **(X)**

c) 10 e $\dfrac{1}{\sqrt{10}}$

d) 10 e $\sqrt{10}$

26) **(AFA)** – A soma das raízes da equação
$e^{2\ln x} (\log 5) - 6x(\log 5) - (\log 32) = -5$, onde $e = 2,7$ é:

a) 3   b) 4   c) 5   d) 6 **(X)**

27) **(EN)** – Se $\log_{\alpha} x = n$ e $\log_{\alpha} y = 5n$, então $\log_{\alpha} \sqrt[4]{x^3 y}$ é igual a:

a) $\dfrac{n}{4}$

b) $2n$ **(X)**

c) $\dfrac{3n}{4}$

d) $3n$

e) $\dfrac{5n}{4}$

28) **(EPCAR)** – Analise as funções abaixo quanto ao crescimento ou decrescimento e indique a alternativa correta:

I) $f(x) = x^3$

II) $f(x) = |x|$

III) $f(x) = a^x$ sendo $0 < a < 1$

IV) $f(x) = \log_a x$ sendo $a > 1$

a) III é estritamente crescente

b) I, III e IV são estritamente crescentes

c) II, III e IV são estritamente decrescentes

d) II não é estritamente crescente nem estritamente decrescente **(X)**

29) **(ITA)** – Se x é um número real positivo, com $x \neq 1$ e $x \neq \dfrac{1}{3}$, satisfazendo:

$$\frac{2 + \log_3 x}{\log_{x+2} x} - \frac{\log_x (x+2)}{1 + \log_3 x} = \log_x (x+2)$$

então x pertence ao intervalo I, onde:

a) $I = \left(0, \dfrac{1}{9} \right)$

b) $I = \left(0, \dfrac{1}{3} \right)$ **(X)**

c) $I = \left(\dfrac{1}{2}, 1 \right)$

d) $I = \left(1, \dfrac{3}{2} \right)$

e) $I = \left(\dfrac{3}{2}, 2 \right)$

30) **(ITA)** – O domínio da função $f(x) = \log_{2x^2 - 3x + 1} (3x^2 - 5x + 2)$ é:

a) $(-\infty, 0) \cup (0, \dfrac{1}{2}) \cup (1, \dfrac{3}{2}) \cup (\dfrac{3}{2}, +\infty)$ **(X)**

b) $(-\infty, \dfrac{1}{2}) \cup (1, \dfrac{5}{2}) \cup (\dfrac{5}{2}, +\infty)$

c) $(-\infty, \dfrac{1}{2}) \cup (\dfrac{1}{2}, \dfrac{3}{2}) \cup (1, \dfrac{3}{2}) \cup (\dfrac{3}{2}, +\infty)$

d) $(-\infty, 0) \cup (1, +\infty)$

e) n.d.a.

31) **(EPCAR)** – Considere as funções f e g definidas por
$f(x) = \log_7 (x^2 + 1)$ e $g(x) = 7^x$. O valor de g(f(−2)) é:

a) 1

b) 3

c) 5 **(X)**

d) 7

32) **(EPCAR)** – Se log a + log b = p, então o valor de $\log \dfrac{1}{a} + \log \dfrac{1}{b}$ é igual a:

a) −p **(X)**

b) 1/p

c) 1 − p

d) 1 + p

33) **(EPCAR)** – Sejam as funções reais $f(x) = a^x − k$ e $g(x) = \log_b (x − 3)$ representadas por:

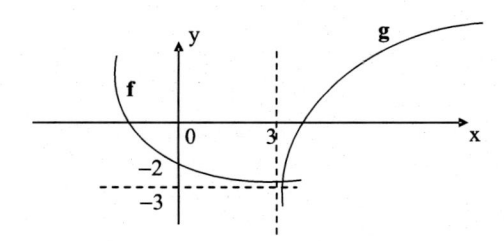

Assinale a alternativa correta:

a) b > 1 e k = − 3

b) 0 < a < 1 e k = 3 **(X)**

c) a > 1 e k = −3

d) 0 < b < 1 e k = 3

34) **(EsPCEx)** – Em um certo mês, dois jornais circularam com 50.000 e 300.000 exemplares diários, respectivamente. A partir de então, a circulação do primeiro cresce 8,8% a cada mês e a do segundo decresce 15% cada mês. Nessas condições, o número mínimo de meses necessários para que a circulação do primeiro jornal supere a do segundo é de:

(use, se necessário, log 2 = 0,30; log 3 = 0,47; log 5 = 0,7)

a) 5

b) 6

c) 7 **(X)**

d) 8

e) 9

35) **(EsPCEx)** – Considerando $\log_m 10 = 1,4$ e $\log_m 50 = 2,4$, é possível afirmar, com base nesses dados, que o valor do logaritmo decimal de 5 é:

a) $\dfrac{3}{7}$

b) $\dfrac{1}{2}$

c) $\dfrac{5}{7}$ **(X)**

d) $\dfrac{7}{3}$

e) $\dfrac{7}{5}$

36) **(EsPCEx)** – O conjunto solução de $\log_2 (x - 3) + \log_2 (x - 2) \leq 1$ é:

a) $S = \{x \in R \mid 3 < x \leq 4\}$ **(X)**

b) $S = \{x \in R \mid 2 < x \leq 3\}$

c) $S = \{x \in R \mid 4 < x \leq 5\}$

d) $S = \{x \in R \mid x \leq 1 \text{ ou } x > 4\}$

e) $S = \{x \in R \mid 1 < x \leq 4\}$

37) (EsPCEx) – Considerando que:

i) o nível de álcool N no sangue de uma pessoa decresce de acordo com a função $N(t) = N_0 (0,5)^t$, onde N_0 é o nível de álcool inicial e t é medido em horas.

ii) o nível máximo permitido para que uma pessoa possa dirigir com segurança é de 0,8 gramas por litro.

Constatando-se que um motorista apresenta nível alcoólico inicial de 2 gramas por litro, o tempo que ele deverá esperar para voltar a dirigir com segurança, a partir dessa constatação, é de:

(use, se necessário, log 2 = 0,30; log 3 = 0,47; log 5 = 0,7)

a) 0h 15min

b) 0h 44min

c) 1h 20min **(X)**

d) 1h 20min

e) 1h 45min

38) (EsPCEx) – A figura ao lado representa o gráfico de $y = \log_{10} x$. Se $\overline{OA} = \overline{BC}$, então podemos afirmar que:

a) $\log_a b = c$

b) $a + b = c$

c) $a^c = b$

d) $a^b = c$

e) $\log_a c = 1 + \log_a b$ **(X)**

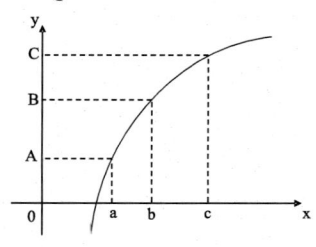

39) (EsPCEx) – Considerando o gráfico abaixo, onde:

I) A curva é a representação da função $y = \log x$, para $x \geq 1$.

II) Os retângulos sombreados têm um dos vértices sobre a curva.

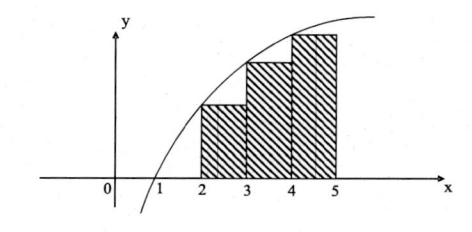

Nas condições apresentadas acima, a área da região sombreada é:
a) log 24 **(X)**
b) log 18
c) log 12
d) log 9
e) log 6

40) **(CN – 2º ano)** – Sabendo que o logaritmo de n na base m > 1 é x e que o logaritmo de n + 1 na base m é y, o logaritmo de N (n < N < n + 1) na base m, calculado por interpolação, vale:

a) $x - (y - x)(N - n)$

b) $x - \dfrac{1}{2}(y + x)(N - n)$

c) $x + (y - x)(N - n)$ **(X)**

d) $x + \dfrac{1}{2}(y + x)(N - n)$

e) $x + \dfrac{1}{4}(y + x)(N + n)$

41) **(AFA)** – Sendo $\log_3\left(\sqrt{7} - 2\right) = K$. O valor de $\log_3\left(\sqrt{7} + 2\right)$ é:
a) $1 - K$ **(X)**
b) $1 + K$
c) $2 - K$
d) $2 + K$

42) **(AFA)** – Se x é variável real, então o campo de definição da função

$f(x) = \sqrt{\log\left(\dfrac{x + 1}{x^2 + 1}\right)}$ é o conjunto:

a) $\{x \in R \mid -1 < x < 1\}$
b) $\{x \in R \mid 0 < x < 1\}$
c) $\{x \in R \mid -1 < x \le 1\}$
d) $\{x \in R \mid 0 \le x \le 1\}$ **(X)**

43) **(CN – 2º ano)** – Se o logaritmo de 4 na base 6 é igual a "a", então o logaritmo de 32 na base 9 é:

a) $\dfrac{5a}{4-2a}$ **(X)**

d) $\dfrac{2a}{4-5a}$

b) $\dfrac{4a}{5-2a}$

e) $\dfrac{4a}{2-5a}$

c) $\dfrac{2a}{5-4a}$

44) **(CN – 2º ano)** – A equação $\left|\,\log_2 |x|\,\right| = 3^x$ tem o número de raízes igual a:

a) 0

b) 1 **(X)**

c) 2

d) 3

e) 4

45) **(CFO)** – Considere as afirmações:

I) $\log 72 = 2 \log 3 + 3 \log 2$

II) $\log_{3/5} 2 > \log_{3/5} 3$

III) Se $\sqrt{3^{\,2x-1}} = 9$, então x = 3

IV) A função $f(x) = (5/4)^x$ é decrescente

É possível afirmar que:

a) apenas uma é verdadeira

b) todas são falsas

c) apenas duas são falsas **(X)**

d) todas são verdadeiras

e) apenas uma é falsa

46) **(AMAN)** – O gráfico que melhor representa a função y = Lx é:

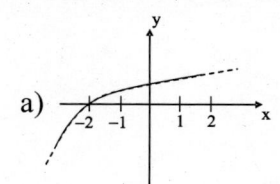 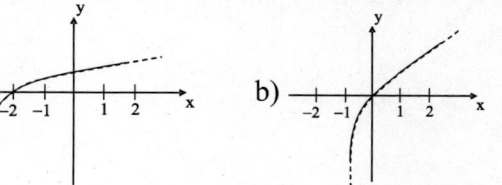

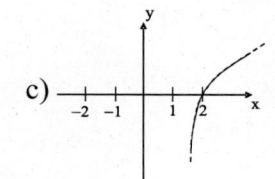 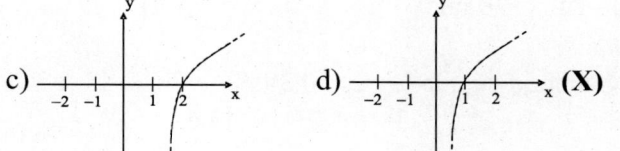

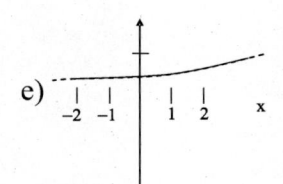

47) **(EsPCEx)** – No conjunto dos números reais a desigualdade $\log_{1/3}\left[\log_4\left(x^2-5\right)\right]>0$ é verdadeira para:

a) $x<-3$ ou $x>3$
b) $-3<x<-\sqrt{6}$ ou $\sqrt{6}<x<3$ **(X)**
c) $-\sqrt{6}<x<-\sqrt{5}$ ou $\sqrt{5}<x<\sqrt{6}$
d) $-3<x<-\sqrt{5}$ ou $\sqrt{5}<x<3$

48) **(EsPCEx)** – O domínio da função real definida por $f(x)=\log_{(-x)}^{12}$ é:

a) $\{x\in R\,|\,x<0 \text{ e } x\neq-1\}$ **(X)**
b) $\{x\in R\,|\,x>5 \text{ ou } x\neq1\}$
c) $\{x\in R\,|\,x>-1 \text{ ou } x\neq0\}$
d) $\{x\in R\,|\,x\neq12 \text{ e } x\neq1\}$

49) **(AFA)** – No conjunto dos números reais, o campo de definição
f(x) = log$_{(x+1)}$ (2x² – 5x + 2) é dado por:

a) {x ∈ R | x ≥ 2 ou x = 1}

b) {x ∈ R | $-\dfrac{1}{2}$ < x < 1 ou x ≠ $\dfrac{1}{2}$}

c) {x ∈ R | $-\dfrac{1}{2}$ < x < 0 ou x ≠ 0}

d) {x ∈ R | -1 < x < 0 ou 0 < x < $\dfrac{1}{2}$ ou x > 2}**(X)**

50) **(EsFAO)** – Sabendo-se que log 2 = 0,30 e log 3 = 0,48, o valor de
x na equação 2^{x-1} + 2^{x-2} + 2^{x-3} + 2^{x-4} = 45 é:

a) 5,6 **(X)**

b) 5,0

c) 0,5

d) 50

e) 56

51) **(EsFAO)** – Dada a equação 5 log $\dfrac{x}{8}$ + 2 log $\dfrac{x}{5}$ = 4 log x – log 25,
o valor da incógnita x é:

a) 10

b) 0

c) 25

d) 20

e) 32 **(X)**

52) **(EsPCEx)** – O produto das soluções da equação
$\left(1+3\log_{x^2} 10\right)\left(\log_{10} x\right) = \dfrac{2}{\log_{10} x^2}$ é:

a) $10\sqrt{10}$

b) $100\sqrt{10}$

c) $\dfrac{\sqrt{10}}{10}$

d) $\sqrt{10}$

e) $\dfrac{\sqrt{10}}{100}$ **(X)**

53) **(EsPCEx)** – A solução da equação $\log_2 x + \log_4 x = 1$ é:

a) $\sqrt[3]{2}$

b) $\sqrt{2}$

c) $\sqrt[3]{4}$ **(X)**

d) $\sqrt[4]{3}$

e) $\sqrt{3}$

54) **(ITA)** – Considere a equação em x , $a^{x+1} = b^{\frac{1}{x}}$ onde a e b são números reais positivos, tais que Ln b = 2 Ln a > 0. A soma das soluções da equação é

a) 0

b) – 1 **(X)**

c) 1

d) In 2

e) 2

55) **(AFA)** – A solução da equação $\log_2 (2x + 3) + \log_{1/2} 2x = 1$ é:

a) 2/3

b) 1

c) 3/2 **(X)**

d) 2

56) **(EsPCEx)** – Considere a relação $\dfrac{p^{-y}}{1+p^{-y}} = x$, onde x, y ∈ R e $p \in R_+^* -\{1\}$. Nessas condições a expressão que define y, em função de x, e seu domínio são, respectivamente:

a) $y = \log_{1/p} \dfrac{1-x}{x}$; D = {x ∈ R | 0 < x < 1}

b) $y = \log_p \dfrac{x}{1-x}$; D = {x ∈ R | x < 0 ou x > 1}

c) $y = \log_p \dfrac{1-x}{x}$; D = {x ∈ R | 0 < x < 1}**(X)**

d) $y = \log_{1/p} \dfrac{x}{x-1}$; $D = \{x \in R \mid x < 0 \text{ ou } x > 1\}$

e) $y = \log_p \dfrac{x-1}{x}$; $D = \{x \in R \mid x < 0 \text{ ou } x > 1\}$

57) **(EsPCEx)** – O conjunto solução de $\log_2 (x -3) + \log_2 (x - 2) \leq 1$ é:
a) $S = \{x \in R \mid 3 < x \leq 4\}$ **(X)**
b) $S = \{x \in R \mid 2 < x \leq 3\}$
c) $S = \{x \in R \mid 4 < x \leq 5\}$
d) $S = \{x \in R \mid x \leq 1 \text{ ou } x > 4\}$
e) $S = \{x \in R \mid 1 < x \leq 4\}$

58) **(EsPCEx)** – O conjunto solução da equação
$\log_x [\log_2 4 . \log_4 6 . \log_6 8] = 2$ é:
(a) ϕ

b) $\left\{ -\sqrt{3}, 0, \sqrt{3} \right\}$

c) $\left\{ \sqrt{3} \right\}$ **(X)**

d) $\left\{ \sqrt{3} \right\}$

59) **(EsPCEx)** – Considere $u = x . \ell n3$; $v = x . \ell n2$; $e^u . e^v = 36$. Nessas condições, temos que:
a) $x = 1$
b) $x = 2$ **(X)**
c) $x = 3$
d) $x = 6$

60) **(EsPCEx)** – O conjunto solução da inequação
$\log_{1/2} (x + 1) + \log_{1/2} 1/8 > 1$ é:
a) $\{x \in R \mid x > 3\}$
b) ϕ
c) $\{x \in R \mid x > -1\}$
d) $\{x \in R \mid -1 < x < 3\}$ **(X)**

61) **(EsFAO)** – O conjunto solução da equação logarítmica
$\log(10x^2 + 5) - 2\log(x - 1) = 1$:
a) É vazio **(X)**
b) É unitário
c) Tem 2 elementos
d) Tem 4 elementos
e) Tem infinidade de elementos

62) **(EsFAO)** – O logaritmo de $\sqrt{3}$ na base 1/9 é igual a:
a) $-1/4$ **(X)**
b) $-1/2$
c) -1
d) $1/4$
e) $3/2$

63) **(AFA)** – O domínio da função $f(x) = \log[\log(x + 3)]$ é o intervalo:
a) $]-\infty, -3[$
b) $]-3, +\infty[$
c) $]-\infty, -2[$
d) $]-2, +\infty[$ **(X)**
e) n.r.a.

64) **(EN)** – Sendo M o menor inteiro pertence ao domínio da função
$$f(x) = \frac{1}{\sqrt{\dfrac{9}{16} - \left(\dfrac{4}{3}\right)^{(1-x)}}} \text{ ; podemos afirmar que } \log_M 2\sqrt{2\sqrt{2}} \text{ é:}$$

a) $\dfrac{7}{4}$ d) $\dfrac{3}{8}$

b) $\dfrac{7}{8}$ **(X)**   e) $\dfrac{1}{4}$

c) $\dfrac{3}{4}$

65) **(ITA)** – Seja a função f dada por

$f(x) = (\log_3 5) \cdot \log_5 8^{x-1} + \log_3 4^{1+2x-x^2} - \log_3 2^{x(3x+1)}$.

Determine todos os valores de x que tornam f não-negativa.

Resp.: $\dfrac{1}{5} \le x \le 1$

66) **(ITA)** – Para b > 1 e x > 0, resolva a equação em x:

$(2x)^{\log_b 2} - (3x)^{\log_b 3} = 0$

Resp.: 1/6

67) **(ITA)** – Dada a função quadrática

$f(x) = x^2 \ell n \dfrac{2}{3} + x \, \ell n6 - \dfrac{1}{4} \ell n \dfrac{3}{2}$

temos que

a) a equação $f(x) = 0$ não possui raízes reais.

b) a equação $f(x) = 0$ possui duas raízes reais distintas e o gráfico de f possui concavidade para cima.

c) A equação $f(x) = 0$ possui duas raízes reais iguais e o gráfico de f possui concavidade para baixo.

d) O valor máximo de f é $\dfrac{\ell n2 \ell n3}{\ell n3 - \ell n2}$.**(X)**

e) O valor máximo de f é $2\dfrac{\ell n2 \ell n3}{\ell n3 - \ell n2}$.

7

Trigonometria

01) **(EsPCEx)** – O conjunto solução da equação: $\text{sen}x + \sqrt{3}\cos x = 2$ é:

a) $S = \{x \in R \mid x = \dfrac{\pi}{3} + k\pi, k \in Z\}$

b) $S = \{x \in R \mid x = \dfrac{\pi}{3} + 2k\pi, k \in Z\}$

c) $S = \{x \in R \mid x = \dfrac{\pi}{6} + k\pi, k \in Z\}$

d) $S = \{x \in R \mid x = \dfrac{\pi}{6} + 2k\pi, k \in Z\}$ **(X)**

e) $S = \{x \in R \mid x = \dfrac{5\pi}{6} + 2k\pi, k \in Z\}$

02) **(EsPCEx)** – Sendo $\text{tg}\,x + \sec x = m$ e $\sec x - \text{tg}\,x = n$, então o valor de m . n:

a) -1

b) 1**(X)**

c) 2

d) 4

e) 6

03) **(EsPCEx)** – Sendo $0 \leq x \leq 2\pi$, podemos afirmar que a soma das raízes da equação $\text{sen}^2x + \text{sen}(-x) = 0$ vale:

a) $\dfrac{3\pi}{2}$

b) 2π

c) $\dfrac{7\pi}{2}$ **(X)**

d) $\dfrac{10\pi}{2}$

04) **(EsPCEx)** – O conjunto-solução da equação $\left(\dfrac{1}{2} - \text{sen}^2\,\theta \right) \cos 3\theta = 0$, sendo $0 \leq \theta \leq \pi$, é:

a) $S = \left\{ 0, \dfrac{\pi}{4}, \dfrac{2\pi}{3}, \dfrac{3\pi}{4} \right\}$

b) $S = \left\{ 0, \dfrac{\pi}{3}, \dfrac{2\pi}{3} \right\}$

c) $S = \left\{ \dfrac{\pi}{6}, \dfrac{\pi}{4}, \dfrac{\pi}{3}, \dfrac{\pi}{2}, \dfrac{5\pi}{6} \right\}$

d) $S = \left\{ \dfrac{\pi}{6}, \dfrac{\pi}{4}, \dfrac{\pi}{2}, \dfrac{3\pi}{4}, \dfrac{5\pi}{6} \right\}$ **(X)**

05) **(EsPCEx)** – Sabendo que $x \in [0, \frac{\pi}{2}[$, então a solução da equação $\ell n\,\text{sen}\,x - \ell n\,\cos x = 1$ está no intervalo:

a) $\left[\frac{\pi}{4}, \frac{\pi}{3} \right]$

b) $\left[\frac{\pi}{3}, \frac{\pi}{2} \right[$ **(X)**

c) $\left[0, \frac{\pi}{4} \right]$

d) $\left[\frac{\pi}{4}, \frac{\pi}{2} \right[$

06) **(EN)** – Sendo $y = \text{sen}\left(\dfrac{5\pi}{12}\right)\cos\left(\dfrac{\pi}{12}\right)$, o valor numérico de y é:

a) $\dfrac{1}{2} + \dfrac{\sqrt{3}}{4}$ **(X)**

b) $\dfrac{\sqrt{3}}{2}$

c) $\dfrac{1}{2}$

d) $\sqrt{3} + 2$

e) $2\left(\sqrt{3} + 1\right)$

07) **(EsFAO)** – O valor de x, solução da equação: $2(1 - \cos x) = \text{sen}x \cdot \text{tg}x$, sendo $K \in Z$, é:

a) $K\pi$

b) $\dfrac{\pi}{4} + K\pi$

c) $\dfrac{\pi}{4} + \dfrac{K\pi}{2}$

d) $(2K + 1)\pi$

e) $2K\pi$ **(X)**

08) **(EsFAO)** – Sendo $\dfrac{\pi}{2} < x < \pi$ e $\cos x = \dfrac{-2\sqrt{5}}{5}$, o valor da expressão sen $2x - \text{tg } x$ é:

a) 1,3

b) 0,6

c) 0,3

d) −1,3

e) −0,3**(X)**

09) **(AMAN)** – A equação sen $2x - 3\cos x = 0$, no intervalo $[0, 2\pi]$, admite:

a) 4 soluções   b) 8 soluções   c) 6 soluções

d) 2 soluções **(X)**   e) 1 solução

10) **(AFA)** – Se tg x = m e tg 2x = 3m, m > 0, então o ângulo agudo x mede:
a) 15°
b) 30° **(X)**
c) 45°
d) 60°
e) n.r.a.

11) **(EsFAO)** – Em um triângulo ABC, os ângulos internos $\hat{B}$ e $\hat{C}$ obedecem a relação:
$$1 - \cot g (45° - \hat{B}) = \frac{2}{1 - \cot g \, \hat{C}}.$$
Podemos afirmar que esse triângulo é, obrigatoriamente:
a) retângulo
b) retângulo isósceles
c) isósceles não retângulo **(X)**
d) eqüilátero
e) escaleno

12) **(AFA)** – Considere o triângulo retângulo abaixo e calcule o valor de h.

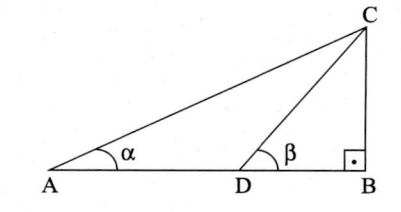

Dados:
$$\overline{AD} = d$$
$$\overline{BC} = h$$
$$C\hat{A}D = \alpha$$
$$C\hat{D}B = \beta$$

a) $\dfrac{d}{\cot g\,\alpha - \cot g\,\beta}$ **(X)**

b) $\dfrac{d}{\cot g\,\alpha - tg\,\beta}$

c) $\dfrac{d}{\cot g\,\alpha - tg\,\beta}$

d) $\dfrac{d}{\cot g\,\alpha - tg\,\beta}$

e) n.r.a.

13) **(ITA)** Em um triângulo retângulo, a medida da mediana relativa à hipotenusa é a média geométrica das medidas dos catetos. Então, o valor do cosseno de um dos ângulos do triângulo é igual a

a) $\dfrac{4}{5}$

b) $\dfrac{2+\sqrt{3}}{5}$

c) $\dfrac{1}{2}\sqrt{2+\sqrt{3}}$ **(X)**

d) $\dfrac{1}{4}\sqrt{4+\sqrt{3}}$

e) $\dfrac{1}{4}\sqrt{4+\sqrt{3}}$

14) **(EsPCEx)** – Um triângulo tem o lado maior medindo 1m e dois de seus ângulos são 27° e 63°. O valor aproximado para o perímetro desse triângulo, dados $\sqrt{2}=1,4$ e cos 18°=0,95, é de:

a) 1,45m

b) 2,33m **(X)**

c) 2,47m

d) 3,35m

e) 3,45m

15) **(EsPCEx)** – Conforme a figura, a 60 metros do chão o helicóptero H avista, sob um ângulo α, dois alvos, B e C, que serão logo abatidos.

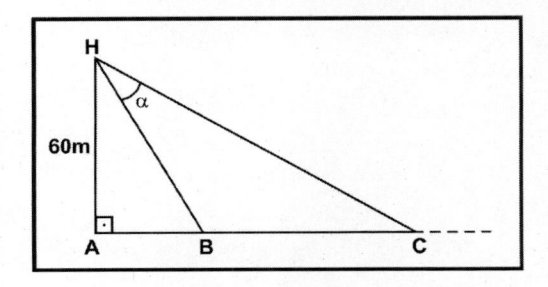

Se AB = 40m e BC = 260m, então α mede

a) 15°

b) 30°

c) 45° **(X)**

d) 60°

e) 75°

16) **(EsPCEx)** – Os ângulos α e β pertencem aos triângulos retângulos abaixo.

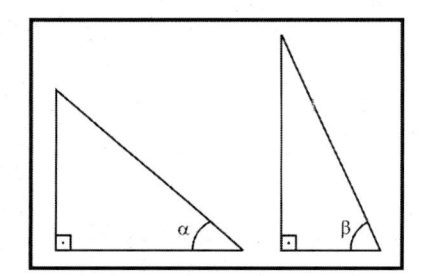

Se o seno de β é o dobro do seno de α, então o ângulo α pertence ao intervalo

a)]0°, 45°[

b) [45°, 60°]

c)]30°, 45°[

d)]0°, 60°[

e)]0°, 30°[**(X)**

17) **(AFA)** – A soma das raízes da equação $1 - 4\cos^2 x = 0$, $0 \leq x \leq \pi$, é igual a:

a) $\dfrac{\pi}{3}$

b) $\dfrac{3\pi}{4}$

c) $\dfrac{5\pi}{6}$

d) π **(X)**

e) n.r.a.

18) **(AFA)** – Simplificando a expressão: $\dfrac{\text{sen}\left(3e^x\right)}{\text{sen}\left(e^x\right)} - \dfrac{\cos\left(3e^x\right)}{\cos\left(e^x\right)}$, onde sen $e^x \neq 0$ e cos $e^x \neq 0$, o resultado será:

a) 1

b) 2 **(X)**

c) e

d) e^2

e) n.r.a.

19) **(AFA)** – O menor período da função $f(x) = \text{sen}x\,\cos x$ vale:

a) $\dfrac{\pi}{4}$

b) $\dfrac{\pi}{2}$

c) π **(X)**

d) 2π

e) n.r.a.

20) **(AFA)** – Em um triângulo retângulo, uma razão entre os catetos é $\dfrac{1}{2}$ e a razão entre a hipotenusa e o menor cateto é $\sqrt{5}$. Se α e β são os ângulos agudos desse triângulo, então sen α + sen β é igual a:

a) $\dfrac{2\sqrt{5}}{5}$

b) $\dfrac{3\sqrt{5}}{5}$ **(X)**

c) $\dfrac{4\sqrt{5}}{5}$

d) $\dfrac{7\sqrt{5}}{5}$

e) n.r.a.

21) **(AFA)** – Se cos a = $\dfrac{2\sqrt{5}}{5}$ e cosec a < 0, então tg a + cotg a vale:

a) $-\dfrac{5}{2}$ **(X)**

b) $-\dfrac{3}{2}$

c) $\dfrac{3}{2}$

d) $\dfrac{5}{2}$ e) n.r.a.

22) **(AFA)** – O conjunto imagem da função: f(x) = $\sqrt{2}$ (cos x + sen x), em R, é o intervalo:

a) $[-2, 2]$ **(X)**
b) $[-\sqrt{2}, 2]$
c) $[-2, \sqrt{2}]$
d) $[-\sqrt{2}, \sqrt{2}]$
e) n.r.a.

23) **(AMAN)** – Se cos x = $\dfrac{3}{7}$ e o ângulo x é tal que $15\dfrac{\pi}{2} < x < 31\dfrac{\pi}{4}$, logo o produto:

M = (sen x) (tg x) (cotg x) (sec x) é igual a:

a) $2\sqrt{10}/5$

b) $-2\sqrt{10}/7$

c) $5/3\sqrt{10}$

d) $-2\sqrt{10}/3$ **(X)**

e) $\sqrt{10}/4$

24) **(EN)** – Se 2 sen x + cos x = 1 então

a) sen x = 0 ou sen x = $\dfrac{4}{5}$ **(X)**

b) tg x = 0 ou tg x = $\dfrac{4}{3}$

c) cos x = 1 ou cos x = $\dfrac{3}{5}$

d) sen x = 0

e) cos x = 1

25) **(EN)** – A representação gráfica da função f(x) = x – 2 arctgx é:

a) 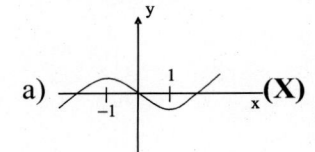 **(X)**

d)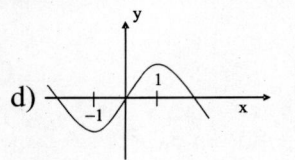

b)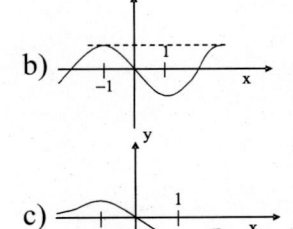

e)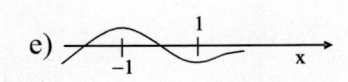

c)

26) **(AFA)** – Sejam D o domínio da função:f(x) = log (–cos 2x),

$a \in \left]-\dfrac{\pi}{4}, \dfrac{\pi}{2}\right[\cap D$ e $b \in \left]\dfrac{\pi}{2}, \dfrac{5\pi}{4}\right[\cap D$. Então, é possível afirmar

que:

a) tg b sen a < 0 **(X)**

b) tg b cos a > 0

c) tg a sen b < 0

d) tg a cos b > 0

e) n.r.a.

27) **(EN)** – Se f(x – 1) = sen² (x – 2) então f(x + 1) é igual a:

a) sen² (x – 1)

b) sen² (x + 1)

c) $\dfrac{1+\cos 2x}{2}$

d) $\dfrac{1-\cos 2x}{2}$ **(X)**

e) $\dfrac{1+\sin 2x}{2}$

28) **(AMAN)** – Sejam: $2f(\theta) = 1 - \cos 2\theta$ e $2 \cdot w(\theta) = 1 + \cos 2\theta$, sabe-se que:

$$g(\theta) = \frac{f(\theta) + w(\theta)}{w(\theta)},$$

então, a expressão de $g(\theta)$ é:

a) $1 - \text{sen}^2\theta$

b) $\text{tg}^2\theta$

c) $\text{cossec } 2\theta + 4$

d) $\sec^2\theta$ **(X)**

e) $1 + 2\cos 2\theta$

29) **(AMAN)** – Um barco, navegando em linha reta, passa sucessivamente pelos pontos A, B, C. Estando o barco em A, o comandante observa um farol F, calculando o ângulo $F\hat{A}C = 30°$. Após navegar 4 quilômetros até B, verifica que o ângulo $F\hat{B}C = 75°$. Então a distância entre o farol F e o ponto B é:

a) $\sqrt{3}$ km

b) $2\sqrt{2}$ km **(X)**

c) 3 km

d) 2 km

e) $\sqrt{2}$ km

30) **(AMAN)** – Em uma grande área plana existe um edifício com 30 m de altura. Em uma determinada hora do dia os raios solares fazem com o solo um ângulo de 15°. O comprimento da sombra do edifício nesse instante é aproximadamente:

a) 149 m

b) 112 m **(X)**

c) 91 m

d) 75 m

e) 44 m

31) **(EsFAO)** – A extremidade do arco de medida $\frac{38\pi}{3}$ está situada no:
a) 1º quadrante
b) 2º quadrante **(X)**
c) 3º quadrante
d) 4º quadrante
e) 5º quadrante

32) **(EsFAO)** – O período da função $y = \text{sen}^2 x$ é:
a) π **(X)**
b) 2π
c) $\pi/2$
d) $4\pi^2$
e) $\pi/4$

33) **(EsFAO)** – A expressão
$y = \text{sen}^2(45º + a) - \text{sen}^2(30º - a) + \text{sen } 15º \cos (15º + 2a)$
é idêntica a:
a) sen a
b) cos a
c) sen 2a
d) cos 2a **(X)**
e) sen (60º + 2a)

34) **(AFA)** – Sabendo-se que $0 < \alpha < \beta < \frac{\pi}{2}$, sen $\alpha = a$ e sen $\beta = b$, então o valor da expressão sen $(\pi + \alpha) - \cos (2\pi - \beta)$ será igual a:
a) $a + \sqrt{1 - b^2}$
b) $-a + \sqrt{1 - b^2}$
c) $a - \sqrt{1 - b^2}$
d) $-a - \sqrt{1 - b^2}$ **(X)**

35) **(AFA)** – Simplificando a expressão:

$$\frac{\operatorname{sen} x \cos^3 x + \operatorname{sen} x}{\cos^2 x} - \operatorname{sen} x \, \cos^2 x \, \sec x - \operatorname{tg} x \, \sec x,$$

encontra-se:

a) 0 **(X)**

b) 1

c) sen x

d) cos x

36) **(EsPCEx)** – A solução da inequação $\sqrt{2} \cos^2 x > \cos x$ no intervalo $[0, \pi]$ é:

a) $0 \le x < \dfrac{\pi}{4}$ ou $\dfrac{\pi}{2} < x \le \pi$ **(X)**

b) $0 < x \le \dfrac{\pi}{3}$ ou $\dfrac{2\pi}{3} \le x < \pi$

c) $0 < x < \dfrac{\pi}{6}$ ou $\dfrac{2\pi}{3} \le x < \pi$

d) $\dfrac{\pi}{4} < x < \dfrac{2\pi}{3}$

e) $\dfrac{\pi}{3} \le x < \dfrac{3\pi}{2}$

37) **(EsPCEx)** – Seja $E = 4^{\operatorname{sen} x \cos x}$. O valor máximo de E e os correspondentes valores de x são, respectivamente:

a) $\dfrac{1}{2}$ e $\dfrac{\pi}{2} + 2k\pi, k \in Z$

b) 1 e $\dfrac{\pi}{4} + k\pi, k \in Z$

c) 1 e $\dfrac{\pi}{2} + 2k\pi, k \in Z$

d) 2 e $\dfrac{\pi}{4} + k\pi, k \in Z$ **(X)**

e) 2 e $\dfrac{\pi}{4} + 2k\pi, k \in Z$

38) **(ITA)** Sejam f e g funções definidas por $f(x) = \left(\sqrt{2}\right)^{3\operatorname{sen}x-1}$ e $g(x) = \left(\dfrac{1}{2}\right)^{3\operatorname{sen}^2 x-1}$, $x \in R$.

A soma do valor mínimo de f com o valor mínimo de g é igual a:

a) 0.

b) $-\dfrac{1}{4}$.

c) $\dfrac{1}{4}$

d) $\dfrac{1}{2}$.**(X)**

e) 1.

39) **(ITA)** – Sejam f, g: $R \to R$ definidas por $f(x) = x^3$ e $g(x) = 10^{3\cos 5x}$. Podemos afirmar que

a) f é injetora e par e g é ímpar.

b) g é sobrejetora e gof é par.

c) f é bijetora e gof é ímpar.

d) f é ímpar e gof é par.

e) g é par e gof é ímpar **(X)**

40) **(EsPCEx)** – Sendo $0 < \alpha < \dfrac{\pi}{4}$, a expressão $\sqrt{2 + \sqrt{2 + 2\cos 2\alpha}}$ é igual a:

a) $2 \operatorname{sen} \dfrac{\alpha}{2}$

b) $4 \operatorname{sen} \dfrac{\alpha}{2}$

c) $\operatorname{sen} \dfrac{\alpha}{2} \cos \dfrac{\alpha}{2}$

d) $4 \cos \dfrac{\alpha}{2}$

e) $2 \cos \dfrac{\alpha}{2}$ **(X)**

41) **(EsPCEx)** – O valor de $\dfrac{\text{sen }80° \cos 40° + \text{sen}40° \cos 80°}{\cos 72° \cos 27° + \text{sen}72° \text{sen}27°}$ é:

a) $\dfrac{\sqrt{6}}{2}$ **(X)**

b) $\dfrac{\sqrt{3}}{2}$

c) $\dfrac{\sqrt{3}}{4}$

d) $\dfrac{\sqrt{6}}{3}$

e) $\dfrac{2\sqrt{3}}{5}$

42) **(EN)** – Se $\dfrac{\text{sen }x + \cos x}{\cos x - \text{sen }x} = \text{tg }y$, então um possível valor para y é:

a) $x - \dfrac{\pi}{4}$

b) x

c) $x + \dfrac{\pi}{4}$ **(X)**

d) $x + \dfrac{3\pi}{4}$

e) $x + \pi$

43) **(EN)** – Seja $x = \text{arc cos } 3/5$, $x \in [0, \pi]$. Então sen $2x$ é igual a:

a) $\dfrac{24}{25}$ **(X)**

b) $\dfrac{4}{5}$

c) $\dfrac{16}{25}$

d) $\dfrac{6}{5}$

e) $\dfrac{2}{5}$

44) **(EN)** – A função que melhor se adapta ao gráfico é:

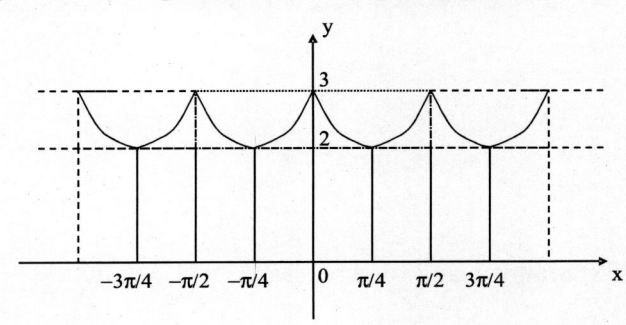

a) $y + \left| sen\dfrac{x}{2} \right| = 3$

b) $y + \left| sen\dfrac{x}{2} \right| = 3 + \dfrac{\sqrt{2}}{2}$

c) $y + \left| \cos 2x \right| = 4$

d) $y + \left| \cos\dfrac{x}{2} \right| = 3 - \dfrac{\sqrt{2}}{2}$

e) $y + \left| sen\, 2x \right| = 3$ **(X)**

45) **(EN)** – Sabendo-se que tg $x = a$ e tg $y = b$; é possível reescrever $Z = \dfrac{sen2x + sen2y}{sen2x - sen2y}$ como:

a) $\left(\dfrac{1 - ab}{1 + ab} \right) \cdot \left(\dfrac{a - b}{a + b} \right)$

b) $\left(\dfrac{1 + ab}{1 - ab} \right) \cdot \left(\dfrac{a - b}{a + b} \right)$

c) $\left(\dfrac{1 - ab}{1 + ab} \right) \cdot \left(\dfrac{a + b}{a - b} \right)$

d) $\left(\dfrac{1 + ab}{1 - ab} \right) \cdot \left(\dfrac{-a + b}{a - b} \right)$

e) $\left(\dfrac{1 + ab}{1 - ab} \right) \cdot \left(\dfrac{a + b}{a - b} \right)$ **(X)**

46)   **(EsPCEx)** – O valor de sen $\dfrac{53\pi}{6}$ é igual ao:
a) cos 225°
b) cos 150°
c) cos 60° **(X)**
d) sen 210°
e) sen 120°

47)   **(EsPCEx)** Simplificando a expressão E = (1 + cotg² x) (1 − cos² x), teremos:
a) E = tg x
b) E = sen x
c) E = $\sqrt{2}$
d) E = 1 **(X)**
e) E = −1

48)   **(EsPCEx)** – Da figura abaixo, sabe-se que cos β = $\dfrac{\sqrt{2}}{2}$. Então, o cos α vale:

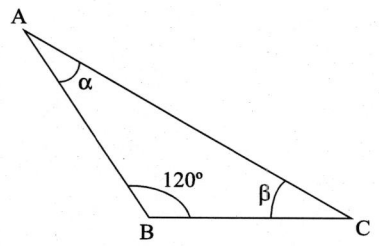

a) $\dfrac{\sqrt{6}}{4} - \dfrac{\sqrt{2}}{4}$

b) $\dfrac{\sqrt{6}}{4} - \dfrac{\sqrt{3}}{4}$

c) $\dfrac{\sqrt{6}}{4} + \dfrac{\sqrt{2}}{4}$ **(X)**

d) $\dfrac{\sqrt{6}}{4} + \dfrac{\sqrt{3}}{4}$

e) $\dfrac{\sqrt{3}}{2}$

49) **(EsPCEx)** – De posse dos dados da figura abaixo e sabendo que as circunferências são tangentes entre si e que ambas tangenciam os lados do ângulo AOB, é possível concluir que o valor de sen α é igual a:

a) $\dfrac{R+r}{R-r}$

b) $\dfrac{R-r}{R+r}$ **(X)**

c) $\dfrac{R}{R+r}$

d) $\dfrac{R^2}{R+r}$

e) $\dfrac{R^2}{R-r}$

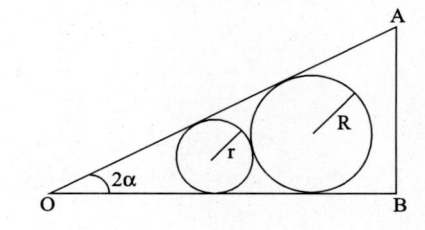

50) **(ITA)** – A expressão trigonométrica

$$\frac{1}{(\cos^2 x - \operatorname{sen}^2 x)^2} - \frac{4\operatorname{tg}^2 x}{(1 - \operatorname{tg}^2 x)^2}$$

para $x \in \,]0, \pi/2[$, $x \neq \pi/4$, é igual a:

a) sen(2x)

b) cos(2x)

c) 1 **(X)**

d) 0

e) sec(x)

51) **(EsPCEx)** O retângulo ABCD está dividido em três quadrados, como mostra a figura abaixo. Nessas condições, é possível concluir que α + β vale:

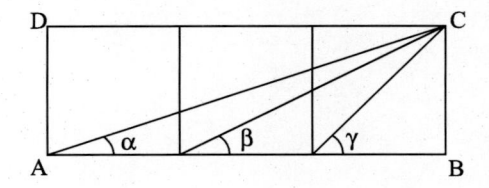

a) $\dfrac{\pi}{2} - \gamma$ **(X)**

b) $\dfrac{\pi}{2} + \gamma$

c) $\dfrac{\gamma}{3}$

d) $\dfrac{\gamma}{2}$

e) $\pi - \gamma$

52) **(ITA)** – Um triângulo ABC, retângulo em A, possui área S. Se $x = A\hat{B}C$ e r é o raio da circunferência circunscrita a esse triângulo, então:

a) $S = r^2 \cos(2x)$

b) $S = r^2 \operatorname{sen}(2x)$ **(X)**

c) $S = \dfrac{1}{2} r^2 \operatorname{sen}(2x)$

d) $S = \dfrac{1}{2} r^2 \cos^2 x$

e) $S = \dfrac{1}{2} r^2 \operatorname{sen}^2 x$

53) **(ITA)** – Em um triângulo ABC retângulo em A, seja D a projeção de A sobre BC. Sabendo-se que o segmento BD mede 1cm e que o ângulo DÂC mede θ graus, então a área do triângulo ABC vale:

a) $\dfrac{1^2}{2} \sec\theta \, \operatorname{tg}\theta$

b) $\dfrac{1^2}{2} \sec^2\theta \, \operatorname{tg}\theta$ **(X)**

c) $\dfrac{1^2}{2} \sec\theta \, \operatorname{tg}^2\theta$

d) $\dfrac{1^2}{2} \operatorname{cossec}\theta \, \operatorname{cotg}\theta$

e) $\dfrac{1^2}{2} \operatorname{cossec}^2\theta \, \operatorname{cotg}\theta$

54) **(ITA)** – O conjunto das soluções da equação sen5x = cos3x contém o seguinte conjunto:

a) $\left\{\dfrac{\pi}{16}+k\dfrac{\pi}{5},\ k \in Z\right\}$

b) $\left\{\dfrac{\pi}{16}+k\dfrac{\pi}{3},\ k \in Z\right\}$

c) $\left\{\dfrac{\pi}{4}+k\dfrac{\pi}{3},\ k \in Z\right\}$

d) $\left\{\dfrac{\pi}{4}+k\dfrac{\pi}{2},\ k \in Z\right\}$

e) $\left\{\dfrac{\pi}{4}+2k\pi,\ k \in Z\right\}$ **(X)**

55) **(IME)** – Determine a solução da equação trigonométrica, sen x + $\sqrt{3}$ cos x = 1, x ∈ R.

R.: $S = \{x \in \mathbb{R} \setminus x = \dfrac{\pi}{2}+2k\pi$ ou $x=-\dfrac{\pi}{6}+2k\pi$ ou $x=\dfrac{7\pi}{6}+2k\pi, k \in \mathbb{Z}\}$

56) **(IME)** – Determine θ sabendo-se que:

i) $\dfrac{1-\cos^4\theta}{1-\text{sen}^4\theta} \cdot \dfrac{1+\text{ctg}^2\theta}{1+\text{tg}^2\theta} = \dfrac{2}{3}$

ii) $0 < \theta < 2\pi$ radianos

R.: $\theta = arcsen(\dfrac{2}{\sqrt{5}})$ ou $\theta = arcsen(-\dfrac{2}{\sqrt{5}})$

57) **(EsPCEx)** – Para todo k ∈ Z, n ∈ N* e x ∈ R, a expressão $[(\text{sen } x + \cos x)^2 - \text{sen}2x]^n$ é equivalente a:

a) $[\text{sen }(2k\pi)]^n$

b) $[\cos (2k\pi + \pi)]^n$

c) $\cos (nk\pi)$

d) $[\text{sen }(2k\pi + \dfrac{\pi}{2})]^n$ **(X)**

e) $\text{sen }(nk\pi)$

58) **(EsPCEx)** – A expressão: $1 - 2sen^2x + sen^4x + sen^2x \cos^2x$ é equivalente a:

a) $\cos^4x$

b) $2sen^2x$

c) $\cos^3x$

d) $\cos^2x$ **(X)**

e) $sen2x$

59) **(AFA)** – A soma das raízes da equação $sen\, 3x + sen\, 2x = 0$, para $0 \le x \le \pi$, é:

a) $6\pi/5$

b) $9\pi/5$

c) $11\pi/5$

d) $13\pi/5$

60) **(EsPCEx)** – Dada a função $f(x) = \dfrac{1 - sen^2\, x}{1 + sen\, x}$ e o intervalo $I = [0, 2\pi]$, é possível afirmar que:

a) f é definida para todo $x \in I$ e a imagem de f em I é $[0, 2]$;

b) f é definida para todo $x \in I \mid x \neq \dfrac{3\pi}{2}$ e a imagem de f em I é $[0, 2[;$**(X)**

c) f não é definida para $x = -1$ e a imagem de f em I é $]-1, 1[;$

d) f não é definida para $x = \dfrac{\pi}{2}$ e a imagem de f em I é $[0, 2[;$

e) f não é definida para $x = \dfrac{3\pi}{2}$ e a imagem de f em I é $[0, 1[$

61) **(EsPCEx)** – Quanto à função $f: R \rightarrow R$ dada por $f(x) = senx + cosx$, é possível afirmar que:

a) tem período π e valor máximo 2

b) tem período 2π e valor máximo 2

c) tem período 4π e valor máximo 2

d) tem período π e valor máximo $\sqrt{2}$

e) tem período 2π e valor máximo $\sqrt{2}$ **(X)**

62) **(ITA)** – O conjunto de todos os valores de α, $\alpha \in \left]-\frac{\pi}{2};\frac{\pi}{2}\right[$, tais que as soluções da equação (em x) $x^4 - \sqrt[4]{48}\, x^2 + \mathrm{tg}\,\alpha = 0$ são todas reais, é

a) $\left[-\frac{\pi}{3};0\right]$

b) $\left[-\frac{\pi}{4};\frac{\pi}{4}\right]$

c) $\left[-\frac{\pi}{6};\frac{\pi}{6}\right]$

d) $\left[0;\frac{\pi}{3}\right]$ **(X)**

e) $\left[\frac{\pi}{12};\frac{\pi}{3}\right]$

63) **(ITA)** – Se $a \in R$ com $a > 0$ e arc sen $\dfrac{a-1}{a+1}$ está no primeiro quadrante, então o valor de tg $\left[\text{arc sen }\dfrac{a-1}{a+1} + \text{arc tg }\dfrac{1}{2\sqrt{a}}\right]$ é:

a) $\dfrac{a+1}{2\sqrt{a}}$

b) $\dfrac{a\sqrt{a}}{3a+1}$

c) $\dfrac{2a\sqrt{a}}{3a+1}$ **(X)**

d) $\dfrac{2a}{3a+1}$

e) n.d.a.

64) **(EN)** – Simplificando a expressão
$2(\cos^6 x + \text{sen}^6 x) - 3(\cos^4 x + \text{sen}^4 x)$, encontramos:

a) sen x

b) cos x

c) -1 **(X)**

d) 1

e) sen x + cos x

65) **(AFA)** – No plano cartesiano, conforme a figura abaixo, C é o centro da circunferência de raio r. Se sen $\alpha = \dfrac{1}{4}$, então $\overline{PQ}$ vale:

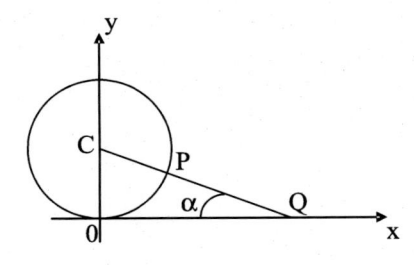

a) 1,5 r
b) 2 r
c) 2.5 r
d) 3 r **(X)**

66) **(AFA)** – Na figura abaixo, $\overline{AC} = \overline{BC} = 2\overline{AB}$, $\beta = 3\alpha$ e $\overline{OA} = \overline{OB} = r$, onde r é o raio da circunferência com centro O. Então a medida do arco (AB) é

a) r arc cos $\dfrac{5}{8}$

b) r arc cos $\dfrac{7}{8}$

c) 3r arc cos $\dfrac{5}{8}$

d) 3r arc cos $\dfrac{7}{8}$ **(X)**

67) **(AFA)** – Se $\cos(\alpha + 10^\circ) = 0,94$, $\cos(\pi + 2\alpha) = -0,94$ e $0 < \alpha < 45^\circ$, então α, em graus vale:

a) 5
b) 10 **(X)**
c) 15
d) 20

68) **(EN)** – O número de soluções da equação
$\cos^2(x + \pi) + \cos^2(x - \pi) = 1$, no intervalo $[0, 2\pi[$, é igual a:
a) 1
b) 2
c) 3
d) 4 **(X)**
e) 5

69) **(AFA)** – As raízes da equação $2x^2 - px - 1 = 0$ são $\text{sen}\theta$ e $\cos\theta$. Sendo θ um número real, o valor de p é:
a) 0 **(X)**
b) 2
c) 4
d) 5

70) **(EN)** – Se $\dfrac{\text{sen } x - \text{sen } y}{\cos x - \cos y} = 2$ e $\text{tg } x = \dfrac{1}{3}$, então tg y é igual a:
a) 3
b) $\dfrac{1}{6}$
c) 0
d) $-\dfrac{1}{6}$
e) -3 **(X)**

71) **(ITA)** Para todo $x \in \text{IR}$, a expressão $[\cos(2x)]^2 \, [\text{sen}(2x)]^2$ senx é igual a:
a) $2^{-4}[\text{sen}(2x) + \text{sen}(5x) + \text{sen}(7x)]$.
b) $2^{-4}[2 \text{ sen } x + \text{sen}(7x) - \text{sen}(9x)]$. **(X)**
c) $2^{-4}[-\text{sen}(2x) - \text{sen}(3x) + \text{sen}(7x)]$.
d) $2^{-4}[-\text{sen } x + 2\text{sen}(5x) - \text{sen}(9x)]$.
e) $2^{-4}[\text{sen } x + 2\text{sen}(3x) + \text{sen}(5x)]$.

72) **(IME)** Resolva a equação tg a + tg(2a) = 2 tg(3a), sabendo-se que $a \in \left[0, \dfrac{\pi}{2}\right)$. **Resp. 0, $\pi/3$**

73) **(AFA)** – A soma das raízes da equação $\sqrt{3}\operatorname{sen} x - \cos x = 1$, no intervalo $0 \le x \le 2\pi$, é:

a) $\dfrac{2\pi}{3}$

b) $\dfrac{4\pi}{3}$ **(X)**

c) $\dfrac{5\pi}{3}$

d) $\dfrac{7\pi}{3}$

74) **(AFA)** – Sejam U e V conjuntos-solução das inequações $2\cos x \le 1$ e $2\operatorname{sen} x < 1$, respectivamente, no intervalo $0 \le x \le 2\pi$. Então $U \cap V$ é o intervalo:

a) $\dfrac{\pi}{3} < x \le \dfrac{5\pi}{3}$

b) $\dfrac{\pi}{3} < x \le 2\pi$

c) $\dfrac{5\pi}{6} < x \le \dfrac{5\pi}{3}$ **(X)**

d) $\dfrac{5\pi}{6} < x \le 2\pi$

75) **(AFA)** – Na figura abaixo, qual o valor de α (em graus)?

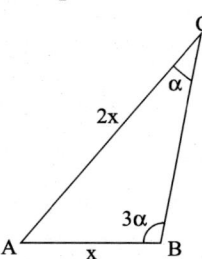

a) 15
b) 20
c) 30 **(X)**
d) 45

76) **(AFA)** – Na figura abaixo, o valor de x é:

a) $\dfrac{\sqrt{2}}{2}$

b) $\dfrac{8}{3}$

c) $2\sqrt{2}$ **(X)**

d) 4

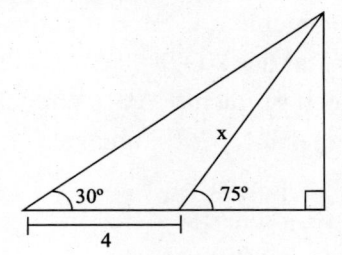

77) **(EPCAR)** – Analise as funções abaixo quanto à paridade e assinale a opção correta

i. $f(x) = x$

ii. $f(x) = x^2$

iii. $f(x) = \log_a x$, sendo $0 < a \neq 1$

iv. $f(x) = \text{sen } x$

a) I e IV são ímpares **(X)**

b) II e III são pares

c) I e III são ímpares

d) II e IV são pares

78) **(ITA)** – Seja a função f: R → R definida por

$$f(x) = \begin{cases} a\left(x + \dfrac{\pi}{2}\right) & \text{se } x < \dfrac{\pi}{2} \\[3mm] \dfrac{\pi}{2} - \dfrac{a}{x}\text{sen}x & \text{se } x \geq \dfrac{\pi}{2} \end{cases}$$

onde a > 0 é uma constante. Considere $K = \{y \in R;\ f(y) = 0\}$. Qual o valor de a, sabendo-se que $f(\pi/2) \in K$?

a) $\pi/4$ **(X)**

b) $\pi/2$

c) π

d) $\pi^2/2$

e) π^2

79) **(ITA)** – Considere C uma circunferência centrada em O e raio 2r, e t a reta tangente a C em um ponto T. Considere também A um ponto de C tal que AÔT = θ é um ângulo agudo. Sendo B o ponto de t tal que o segmento $\overline{AB}$ é paralelo ao segmento $\overline{OT}$, então a área do trapézio OABT é igual a:

a) $r^2(2\cos\theta - \cos 2\theta)$

b) $2r^2(4\cos\theta - \text{sen}2\theta)$

c) $r^2(4\text{sen}\theta - \text{sen}2\theta)$ **(X)**

d) $r^2(2\text{sen}\theta + \cos\theta)$

e) $2r^2(2\text{sen}2\theta - \cos 2\theta)$

80) **(ITA)** – Um dispositivo colocado no solo a uma distância d de uma torre dispara dois projéteis em trajetórias retilíneas. O primeiro, lançado sob um ângulo θ ∈ (0, π/4), atinge a torre a uma altura h. Se o segundo, disparado sob um ângulo 2θ, atinge-a a uma altura H, a relação entre as duas alturas será:

a) $H = 2hd^2 / (d^2 - h^2)$ **(X)**

b) $H = 2hd^2 / (d^2 + h)$

c) $H = 2hd^2 / (d^2 - h)$

d) $H = 2hd^2 / (d^2 + h^2)$

e) $H = hd^2 / (d^2 + h)$

81) **(ITA)** – A expressão $\dfrac{\text{sen}\,\theta}{1 + \cos\theta}$, $0 < \theta < \pi$, é idêntica a:

a) $\sec\dfrac{\theta}{2}$

b) $\text{cossec}\dfrac{\theta}{2}$ **(X)**

c) $\cotg\dfrac{\theta}{2}$

d) $\tg\dfrac{\theta}{2}$

e) $\cos\dfrac{\theta}{2}$

82) **(ITA)** – Sabendo-se que x e y são ângulos do primeiro quadrante tais que $\cos x = \dfrac{5}{6}$ e $\cos y = \dfrac{4}{5}$, então se

$$\alpha = x - y \quad e \quad T = \sqrt{\dfrac{1 - tg^2\alpha}{1 + tg^2\alpha} + sen^2\alpha} \ ,$$

temos:

a) α está no 4º quadrante e $T = \dfrac{2}{3}$.

b) α está no 1º quadrante e $T = \dfrac{2}{3}$.

c) α está no 1º quadrante e $T = \dfrac{2}{3} + \dfrac{\sqrt{11}}{10}$.

d) α está no 4º quadrante e $T = \dfrac{2}{3} + \dfrac{\sqrt{11}}{10}$.

e) n.d.a. **(X)**

83) **(ITA)** – Seja $\alpha = \dfrac{1}{2} \dfrac{\log 2}{\log 2 - \log 3}$. O conjunto solução da desigualdade $2^{sen\, x} \le \left(\dfrac{2}{3} \right)^{\alpha}$ no intervalo $[0, 2\pi[$ é:

a) $\left[0, \dfrac{\pi}{3} \right] \cup \left[\dfrac{2\pi}{3}, 2\pi \right)$

b) $\left[0, \dfrac{7\pi}{6} \right] \cup \left[\dfrac{1}{6}\dfrac{\pi}{6}, 2\pi \right)$

c) $\left[0, \dfrac{4\pi}{3} \right] \cup \left[\dfrac{5\pi}{3}, 2\pi \right)$

d) $\left[0, \dfrac{\pi}{6} \right] \cup \left[\dfrac{5\pi}{6}, 2\pi \right)$ **(X)**

e) n.d.a.

84) **(EPCAR)** – Calcule o valor numérico da expressão Y = Sen 13π/12. Cos 11π/12.

a) 1/5   b) 1/4 **(X)**   c) 1/3   d) 1/2

85) **(EPCAR)** – A função $f(x) = \text{sen } 3a$ é idêntica a:
a) $g(x) = 4 \cos^3 a - 3 \cos a$
b) $g(x) = 3 \text{ sen } a - 4 \text{ sen}^3 a$ **(X)**
c) $g(x) = 8 \cos^4 a - 8 \cos^2 a + 1$
d) $g(x) = 4 \text{ sen } a \cos^3 a - 4\text{sen}^3 a \cos a$

86) **(EPCAR)** – Associe a cada número uma letra
v. $\text{Cos } (\pi + x)$ a) $\text{Sen } x$
vi. $\text{Cos } (\pi - x)$ b) $-\text{Sen } x$
vii. $\text{Cos } (\pi/2 + x)$ c) $\text{Cos } x$
viii. $\text{Cos } (3\pi/2 + x)$ d) $-\text{Cos } x$
Assinale a alternativa correta:
a) I – d II – d III – b IV – a **(X)**
b) I – b II – a III – c IV – d
c) I – c II – d III – a IV – b
d) I – b II – a III – d IV – c

87) **(EPCAR)** – Resolva $3^{\,2\text{Sen } x - 1} \geq 1$, supondo $x \in [0, \pi]$:
a) $\dfrac{\pi}{6} < x < \dfrac{5\pi}{6}$
b) $\dfrac{\pi}{3} < x < \dfrac{2\pi}{3}$
c) $\dfrac{\pi}{6} \leq x \leq \dfrac{5\pi}{6}$ **(X)**
d) $\dfrac{\pi}{3} \leq x \leq \dfrac{2\pi}{3}$

88) **(EPCAR)** – Determine o conjunto ao qual m deve pertencer, de modo que exista x satisfazendo a igualdade $\sec x = 3m - 2$:
a) $\{m \in R \mid m < -1 \text{ ou } m > -1/3\}$
b) $\{x \in R \mid m \leq -1 \text{ ou } m \geq -1/3\}$
c) $\{m \in R \mid m < 1/3 \text{ ou } m > 1\}$
d) $\{x \in R \mid m \leq 1/3 \text{ ou } m \geq 1\}$ **(X)**

89) (EPCAR) – Resolva no intervalo $0 \le x \le 2\pi$: $\begin{cases} 6 \, \text{Sen} \, x > 3 \\ 4 \, \text{Cos} \, x > 2 \end{cases}$

a) $0 < x < \dfrac{\pi}{6}$

b) $0 < x < \dfrac{\pi}{3}$

c) $\dfrac{\pi}{6} < x < \dfrac{\pi}{3}$ **(X)**

d) $\dfrac{\pi}{3} < x < \dfrac{\pi}{2}$

90) (EPCAR) – Se tg $a = 1/3$, então tg $4a$ é igual a:

a) 3/10

b) 6/5

c) 4/3

d) 24/7 **(X)**

91) (EPCAR) – A expressão $(\text{Cossec} \, x - 1)^{-1} + (\text{Cossec} \, x + 1)^{-1}$ é idêntica a:

I) $\dfrac{2 \cos \sec x}{\cot g^2 x}$ II) $\dfrac{2 \cos \sec x}{\cos \sec^2 x - 1}$

III) 2 secx tgx IV) $2 \cdot \dfrac{1}{\cos x} \cdot tgx$

Assinale a alternativa correta:

a) Apenas III é verdadeira

b) Apenas I, II e IV são verdadeiras

c) Apenas IV é falsa

d) Todas são verdadeiras **(X)**

92) (IME) – Resolva a equação:

sen x – cos x = sen 2x – cos 2x – 1

Resp. $x = \dfrac{\pi}{4} + 2k\pi$ ou $x = \pm\dfrac{\pi}{3} + 2k\pi$

93) **(EsPCEx)** – Sendo $k \in Z$, o número de valores distintos assumidos por $\operatorname{sen} \dfrac{k\pi}{9}$ é igual a:

a) 5

b) 8

c) 9 **(X)**

d) 10

e) 18

94) **(EsPCEx)** – A soma das soluções da equação $\dfrac{625^{\cos^2 x}}{25^{\cos x}} = 1$, para $0 \leq x \leq \dfrac{\pi}{2}$ é:

a) $\dfrac{\pi}{6}$

b) $\dfrac{\pi}{3}$

c) $\dfrac{\pi}{2}$

d) $\dfrac{2\pi}{3}$

e) $\dfrac{5\pi}{6}$ **(X)**

95) **(EsPCEx)** – Se $\cos x \cdot \cos y \neq 0$, então a soma $\operatorname{tg} x + \operatorname{tg} y$ é equivalente ao produto:

a) $(\operatorname{sen} x + \operatorname{sen} y)(\cos x \cdot \cos y)$

b) $(\operatorname{sen} x + \operatorname{sen} y)(\sec x \cdot \sec y)$ **(X)**

d) $\sec x \cdot \sec y \cdot \operatorname{sen}(x + y)$

c) $\operatorname{sen}(x + y)(\sec x + \sec y)$

e) $\operatorname{sen} x \cdot \operatorname{sen} y \cdot \cos(x + y)$

96) **(EsPCEx)** – Se $\operatorname{sen} x + \cos x = \dfrac{1}{5}$, com $0 \leq x \leq \pi$, então o valor de $\operatorname{sen} 2x$ é:

a) $-\dfrac{12}{25}$ b) $-\dfrac{24}{25}$ **(X)**   c) $\dfrac{12}{25}$ d) $\dfrac{16}{25}$ e) $\dfrac{24}{25}$

97) **(AFA)** – Em um triângulo ABC, os ângulos $\hat{B}$ e $\hat{C}$ medem, respectivamente, 45° e 60°; o lado AC mede 2cm. Então, a medida do lado BC (em cm) é:

a) $1 + \dfrac{\sqrt{3}}{2}$

b) $\dfrac{1}{2} + \sqrt{3}$

c) $1 + \sqrt{3}$ **(X)**

d) $2 + \sqrt{2}$

98) **(AFA)** – Indique os valor de x que satisfazem a equação sen3x − sen2x + senx = 0.

a) $k\pi$ ou $2k\pi + \dfrac{\pi}{2}$, $k \in \mathbb{Z}$

b) $\dfrac{k\pi}{2}$ ou $k\pi \pm \dfrac{\pi}{4}$, $k \in \mathbb{Z}$

c) $\dfrac{k\pi}{2}$ ou $2k\pi \pm \dfrac{\pi}{3}$, $k \in \mathbb{Z}$ **(X)**

d) $k\pi$ ou $2k\pi \pm \pi$, $k \in \mathbb{Z}$

99) **(AFA)** – A solução da equação $\cos^2 x + senx + 1 = 0$ é:

a) $x = \dfrac{\pi}{2} + 2k\pi$, $k \in \mathbb{Z}$

b) $x = \pi + 2k\pi$, $k \in \mathbb{Z}$

c) $x = \dfrac{3\pi}{2} + 2k\pi$, $k \in \mathbb{Z}$ **(X)**

d) $x = \dfrac{7\pi}{4} + 2k\pi$, $k \in \mathbb{Z}$

100) **(AFA)** – Dados sen $\alpha = 2/3$, $\overline{AB} = 2$ e $\overline{AC} = 3$, o valor do lado BC do triângulo abaixo é:

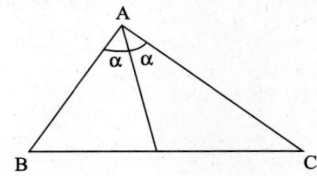

a) $\dfrac{\sqrt{93}}{3}$ c) $\dfrac{\sqrt{102}}{3}$

b) $\dfrac{\sqrt{96}}{3}$ d) $\dfrac{\sqrt{105}}{3}$ **(X)**

101) **(AFA)** – A expressão $\dfrac{\text{sen } 4x + \text{sen } 2x}{\cos 4x + \cos 2x}$ admitidas as condições de existência, é idêntica a:

a) 1
b) tg 3x **(X)**
c) tg 6x
d) tg² 3x

102) **(CFO)** – A soma dos valores inteiros de a na igualdade $\cos\left(x - \dfrac{7\pi}{12}\right) = \dfrac{5 - 4a}{9}$ é:

a) 11
b) 10
c) 9
d) 6
e) 5 **(X)**

103) **(CFO)** – A expressão $\dfrac{\sec(a) - \cos(a)}{\text{cosec}(a) - \text{sen}(a)}$ é equivalente a:

a) tg² (a)
b) cotg² (a)
c) tg³ (a) **(X)**
d) cotg³ (a)
e) 1

104) **(CFO)** – O valor de arctg (1/3) + arctg (1/5) + arctg (1/7) + arctg (1/8) é:

a) 0 rd   b) $\dfrac{\pi}{4}$ rd **(X)**   c) $\dfrac{\pi}{3}$ rd   d) 1 rd   e) $\dfrac{\pi}{6}$ rd

105) (ITA) O intervalo $I \subset R$ que contém todas as soluções da inequação
$$\arctan \frac{1+x}{2} + \arctan \frac{1-x}{2} \geq \frac{\pi}{6}$$
é
a) $[-1, 4]$.
b) $[-3, 1]$.
c) $[-2, 3]$. **(X)**
d) $[0, 5]$.
e) $[-2, 3]$.

106) (CFO) – Se $\hat{A} + \hat{B} + \hat{C} = 2\pi$ e
$P = \operatorname{sen}(\hat{A}) \cdot \operatorname{sen}(\hat{A} + \hat{B}) - \operatorname{sen}(\hat{C}) \cdot \operatorname{sen}(\hat{B} + \hat{C})$, o valor de P é:
a) 0 **(X)**
b) -1
c) $\operatorname{sen}(\hat{A}) \operatorname{sen}(\hat{C})$
d) $\cos(\hat{C})$
e) 1

107) (AFA) – Dados $\cos\beta = 3\cos\alpha$ e $\overline{AC} = x$, o perímetro do triângulo abaixo é:

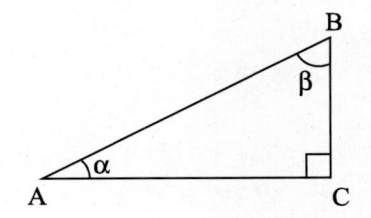

a) $x(2 + \sqrt{10})$
b) $x(3 + \sqrt{10})$
c) $x(4 + \sqrt{10})$ **(X)**
d) $x(5 + \sqrt{10})$

108) (AFA) – Considere as afirmações abaixo:

I) $\cos x = \cos 33^\circ \to x = \pm 33^\circ + k360^\circ$ (k ∈ Z)

II) $\mathrm{sen}\,x = \mathrm{sen}\,43^\circ \to x = \pm 43^\circ + k360^\circ$ (k ∈ Z)

III) $\mathrm{tg}\,x = \mathrm{tg}\,36^\circ \to x = 36^\circ + k180^\circ$ (k ∈ Z)

Podemos dizer que são verdadeiras:

a) I e II

b) I e III **(X)**

c) II e III

d) I, II e III

109) (EsPCEx) – O valor da expressão $\log_a \mathrm{tg}\,1^\circ . \mathrm{tg}\,2^\circ .... \mathrm{tg}\,88^\circ . \mathrm{tg}\,89^\circ$, onde a > 0 e a ≠ 1 é:

a) 0 **(X)**

b) a

c) ℓna

d) 1

110) (IME) – Sejam A, B, C os ângulos de um triângulo.

Mostre que sen 2A + sen 2B + sen 2C = 4 . sen A . sen B . sen C.

111) (EsPCEx) – Considere a equação na variável x ∈ R, dada por $x^2 - x + \sec^2 \alpha = 0$. Nessas condições, podemos afirmar que essa equação:

a) possui duas raízes, $\forall \alpha \in R$

b) não possui raízes, $\forall \alpha \in R$ **(X)**

c) não possui raízes, se $0 < \alpha < \pi$

d) possui uma raiz, se $0 \le \alpha \le \dfrac{\pi}{2}$

e) possui duas raízes, se $0 \le \alpha \le \dfrac{\pi}{2}$

112) (IME) – Mostre que se em um triângulo ABC vale a relação

$$\frac{\cos(B-C)}{\mathrm{sen}\,A + \mathrm{sen}(C-B)} = \mathrm{tg}\,B,$$ então o triângulo é retângulo com ângulo reto A.

113) (IME) – Mostre todas as soluções de:

$\sec x - 2 \cos x = 1$ em $[0, 2\pi]$

R.: x = arc cos(1/3) ou x = arc cos(-2/3)

114) (IME) – Resolver o sistema:

$$\begin{cases} \text{tg}^2 x + \text{tg}^2 y = 6 \\ \dfrac{\text{tg}\, x}{\text{tg}\, y} + \dfrac{\text{tg}\, y}{\text{tg}\, x} = -6 \end{cases}$$

sabendo que x e y pertencem ao intervalo $\left(-\dfrac{\pi}{2}, \dfrac{\pi}{2} \right)$

R.: {(3π/8, -π/8) , (-π/8, 3π/8)}

115) (EsFAO) – O valor da expressão $y -= \dfrac{\sec^2 x - \sec x \cdot \cos \sec x}{1 - \cot g\, x}$

Para $\cos x = \dfrac{1}{4}$ e x um arco do 4° quadrante é:

a) 10

b) 7

c) 9

d) 16 **(X)**

e) 5

116) (EsFAO) – Sabendo-se que o lado do dodecágono regular inscrito no círculo trigonométrico vale $\dfrac{\sqrt{6} - \sqrt{2}}{2}$, então $\cos \sec \dfrac{\pi}{12}$ vale:

a) $\sqrt{6} - \sqrt{2}$

b) $5\sqrt{2} + \sqrt{3}$

c) $2\sqrt{6}$

d) $\sqrt{6} + \sqrt{2}$ **(X)**

e) $2\sqrt{2} + \sqrt{3}$

117) (EsPCEx) – O conjunto solução da equação tg x + 3 cotg x = 5 sec x, para x ∈ R, é:

a) $S = \left\{ x \in R \mid x = \dfrac{\pi}{3} + 2k\pi \quad \text{ou} \quad x = \dfrac{2\pi}{3} + 2k\pi, \ k \in Z \right\}$

b) $S = \left\{ x \in R \mid x = \dfrac{\pi}{5} + 2k\pi \quad \text{ou} \quad x = \dfrac{3\pi}{5} + 2k\pi, \ k \in Z \right\}$

c) $S = \left\{ x \in R \mid x = \dfrac{\pi}{6} + 2k\pi \quad \text{ou} \quad x = \dfrac{5\pi}{6} + 2k\pi, \ k \in Z \right\}$ **(X)**

d) $S = \left\{ x \in R \mid x = \dfrac{\pi}{7} + 2k\pi \quad \text{ou} \quad x = \dfrac{3\pi}{7} + 2k\pi, \ k \in Z \right\}$

118) (EsPCEx) – De posse das medidas apresentadas na figura abaixo, é possível concluir que o valor de h é:

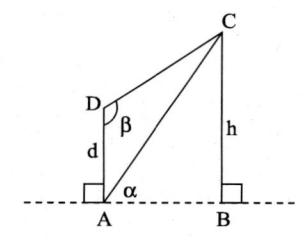

$d = 2$
$\hat{\alpha} = 60°$
$\hat{\beta} = 120°$

a) $\dfrac{3}{2}\sqrt{3}$

b) $3\sqrt{2}$

c) $2\sqrt{3}$

d) 3 **(X)**

119) (EsPCEx) – O valor numérico da expressão $y = \operatorname{sen} \dfrac{13\pi}{12} \cdot \cos \dfrac{11\pi}{12}$ é igual a:

a) $\dfrac{1}{2}$

b) $\dfrac{1}{4}$ **(X)**

c) $\dfrac{1}{6}$

d) $\dfrac{1}{8}$

120) (EsPCEx) – No intervalo $\left]\pi, \dfrac{3\pi}{2}\right[$, o valor de cotg $\left[\arccos\left(-\dfrac{1}{3}\right)\right]$ é igual a:

a) $+\dfrac{\sqrt{2}}{4}$ **(X)**

b) $-\dfrac{\sqrt{2}}{4}$

c) $-\dfrac{\sqrt{3}}{2}$

d) $+\dfrac{\sqrt{3}}{2}$

121) (EsPCEx) – Seja $D = \{x \in R \mid x \neq \log_e \dfrac{n\pi}{2}, n = 1, 2 \ldots\}$. Com respeito à função f: $D \to R$, definida por $f(x) = \dfrac{\operatorname{sen}\left(3e^x\right)}{\operatorname{sen}\left(e^x\right)} - \dfrac{\cos\left(3e^x\right)}{\cos\left(e^x\right)}$, é possível afirmar que:

a) $f(x) = 2, \forall x \in D$ **(X)**

b) $f(x) = 0, \forall x \in D$

c) $f(x) = e^3, \forall x \in D$

d) $\nexists f(x)$, pois f não está definida em D

122) (EN) – Coloque (F) Falso ou (V) verdadeiro nas proposições abaixo e assinale a opção correta:

( ) $(1 + \operatorname{cotg}^2 x)(1 - \cos^2 x) = 1, \forall x \in R, x \neq k\pi, k \in Z$

( ) $(1 + \sec^4 x) = 2\sec^2 x + \operatorname{tg}^4 x, \forall x \in R, x \neq \dfrac{\pi}{2} + k\pi, k \in Z$

( ) $\operatorname{sen}\dfrac{13\pi}{12}\cos\dfrac{11\pi}{12} = \dfrac{1}{4}$

a) (F) (V) (V)

b) (F) (F) (V)

c) (V) (V) (F)

d) (V) (V) (V) **(X)**

e) (V) (F) (V)

123) (EsPCEx) – O gráfico que melhor representa a função dada por: $f(x) = |\operatorname{sen} x| + |\cos x|$ é:

a)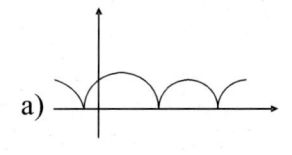

b) 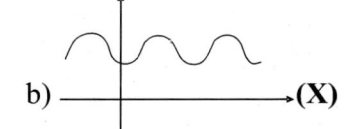 **(X)**

c)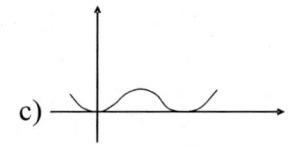

d)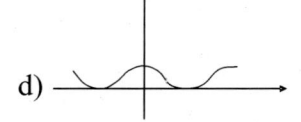

124) (EN) – O produto das soluções da equação
$$2\operatorname{sen}^3 x + 5\cos^2 x + 4\operatorname{sen} x + 2\operatorname{tg}^2 x = 4 + 2\sec^2 x,$$
no intervalo $\left[\dfrac{\pi}{12}, \dfrac{5\pi}{6}\right[$:

a) $\dfrac{5\pi^2}{12}$

b) $\dfrac{\pi^3}{12}$

c) $\dfrac{5\pi^3}{72}$

d) $\dfrac{\pi^2}{6}$

e) $\dfrac{\pi^2}{12}$ **(X)**

125) (EN) – Considere a expressão $M = \operatorname{sen}(2y + x)$ onde $x, y \in [0, \pi]$.
O valor de M para $y = \operatorname{arc\,cos} \dfrac{3}{\sqrt{13}}$ e $x = \operatorname{arc\,tg} \dfrac{\sqrt{12}}{2}$ é de:

a) $\dfrac{6 + \sqrt{3}}{13}$

b) $\dfrac{10 + 2\sqrt{3}}{13}$

c) $\dfrac{12 + 5\sqrt{3}}{26}$ **(X)**

d) $\dfrac{8 + \sqrt{3}}{26}$

e) $\dfrac{16 + 3\sqrt{3}}{52}$

126) (AFA) – Para que a equação sen x + cos x = k seja verdadeira. deve-se ter:

a) $-1 \leq k \leq 1$

b) $-2 \leq k \leq 2$

c) $-\sqrt{2} \leq k \leq \sqrt{2}$ **(X)**

d) $-\dfrac{\sqrt{2}}{2} \leq k \leq \dfrac{\sqrt{2}}{2}$

127) (EsPCEx) – A expressão: $1 - 2sen^2x + sen^4x + sen^2x \, cos^2x$ é equivalente a:

a) cos^4x

b) $2sen^2x$

c) cos^3x

d) cos^2x **(X)**

e) sen2x

128) (EsPCEx) O valor da expressão $\dfrac{\cos 15° + \cos 75°}{sen15°} + \dfrac{sen15° + sen75°}{\cos 15°}$ é igual a:

a) 3

b) 4

c) 5

d) 6 **(X)**

e) 7

129) (IME) – Mostre que $\dfrac{1}{2} + \cos x + \cos 2x + ... + \cos nx = \dfrac{sen\dfrac{(2n+1)x}{2}}{2 \, sen\dfrac{x}{2}}$.

130) (ITA) Obtenha todos os pares (x, y), com x, y $\in$ [0, 2π], tais que

sen (x + y) + sen (x – y) = $\dfrac{1}{2}$

sen x + cos y = 1

Resp: $\left(\dfrac{\pi}{6},\dfrac{\pi}{3}\right)\left(\dfrac{\pi}{6},\dfrac{5\pi}{3}\right)\left(\dfrac{5\pi}{6},\dfrac{\pi}{3}\right)$ e $\left(\dfrac{5\pi}{6},\dfrac{5\pi}{3}\right)$

131) (ITA) Considere f: R → R definida por $f(x) = 2 \operatorname{sen} 3x - \cos\left(\dfrac{x-\pi}{2}\right)$.
Sobre f podemos afirmar que:

a) é uma função par.

b) é uma função ímpar e periódica de período fundamental 4π. **(X)**

c) é uma função ímpar e periódica de período fundamental $\dfrac{4\pi}{3}$

d) é uma função periódica de período fundamental 2π.

e) não é par, não é ímpar e não é periódica.

132) (ITA) Para x no intervalo $\left[0, \dfrac{\pi}{2}\right]$, o conjunto de todas as soluções
da inequação $\operatorname{sen}(2x) - \operatorname{sen}(3x + \dfrac{\pi}{2}) > 0$
é o intervalo definido por

a) $\dfrac{\pi}{10} < x < \dfrac{\pi}{2}$. **(X)**

b) $\dfrac{\pi}{12} < x < \dfrac{\pi}{4}$.

c) $\dfrac{\pi}{6} < x < \dfrac{\pi}{3}$.

d) $\dfrac{\pi}{4} < x < \dfrac{\pi}{2}$.

e) $\dfrac{\pi}{4} < x < \dfrac{\pi}{3}$.

133) (ITA) Se x, y e z são os ângulos internos de um triângulo ABC e sen
$x = \dfrac{\operatorname{sen} y + \operatorname{sen} z}{\cos y + \cos z}$, prove que o triângulo ABC é retângulo.

134) (ITA) Encontre todos os valores de $a \in \left]-\dfrac{\pi}{2}, \dfrac{\pi}{2}\right[$ para os quais a equa-
ção na variável real x, $\operatorname{arctg}\left(\sqrt{2} - 1 + \dfrac{e^x}{2}\right) + \operatorname{arctg}\left(\sqrt{2} - 1 - \dfrac{e^x}{2}\right) = a$,
admite solução.

135) **(ITA)** Prove que, se os ângulos internos α, β e γ de um triângulo satisfazem a equação

$$\text{sen } (3α) + \text{sen } (3β) + \text{sen } (3γ) = 0,$$

então, pelo menos, um dos três ângulos, α, β ou γ é igual a 60°.

136) **(ITA)** Sabe-se que x é um número real pertencente ao intervalo]0, 2π[e que o triplo da sua secante, somado ao dobro da sua tangente, é igual a 3. Então, o cosseno de x é igual a

a) $\dfrac{\sqrt{3}}{4}$.

b) $\dfrac{2}{7}$.

c) $\dfrac{5}{13}$. **(X)**

d) $\dfrac{15}{26}$.

e) $\dfrac{13}{49}$.

137) **(ITA)** Em um triângulo acutângulo ABC, o lado oposto ao ângulo Â mede 5 cm. Sabendo que

$$\hat{A} = \arccos \dfrac{3}{5} \text{ e } \hat{C} = \text{arcsen} \dfrac{2}{\sqrt{5}},$$

então a área do triângulo ABC é igual a

a) $\dfrac{5}{2} \text{cm}^2$.

b) 12 cm^2.

c) 15 cm^2.

d) $2\sqrt{5} \text{ cm}^2$.

e) $\dfrac{25}{2} \text{cm}^2$. **(X)**

138) (ITA) Considerando as funções

arc sen:$[-1+1] \rightarrow \left[-\dfrac{\pi}{2}, \dfrac{\pi}{2}\right]$ e

arc cos: $[-1+1] \rightarrow [0, \pi]$,

assinale o valor de $\cos\left(\text{arc sen}\dfrac{3}{5} + \text{arc cos}\dfrac{4}{5}\right)$.

a) $\dfrac{6}{25}$

b) $\dfrac{7}{25}$ **(X)**

c) $\dfrac{1}{3}$

d) $\dfrac{2}{5}$

e) $\dfrac{5}{12}$

139) (ITA) Considere os contradomínios das funções arco-seno e arco-cosseno como sendo $\left[-\dfrac{\pi}{2}, \dfrac{\pi}{2}\right]$ e $[0, \pi]$, respectivamente. Com respeito à função

f: $[-1, 1] \rightarrow \left[-\dfrac{\pi}{2}, \dfrac{3\pi}{2}\right]$, $f(x) = \text{arcsen } x + \text{arccos } x$,

temos que:

a) f é não-crescente e ímpar.

b) f não é par nem ímpar.

c) f é sobrejetora.

d) f é injetora.

e) f é constante. **(X)**

8

Progressões Aritméticas

01) **(AFA)** – Em um pentágono, os ângulos internos estão em uma Progressão Aritmética. Qual o $3°$ termo, em graus, dessa Progressão?
a) 54
b) 108 **(X)**
c) 162
d) 216

02) **(CN – $2°$ ano)** – Em uma Progressão Aritmética de termo geral a_n, $1 \leq n \leq 37$, a diferença entre a soma dos termos de ordem ímpar e a soma dos termos de ordem par é 24. Logo,
a) a soma dos seus 37 termos é 1.776
b) $a_4 + a_{33} = 24$
c) $a_9 + a_{29} = 48$ **(X)**
d) $a_{19} = 48$
e) $a_1 + a_{37} = 24$

03) **(AFA)** – O número formado por 3 algarismos em Progressão Aritmética com soma 15 e que, adicionado a 396, dá como resultado ele mesmo escrito em ordem inversa é:

a) par

b) primo

c) múltiplo de 7 **(X)**

d) divisível por 13.

04) **(CFO)** – Em um programa de condicionamento físico uma pessoa começa correndo 300 metros em um dia, 400 metros no dia seguinte, 500 metros no próximo dia e assim sucessivamente até chegar aos dois quilômetros por dia. Assinale a alternativa que indica a partir de que dia a pessoa estará correndo dois quilômetros por dia:

a) 18º dia **(X)**

b) 17º dia

c) 16º dia

d) 15º dia

e) 14º dia

05) **(CFO)** – Em um país em que cada presidente tem mandato de 6 anos, o 17º presidente iniciou seu governo em 1983. Assinale a alternativa que indica o ano em que o 1º presidente desse país iniciou seu governo:

a) 1885

b) 1886

c) 1887 **(X)**

d) 1888

e) 1989

06) **(EsFAO)** – A progressão aritmética $\dfrac{7x^2+3}{x^2-4}; \dfrac{7x^2+8}{x^2-4}$ ... é decrescente. Então x pertence ao intervalo:
   a) $(-\infty, -2) \cup (2, +\infty)$
   b) $(-2, 2)$ **(X)**
   c) $(-\infty, -2)$
   d) $[-2, 2]$
   e) $(2, +\infty)$

07) **(AFA)** – Quantos números NÃO múltiplos de 11 há no conjunto $\{x \in N \mid 51 \le x \le 1500\}$?
   a) 1210
   b) 1318 **(X)**
   c) 1406
   d) 1412
   e) n.r.a.

08) **(EsFAO)** – O primeiro termo de uma progressão aritmética é "a" e a razão é "2a". Separam-se, ordenadamente, os termos dessa progressão em grupos sucessivos, sendo o primeiro grupo constituído pelo 1º termo, o segundo grupo pelo 2º e 3º termos, o terceiro grupo pelos três termos seguintes, e assim por diante. A soma dos termos do grupo de ordem "n" é:
   a) $2n^2a$
   b) $3na$
   c) n^3a **(X)**
   d) $(n^2 + 1)a$
   e) $(n^2a)/2$

09) **(EsFAO)** – Em uma progressão aritmética de 15 termos, $a_8 = -8$. A soma dos 15 termos dessa progressão é igual a:
   a) -240 d) 60
   b) -120 **(X)**   e) 120
   c) -60

10) **(EsFAO)** – Sabendo-se que o quinto e o oitavo termos de uma progressão aritmética são, respectivamente, a menor e maior raízes da equação $x^2 - 7ax + 10a^2 = 0$, o terceiro termo dessa progressão é:
a) 2a
b) 0 **(X)**
c) –2a
d) a
e) –a

11) **(IME)** – Determine as possíveis progressões aritméticas para as quais o resultado da divisão da soma dos seus n primeiros termos pela soma dos seus 2n primeiros termos seja independente do valor de n.
R.: Aqueles cuja razão seja r = k(n – 1)/2 , k constante

12) **(ITA)** – Um triângulo ABC está inscrito num círculo de raio $2\sqrt{3}$. Sejam a, b e c os lados opostos aos ângulos A, B e C respectivamente. Sabendo que a = $2\sqrt{3}$ e (A, B, C) é uma progressão aritmética, podemos afirmar que:
a) c = $4\sqrt{3}$ e A = 30° **(X)**
b) c = $3\sqrt{3}$ e A = 30°
c) b = 6 e C = 85°
d) b = 3 e C = 90°
e) n.d.a.

13) **(IME)** – Uma soma finita de números inteiros consecutivos, ímpares, positivos ou negativos, é igual a 73.
Determine os termos dessa soma.
R.: a_1 = 43, r = 2 e n = 7 ou a_1 = – 41, r = 2 e n = 49

14) **(ITA)** Seja a_1, a_2, ... uma progressão aritmética infinita tal que

$$\sum_{k=1}^{n} a_{3k} = n\sqrt{2} + \pi n^2 \text{, para n} \in N^*.$$

Determine o primeiro termo e a razão da progressão.

Resp: $a_1 = \sqrt{2} - \dfrac{\pi}{3}$ $r = \dfrac{2\pi}{3}$

15) **(ITA)** Considere três polígonos regulares tais que os números que expressam a quantidade de lados de cada um constituam uma progressão aritmética. Sabe-se que o produto desses três números é igual a 585 e que a soma de todos os ângulos internos dos três polígonos é igual a 3780°. O número total das diagonais nesses três polígonos é igual a:

a) 63
b) 69
c) 90
d) 97**(X)**
e) 106

16) **(ITA)** O valor de n que torna a seqüência $2 + 3n$, $-5n$, $1 - 4n$ uma progressão aritmética pertence ao intervalo

a) $[-2, -1]$.
b) $[-1, 0]$. **(X)**
c) $[0, 1]$.
d) $[1, 2]$.
e) $[2, 3]$.

17) **(ITA)** O valor de $y^2 - xz$ para o qual os números $\operatorname{sen} \dfrac{\pi}{12}$; x, y, z e $\operatorname{sen} 75°$, nessa ordem, formam uma progressão aritmética, é:

a) 3^{-4}
b) 2^{-6}
c) 6^{-2}
d) 2^{-5} **(X)**
e) $\dfrac{2 - \sqrt{3}}{4}$

9

Progressões Geométricas

01) **(ITA)** – Em uma progressão geométrica de razão inteira $q > 1$, sabe-se que $a_1 a_n = 243$, $\log_q a_n = 6$ e $\log_q P_n = 20$, onde a_n é o n-ésimo termo da progressão geométrica e P_n é o produto dos n primeiros termos. Então a soma dos n primeiros termos é igual a:

a) $\dfrac{3^9 - 1}{6}$

b) $\dfrac{3^{10} - 1}{6}$

c) $\dfrac{3^8 - 1}{6}$ **(X)**

d) $\dfrac{3^9 - 1}{3}$

e) n.d.a.

02) **(ITA)** – Se a soma dos termos da progressão geométrica dada por $0,3 : 0,03 : 0,003 : \ldots$ é igual ao termo médio de uma progressão aritmética de três termos, a soma dos termos da progressão aritmética vale:

a) 1/3   b) 2/3   c) 1 **(X)**   d) 2   e) 1/2

03) **(AFA)** – Em uma Progressão Geométrica, com n termos, $a_1 = 2$, $a_n = 432$ e $S_n = 518$, tem-se:
a) $q < n$
b) $q = n$
c) $q > n$ **(X)**
d) $q < a_1$

04) **(EN)** – Se $\dfrac{1}{b} + \dfrac{1-b}{b} + \dfrac{(1-b)^2}{b} + \ldots + \dfrac{(1-b)^n}{b} + \ldots = \dfrac{1}{b^2}$, sobre o valor de b podemos afirmar que:

a) $|b| = 1$
b) $b = 4$
c) $b \geq 2$
d) $b < 0$
e) $0 < b < 2$ **(X)**

05) **(AFA)** – Seja uma progressão geométrica de 3 termos positivos, com razão 2. O primeiro termo, o último e a soma dos 3 termos dessa PG, nessa ordem, formam os três primeiros termos de uma progressão aritmética. A razão entre os termos 24 e 34 dessa PA é:
a) 0,4
b) 0,7 **(X)**
c) 1,4
d) 1,7

06) **(ITA)** – Em uma progressão geométrica de razão q, sabe-se que:
I) O produto do logaritmo natural do primeiro termo a_1 pelo logaritmo natural da razão é 24.
II) A soma do logaritmo natural do segundo termo com o logaritmo natural do terceiro termo é 26.
Se $\ell n \, q$ é um número inteiro então o termo geral a_n vale:

a) e^{6n-2} **(X)**   b) e^{4+6n} c) e^{24n} d) e^{4+6^n} e) n.d.a.

Notação.: $\ell n \, q$ denota o logaritmo natural (ou neperiano) de q.

07) **(CN – 2º ano)** – Em uma progressão geométrica de termos não nulos, o décimo sétimo termo e o décimo oitavo são expressos, respectivamente, por $x^2 - 9$ e $x - 3$. Calculando-se x de modo que essa PG, tenha um limite para a soma dos seus termos, encontra-se:

a) $x > -2$, $x \neq 3$

b) $x < -4$

c) $x \neq \pm 3$

d) $-4 < x < -2$, $x \neq -3$

e) $x < -4$ ou $x > -2$, $x \neq 3$ **(X)**

08) **(CN – 2º ano)** – Para escrever sob a forma de fração o número 2,3111 . . . , um aluno usou a Progressão Geométrica determinada pela parte periódica desse número. O logaritmo decimal do produto dos n primeiros termos dessa progressão equivale a:

a) $-\dfrac{n}{2}(n-3)$

b) $-\dfrac{n}{2}(3-n)$

c) $\dfrac{n}{2}(n+3)$

d) $-\dfrac{n}{2}(n+3)$ **(X)**

e) $-\dfrac{3n}{2}$

09) **(EsFAO)** – A razão da progressão: 7; $7p^2$; $7p^4$; . . . de forma que o limite da soma dos seus termos seja 16, vale:

a) 16/9   b) 4/3   c) 7/9   d) 3/4   e) 9/16 **(X)**

10) **(ITA)** – A soma dos 5 primeiros termos de uma progressão aritmética de razão r é 50 e a soma dos termos de uma progressão geométrica infinita de razão q é 12. Se ambas as progressões tiverem o mesmo termo inicial menor do que 10 e sabendo-se que $q = r^2$, podemos afirmar que a soma dos 4 primeiros termos da progressão geométrica será:

a) 623/11   b) 129/32   c) 35/2   d) 765/64 **(X)**   e) 13

11) **(ITA)** – Seja $(a_1, a_2, \ldots, a_n)$ uma progressão geométrica com um número ímpar de termos e razão $q > 0$. O produto de seus termos é igual a 2^{25} e o termo do meio é 2^5. Se a soma dos $(n - 1)$ primeiros termos é igual a $2(1 + q)(1 + q^2)$, então:

a) $a_1 + q = 16$

b) $a_1 + q = 12$

c) $a_1 + q = 10$

d) $a_1 + q + n = 20$

e) $a_1 + q + n = 11$ **(X)**

12) **(EsFAO)** – O produto dos oito primeiros termos da progressão geométrica: $: : \dfrac{1}{3} : 1 : \ldots$ é:

a) 3^{10}

b) 3^{15}

c) 3^{20} **(X)**

d) 3^{30}

e) 3^{12}

13) **(EsFAO)** – O valor de x, de modo que $x - 2$, $x + 2$, $x + 17$ estejam em progressão geométrica é:

a) $38/11$ **(X)**

b) $3/4$

c) $20/38$

d) $17/16$

e) $17/2$

14) **(CN – 2º ano)** – ABCD é um trapézio. O segmento EF = z é paralelo às bases AB = x e CD = y e divide ABCD em dois trapézios semelhantes. Logo x, z e y, nessa ordem, estão em:

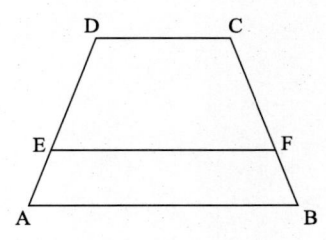

a) Progressão Geométrica **(X)**
b) Progressão Aritmética
c) Progressão Harmônica
d) Seqüência, tal que $a_n = a_{n-1} - a_{n-2}$, $n \in N^*$
e) Seqüência, tal que $a_n = a_{n-1} + a_{n-2}$, $n \in N^*$

15) **(AFA)** – O produto dos 15 primeiros termos da progressão geométrica, de primeiro termo 1 e razão 10, vale:
a) 10^{105} **(X)**
b) 10^{115}
c) 10^{125}
d) 10^{135}
e) n.r.a.

16) **(AMAN)** – A seqüência $1 + \dfrac{1}{2} + \dfrac{1}{4} + \dfrac{1}{8} + \ldots + \dfrac{1}{2^{n-1}} + \ldots$ tem como soma de seus infinitos termos:
a) 1
b) ∞
c) 0
d) 2 **(X)**
e) $\dfrac{1}{2}$

17) **(AMAN)** – O valor da expressão $\sqrt{5\sqrt{2\sqrt{5\sqrt{2\sqrt{5}}}}}$ ......, quando o número n de radicais cresce indefinidamente, é:

a) $\sqrt{5\sqrt{2}}$

b) $\sqrt[3]{50}$ **(X)**

c) $\sqrt[3]{50} \cdot \sqrt{2}$

d) $\sqrt{10}$

e) $\sqrt{2}$

18) **(AMAN)** – Em uma progressão geométrica crescente, com três elementos, temos que a soma desses elementos é $\dfrac{19}{9}$ e o produto é $\dfrac{8}{27}$. O elemento de menor valor dessa PG é:

a) $\dfrac{4}{9}$ **(X)**

b) $\dfrac{2}{3}$

c)10

d) $\dfrac{1}{3}$

e) $\dfrac{2}{9}$

19) **(EsFAO)** – Os números $x - 2$; $2x + 1$ e $5x + 10$ determinam, nessa ordem, os 3 primeiros termos de uma progressão geométrica crescente. É possível concluir que:

a) $a_4 = 75$
b) $a_4 = 105$
c) $a_4 = 115$
d) $a_5 = 375$
e) $a_5 = 405$ **(X)**

20) **(AFA)** – A raiz da equação $1 + x + x^2 + x^3 + \ldots = 4$ é igual a:

a) $-\dfrac{4}{3}$

b) $-\dfrac{3}{4}$

c) $\dfrac{3}{4}$ **(X)**

d) $\dfrac{4}{3}$

21) **(EN)** – Em um círculo de raio R inscreve-se um quadrado, nesse quadrado inscreve-se um círculo, nesse círculo um outro quadrado e assim por diante. O limite da soma das áreas dos círculos é:

a) $\sqrt{2}\ \pi\ R^2$

b) $(\pi + 2)\ R^2$

c) $2\pi\ R^2$ **(X)**

d) $\left(\sqrt{2} + \pi\right) R^2$

e) $2\sqrt{2}\ \pi\ R^2$

22) **(IME)** Dada uma circunferência de raio R, inscreve-se nela um quadrado. A seguir, inscreve-se uma circunferência nesse quadrado. Esse processo se repete indefinidamente para o interior da figura de maneira que cada quadrado estará sempre inscrito em uma circunferência e simultaneamente circunscrito pro outra. Calcule, em função de R, a soma das áreas delimitadas pelos lados dos quadrados e pelas circunferências que os circunscrevem, conforme mostra a figura.

Resp: S = $2R^2(\pi - 2)$

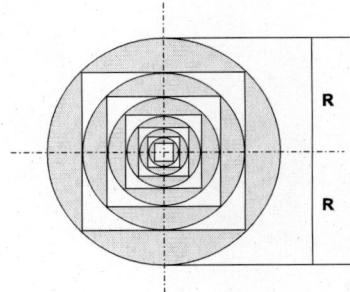

10

Matrizes

01) **(IME)** – Determine uma matriz não singular P que satisfaça à equação matricial $P{-}1\ A = \begin{bmatrix} 6 & 0 \\ 0 & -1 \end{bmatrix}$, onde $A = \begin{bmatrix} 1 & 2 \\ 5 & 4 \end{bmatrix}$.

R.: $\begin{pmatrix} \dfrac{1}{6} & -2 \\ \dfrac{5}{6} & -4 \end{pmatrix}$

02) **(EsPCEx)** – Sejam as matrizes $A = \begin{bmatrix} 1 & 2 \\ 1 & 4 \end{bmatrix}$ e $B = \begin{bmatrix} 2 & -1 \\ x & y \end{bmatrix}$. Se B é a inversa de A, então x + y vale:

a) $-\dfrac{1}{4}$

b) 0 **(X)**

c) $\dfrac{1}{2}$

d) $\dfrac{2}{3}$

03) **(EN)** – Nas proposições abaixo A, B e C são matrizes quadradas de ordem n e A^t é a matriz transposta de A. Coloque V na coluna à direita quando a proposição for verdadeira e F quando for falsa.

(1) Se $AB = AC$ então $B = C$ ( )

(2) $(AB)^t = A^t B^t$ quaisquer que sejam A e B ( )

(3) $(A + B)^t = A^t + B^t$ quaisquer que sejam A e B ( )

Lendo a coluna da direita de cima para baixo encontramos:

a) V F V **(X)**

b) F F F

c) F F V

d) V V F

e) F V F

04) **(EPCAR)** – Se $A = \begin{Vmatrix} \dfrac{1}{16} & a^2 \\ -27 & Log_3 \dfrac{1}{81} \end{Vmatrix}$ e $B = \begin{Vmatrix} 2^b & 9 \\ a^3 & c \end{Vmatrix}$, então $A = B$ se:

a) $a = -3$ e $b = -c$

b) $a = 3$ e $b = c$

c) $a = 3$ e $b = -c$

d) $a = -3$ e $b = c$ **(X)**

05) **(EPCAR)** – Se $C = [c_{ij}]$ é a soma das matrizes $A = \begin{Vmatrix} 1 & 5 & 4 \\ 2 & -3 & 4 \end{Vmatrix}$ e $B = \begin{Vmatrix} 1 & 2 & 3 \\ 4 & 3 & -4 \end{Vmatrix}$ é possível afirmar que $\sum\limits_{j=1}^{3} C_{1j}$ é igual a:

a) 0

b) 2

c) 3

d) 16 **(X)**

06) **(ITA)** – Sejam A e B matrizes reais 3×3. Se tr(A) denota a soma dos elementos da diagonal principal de A, considere as afirmações:

[(I)] $tr(A^t) = tr(A)$

[(II)] Se A é inversível, então $tr(A) \neq 0$.

[(III)] $tr(A + \lambda B) = tr(A) + \lambda tr(B)$, para todo $\lambda \in R$.

Temos que:

a) todas as afirmações são verdadeiras

b) todas as afirmações são falsas

c) apenas a afirmação (I) é verdadeira

d) apenas a afirmação (II) é falsa **(X)**

e) apenas a afirmação (III) é falsa

07) **(ITA)** – Sejam M e B matrizes quadradas de ordem n tais que $M - M^{-1} = B$. Sabendo que $M^t = M^{-1}$ podemos afirmar que:

a) B^2 é a matriz nula.

b) $B^2 = -2I$

c) B é simétrica

d) B é anti-simétrica **(X)**

e) n.d.a.

Notações: M^t e M^{-1} denotam, respectivamente, a matriz transposta de M e a matriz inversa de M. Por I denotamos a matriz identidade de ordem n.

08) **(AFA)** – Sejam as matrizes $A = (a_{ij})_{3 \times 2}$ e $B = (b_{ij})_{2 \times 4}$, com $a_{ij} = -2i + j$ e $b_{ij} = 2i - j$. O elemento c_{33} da matriz $C = (c_{ij})_{3 \times 4} = AB$ é:

a) -1

b) 0

c) 1 **(X)**

d) 2

09) **(CFO)** – Se $A = \begin{bmatrix} \cos 15^\circ & -sen15^\circ \\ sen\,15^\circ & \cos 15^\circ \end{bmatrix}$, então $2\,(A \cdot A)$ é:

a) $\begin{bmatrix} \sqrt{3} & 1 \\ -1 & \sqrt{3} \end{bmatrix}$

b) $\begin{bmatrix} \sqrt{3} & -1 \\ 1 & -\sqrt{3} \end{bmatrix}$

c) $\begin{bmatrix} \sqrt{3} & -1 \\ 1 & \sqrt{3} \end{bmatrix}$ **(X)**

d) $\begin{bmatrix} 1 & -\sqrt{3} \\ \sqrt{3} & 1 \end{bmatrix}$

e) $\begin{bmatrix} 1 & -1 \\ 1 & \sqrt{3} \end{bmatrix}$

10) **(EsPCEx)** – A soma dos elementos da segunda linha da matriz 4×3

com $\begin{cases} a_{ij} = 3i - 2j, \ se \ i \geq j \\ a_{ij} = 2j, \ se \ i < j \end{cases}$, onde a_{ij} é o elemento da i-ésima li-

nha e j-ésima coluna é:

a) 15

b) 12 **(X)**

c) 10

d) 8

e) 20

11) **(EsFAO)** – Sejam as matrizes:

$A = \begin{bmatrix} 2 & -1 & 3 & 4 \\ 5 & 2 & -1 & 0 \\ -1 & 3 & 5 & 1 \end{bmatrix}$ e $B = \begin{bmatrix} 1 & -3 & 4 & 5 \\ 2 & 1 & 7 & 3 \\ 4 & 2 & -1 & 0 \\ 3 & -1 & 4 & -3 \end{bmatrix}$

e $C = A \cdot B$. O elemento c_{23} é igual a:

a) 35 **(X)**

b) 32

c) 21

d) 19

e) 17

12) **(AMAN)** – Sendo $A = \begin{vmatrix} 2 & 3 \\ 1 & 4 \end{vmatrix}$ e $X = \begin{vmatrix} X_{11} & X_{12} \\ X_{21} & X_{22} \end{vmatrix}$ o valor de x_{22}, de modo que $A \cdot X = I_2$ é:

a) 2/5 **(X)**

b) 1/3

c) 2

d) 1

e) 0

13) **(EN)** – Dada a matriz $A = \begin{bmatrix} 1 & 1 \\ 0 & 1 \end{bmatrix}$ o valor de $A^n (n \in N; n \geq I)$ é:

a) $\begin{bmatrix} 1 & 1 \\ 0 & 1 \end{bmatrix}$

b) $\begin{bmatrix} n & n \\ 0 & n \end{bmatrix}$

c) $\begin{bmatrix} 1 & n \\ 0 & 1 \end{bmatrix}$ **(X)**

d) $\begin{bmatrix} 1 & n \\ 0 & n \end{bmatrix}$

e) $\begin{bmatrix} n & 1 \\ 0 & 1 \end{bmatrix}$

14) **(AFA)** – Sabendo-se que $\begin{bmatrix} 1 & a \\ b & 2 \end{bmatrix} \begin{bmatrix} 2 & 3 \\ 1 & 0 \end{bmatrix} = \begin{bmatrix} 4 & 3 \\ 2 & 0 \end{bmatrix}$, então ab é igual a:

a) –1

b) 0 **(X)**

c) 1

d) 2

15) **(EsPCEx)** – A soma das raízes da equação $\begin{bmatrix} \cos x & 1 \\ 3 & -1 \end{bmatrix} \begin{bmatrix} 2 & 0 \\ 1 & 1 \end{bmatrix} = \begin{bmatrix} 0 & 1 \\ 5 & -1 \end{bmatrix}$, onde $0 < x < 2\pi$, é:

a) 0

b) $\dfrac{\pi}{2}$

c) π

d) $\dfrac{3\pi}{2}$

e) 2π **(X)**

16) **(ITA)** Sejam A e B matrizes 2x2 tais que AB = BA e que satisfazem à equação matricial $A^2 + 2AB - B = 0$. Se B é inversível, mostre que

a) $AB^{-1} = B^{-1} A$ e que

b) A é inversível.

17) **(IME)** – Determine todas as matrizes X, reais, de dimensões 2×2, tais que AX = XA, para toda matriz A real 2×2.
R.: X deve ser a inversa de A

18) **(ITA)** – Seja A a matriz 3×3 dada por $A = \begin{bmatrix} 1 & 2 & 3 \\ 1 & 0 & 0 \\ 3 & 0 & 1 \end{bmatrix}$. Sabendo-se

que B é a inversa de A, então a soma dos elementos de B vale:

a) 1

b) 2 **(X)**

c) 5

d) 0

e) –2

19) **(ITA)** – Dadas as matrizes reais $A = \begin{bmatrix} 2 & x & 0 \\ y & 8 & 2 \\ 1 & 3 & 1 \end{bmatrix}$ e $B = \begin{bmatrix} 2 & 3 & y \\ 0 & 8 & 2 \\ x & 3 & x-2 \end{bmatrix}$.

Analise as afirmações:

I) $A = B \Leftrightarrow x = 3$ e $y = 0$

II) $A + B = \begin{bmatrix} 4 & 5 & 1 \\ 1 & 16 & 4 \\ 3 & 6 & 1 \end{bmatrix} \Leftrightarrow x = 2$ e $y = 1$

III) $A \begin{bmatrix} 0 \\ 1 \\ 0 \end{bmatrix} = \begin{bmatrix} 1 \\ 3 \\ 3 \end{bmatrix} \Leftrightarrow x = 1$

E conclua:

a) Apenas a afirmação II é verdadeira **(X)**

b) Apenas a afirmação I é verdadeira

c) As afirmações I e II são verdadeiras

d) Todas as afirmações são falsas

e) Apenas a afirmação I é falsa

20) **(ITA)** Sejam A e B matrizes quadradas de ordem n tais que $AB = A$ e $BA = B$. Então, $[(A + B)^t]^2$ é igual a

a) $(A + B)^2$.

b) $2(A^t \cdot B^t)$.

c) $2(A^t + B^t)$. **(X)**

d) $A^t + B^t$.

e) $A^t B^t$

21) **(ITA)** Sendo x um número real positivo, considere as matrizes

$$A = \begin{pmatrix} \log_{1/3} x & \log_{1/3} x^2 & 1 \\ 0 & -\log_3 x & 1 \end{pmatrix} \quad e \quad B = \begin{pmatrix} 0 & \log_{1/3} x^2 \\ 1 & 0 \\ -3\log_{1/3} x & -4 \end{pmatrix}.$$ A soma de

todos os valores de x para os quais $(AB) = (AB)^T$ é igual a

a) $\dfrac{25}{3}$.

b) $\dfrac{28}{3}$. **(X)**

c) $\dfrac{32}{3}$.

d) $\dfrac{27}{2}$.

e) $\dfrac{32}{3}$.

11

Determinantes

01) **(EsPCEx)** – Sejam A, B e C matrizes reais n × n. Com relação às seguintes afirmações:

I) A(BC) = (AB)C

II) AB = BA

III) det (AB) = det A . det B

IV) det (A + B) = det A + det B

podemos afirmar que:

a) I e II são verdadeiras

b) II e III são verdadeiras

c) III e IV são verdadeiras

d) I e III são verdadeiras **(X)**

e) I e IV são verdadeiras

02) **(EPCAR)** – O determinante das matriz $A = (a_{ij})$, de ordem 3, onde

$a_{ij} = \begin{cases} 0 & se & i \neq j \\ 3i - j & se & i = j \end{cases}$ é igual a:

a) 0   b) 12   c) 24   d) 48 **(X)**

03) **(EPCAR)** – Para multiplicar o determinante de uma matriz por um número K ≠ 0, multiplica-se:
a) a matriz por K
b) uma linha da matriz por K **(X)**
c) todas as linhas da matriz por K
d) uma linha e uma coluna da matriz por K

04) **(ITA)** – Dizemos que duas matrizes n × n A e B são semelhantes se existe uma matriz n × n inversível P tal que $B = P^{-1} AP$. Se A e B são matrizes semelhantes quaisquer, então:
a) B é sempre inversível. **(X)**
b) se A é simétrica, então B também é simétrica.
c) B^2 é semelhante a A.
d) se C é semelhante a A, então BC é semelhante a A^2.
e) det $(\lambda I - B) = $ det $(\lambda I - A)$, onde λ é um real qualquer.

05) **(AFA)** – Se A é uma matriz quadrada de ordem 2, então:
a) det $(2A) = 2$ det A
b) det $(A^2) = ($det $A)^2$ **(X)**
c) det $A = 0$ se, e somente se, $A = \begin{pmatrix} 0 & 0 \\ 0 & 0 \end{pmatrix}$

d) det $A = 1$ se, e somente se, $A = \begin{pmatrix} 1 & 0 \\ 0 & 1 \end{pmatrix}$

06) **(AFA)** – O determinante associado à matriz $M = \begin{pmatrix} a & a & a & a \\ a & x & x & x \\ a & x & y & y \\ a & x & y & 1 \end{pmatrix}$ é igual a:
a) $a (x - a) (y - x)^2$
b) $a (x - a)^2 (1 - y)$
c) $a (1 - x) (1 - y) (x - a)$
d) $a (x - a) (y - x) (1 - y)$ **(X)**

07) **(EN)** – Se $A = \begin{bmatrix} 1 & 0 & 2 \\ -1 & 1 & 0 \\ 0 & 1 & 0 \end{bmatrix}$, $B = \begin{bmatrix} 2 & 1 \\ 1 & 1 \\ 0 & 1 \end{bmatrix}$ e $C = \begin{bmatrix} 0 & -1 & 1 \\ 2 & -1 & 0 \end{bmatrix}$, o deter-

minante da transposta da matriz $2A - BC$ vale:

a) -4

b) -2 **(X)**

c) 0

d) 2

e) 4

08) **(AFA)** – Considere as matrizes $A = (a_{ij})_{2 \times 2}$ e $B = (b_{ij})_{2 \times 2}$ definidas

por $a_{ij} = x^i - x^j$ e $b_{ij} = (i + j) x$, $x \in R^*$. Se a função $f: R^* \to R$ é

definida por $f(x) = \dfrac{1}{x}$, então para $x = \dfrac{\text{Det } B}{\text{Det } A}$, o valor de $f(x)$ é:

a) $(x - 1)^2$

b) $(x - 2)^2$

c) $-(x - 1)^2$ **(X)**

d) $-(x - 2)^2$

09) **(AFA)** – Dada a matriz $A = \begin{bmatrix} \text{sen } \theta & 0 & \cos \theta & 1 \\ 0 & 1 & 0 & 0 \\ \text{sen } \theta & 0 & \cos \theta & 0 \\ \text{sen } \theta & 0 & 1 & 0 \end{bmatrix}$, é correto

afirmar que:

a) A nunca é inversível

b) se A é inversível, então $0 \le \theta \le \pi$

c) A é inversível independentemente do valor de θ

d) A é inversível se, e somente se, $\theta \ne n\pi$, $n \in Z$. **(X)**

10) **(ITA)** – Sejam m e n números reais com $m \ne n$ e as matrizes:

$A = \begin{bmatrix} 2 & 1 \\ 3 & 5 \end{bmatrix}$, $B = \begin{bmatrix} -1 & 1 \\ 0 & 1 \end{bmatrix}$.

Para que a matriz $m A + n B$ seja não inversível é necessário que:

a) m e n sejam positivos

b) m e n sejam negativos

c) m e n tenham sinais contrários

d) $n^2 = 7\ m^2$

e) n.d.a. **(X)**

11) **(IME)** – Determine o valor de x para que: $\begin{vmatrix} x & 2 & 4 & 6 \\ x & x+2 & 0 & 10 \\ x^2 & 0 & 4x & 4 \\ x & 4 & 10 & x-2 \end{vmatrix} = 0$

Resp. x = -2 ou x = 4/7

12) **(AFA)** – Dados a, b e c ângulos quaisquer, qual o valor do determinante da matriz A?

$$A = \begin{vmatrix} \cos^2 a & \cos 2a & \operatorname{sen}^2 a \\ \cos^2 b & \cos 2b & \operatorname{sen}^2 b \\ \cos^2 c & \cos 2c & \operatorname{sen}^2 c \end{vmatrix}$$

a) -1

b) 0 **(X)**

c) $\dfrac{1}{2}$

d) 1

13) **(AFA)** – Sejam A, B e C matrizes reais quadradas de ordem 3 que satisfazem as relações $AB = C^{-1}$ e $B = 2A$. Se det C = 1/32, o valor de $\left| \det A \right|$ é:

a) 1

b) 2 **(X)**

c) 3

d) 4

14) **(CFO)** – Se $a \neq b \neq c$ e $\begin{vmatrix} 1 & 1 & 1 \\ a & b & c \\ a^2 & b^2 & c^2+x \end{vmatrix} = 0$ então x é igual a:

a) $(a - b)\,(a - c)\,(c - b)$

b) $(a - c)\,(c - b)$ **(X)**

c) $(a - c)\,(b - c)$

d) $a + b + c$

e) $(b - a)\,(b - c)\,(c - a)$

15) (EsPCEx) – O conjunto solução da inequação $\begin{vmatrix} 1 & 4 & -30 & 29 \\ 0 & x & -6 & 5 \\ 0 & 1 & x & 0 \\ 0 & 1 & 0 & 1 \end{vmatrix} \leq 0$
é:

a) $[2, 4]$

b) $[1, 3]$

c) $[1, 2]$

d) $[2, 3]$ **(X)**

e) $[1, 4]$

16) (EsPCEx) – Sendo d o determinante da matriz:

$$\begin{bmatrix} 10^{x\log 10} & 0 & 0 \\ 0 & \log 100 & 0 \\ 0 & 0 & 5 \end{bmatrix}, \text{então log d vale:}$$

a) $x + 1$ **(X)**

b) $2x + 1$

c) $x - 1$

d) $2x - 1$

e) x

17) (EsPCEx) – Dadas as matrizes $A = \begin{pmatrix} 2 & -1 \\ -2 & 2 \\ 0 & 1 \end{pmatrix}$ e $B = \begin{pmatrix} -1 & 2 & 3 \\ 2 & 1 & 1 \end{pmatrix}$

e sendo $N = 50 + \det(A \cdot B)$, então o valor de N é igual a:

a) 0

b) 50 **(X)**

c) 100

d) 150

18) (EsPCEx) – Considere a matriz $A = \begin{bmatrix} \text{sen } x & 2 \\ \log_3 10 & 2\text{ sen } x \end{bmatrix}$, onde $x \in R$.

Então podemos afirmar que A é inversível:

a) para $x > 0$ b) apenas para $x = 0$

c) para qualquer x **(X)**   d) apenas para $x = 2k\pi, k \in Z$

19) (EsFAO) – Considere as matrizes:

$$A = \begin{bmatrix} 1 & -1 \\ 8 & 4 \end{bmatrix} \text{ e } B = \begin{bmatrix} 2 & 1 \\ 4 & -4 \end{bmatrix}$$

Se a matriz X é tal que $2A + 3X = 4B$, então o valor do determinante de X é:

a) -24

b) -20

c) -16 **(X)**

d) 20

e) 24

20) (AFA) – Considere a matriz real $A = (a_{ij})$ $n \times n$ e suponha $n \geq 2$. Então, é possível afirmar que:

a) A é inversível se $a_{ij} = 0$, para $i = j$.

b) det $A \neq 0$, se $a_{ij} = 1$, para $j > i$ e $a_{ij} = 0$, para $i \leq j$

c) det $A^k = 1$ para todo inteiro $k \geq 1$, se $a_{ij} = 1$, para $j \geq i$ e $a_{ij} = 0$, para $i < j$ **(X)**

d) Se $|\det A^p| = 1$, para algum $p \in I = \{1, 2, 3, \ldots\}$, então det $A^{p+q} = 1$, para todo $q \in I$.

e) n.r.a.

21) (AFA) – Assinale a afirmação CORRETA:

a) O determinante de matrizes <u>não nulas</u> pode ser nulo. **(X)**

b) É possível calcular o determinante de qualquer matriz real.

c) Dadas as matrizes reais <u>A</u> e <u>B</u>; se det $A =$ det B, então det $(AB) =$ det (A) det (B).

d) Se A é uma matriz quadrada de ordem $n = 10^{10!}$, então é impossível calcular o seu determinante.

e) n.r.a.

22) **(AMAN)** – O determinante da matriz:

$$M = \begin{vmatrix} 1 & \log_b a \\ \log_a b & 1 \end{vmatrix}, \text{é:}$$

a) ϕ
b) 1
c) $\log_b a$
d) 2
e) 0 **(X)**

23) **(AMAN)** – Seja um triângulo qualquer ABC, de lados a, b, c, respectivamente, então o determinante de $M = \begin{vmatrix} a & b \\ \operatorname{sen} \hat{A} & \operatorname{sen} \hat{B} \end{vmatrix}$, vale:

a) {0} **(X)**
b) {2; 3}
c) {1}
d) $\{\sqrt{2}\,\}$
e) {π ; 3}

24) **(EsFAO)** – O determinante da matriz $A = (a_{ij})$ 2 × 2 onde $a_{ij} = 2 i^2 + j$ vale:

a) –66
b) –6 **(X)**
c) zero
d) 6
e) 66

25) **(EsFAO)** – Sendo $A = (a_{ij})$ uma matriz quadrada de ordem 3 tal que det $A = k$; $k \in R^*$. Assinale a alternativa correta:

a) det $A^{-1} = -k$
b) det $A^2 = 2k$
c) det $2A = 8k$ **(X)**
d) det $A^t = -k$
e) det $(A/2) = k/2$

26) **(AFA)** – Se $\begin{vmatrix} 1 & 0 & 1 \\ 2 & 4 & 3 \\ x & y & 5 \end{vmatrix} = 6$ e $\begin{vmatrix} 3 & 1 & x \\ 2 & y & -1 \\ 0 & 3 & 5 \end{vmatrix} = 47$, então, x + y vale:

a) 5 **(X)**

b) 6

c) 7

d) 8

27) **(AFA)** – Sendo a real, o valor do determinante

$$\begin{vmatrix} 1 & 1 & 1 \\ a & 1+a & 2+a \\ a^2 & (1+a)^2 & (2+a)^2 \end{vmatrix} \quad \text{é:}$$

a) 2 **(X)**

b) 3

c) 4

d) 5

28) **(EN)** – Se $x \in [0, 2\pi]$, o número de soluções da equação:

$$\text{sen}^4 x + \text{sen}^2 x \cos^2 x - 2\,\text{sen}^2 x + 1 = \det \begin{bmatrix} \cos x & \text{sen}^2 x & 1 \\ \cos x & \text{sen} x & 0 \\ \cos x & 1 & 1 \end{bmatrix}$$

a) 1

b) 2

c) 3

d) 4 **(X)**

e) 6

29) **(EsPCEx)** – Sendo d o determinante da matriz $\begin{bmatrix} 10^{x\log 2} & 0 & 0 \\ 0 & \log 100 & 0 \\ 0 & 0 & 2^{3x} \end{bmatrix}$ então o $\log_2 d$ vale:

a) $4x + 1$ **(X)**

b) $4x^2 + 1$

c) $4x^2 - 1$

d) $4x - 1$

e) $4x^2$

30) **(ITA)** – Sejam A e I matrizes reais quadradas de ordem 2, sendo I a matriz identidade. Por T denotamos o traço de A, ou seja, T é a soma dos elementos da diagonal principal de A. Se $T \neq 0$ e λ_1, λ_2 são raízes da equação

det $(A - \lambda I) = $ det $(A) - $ det (λI),

então:

a) λ_1 e λ_2 independem de T

b) $\lambda_1 . \lambda_2 = T$ d) $\lambda_1 + \lambda_2 = T/2$ **(X)**

c) $\lambda_1 . \lambda_2 = 1$ e) $\lambda_1 + \lambda_2 = T$

31) **(ITA)** – Sejam A e P matrizes reais quadradas de ordem n tais que A é simétrica (isto é, $A = A^t$) e P é ortogonal (isto é, $P P^t = I = P^t P$), P diferente da matriz identidade. Se $B = P^t AP$ então:

a) AB é simétrica

b) BA é simétrica

c) det A = det B **(X)**

d) BA = AB

e) B é ortogonal

32) **(ITA)** – Seja A uma matriz real quadrada de ordem n e $B = I - A$, onde I denota a matriz identidade de ordem n. Supondo que A é inversível e idempotente (isto é, $A^2 = A$) considere as afirmações:

1) B é idempotente

2) AB = BA

3) B é inversível

4) $A^2 + B^2 = I$

5) AB é simétrica

Com respeito a essas afirmações temos:

a) Todas são verdadeiras

b) Apenas uma é verdadeira

c) Apenas duas são verdadeiras

d) Apenas três são verdadeiras **(X)**

e) Apenas quatro são verdadeiras

33) **(ITA)** – Sabendo-se que a soma das raízes da equação

$$\begin{vmatrix} 1 & -1 & 0 & 2 \\ x & 0 & x & 0 \\ 0 & b & x & x \\ b & x & 2 & b \end{vmatrix} = 0$$

é –8/3 e que S é o conjunto dessas raízes, podemos afirmar que:
a) $S \subset [-17, -1]$
b) $S \subset [1, 5]$
c) $S \subset [-1, 3]$
d) $S \subset [-10, 0]$ **(X)**
e) $S \subset [0, 3]$

34) **(EsPCEx)** – Para todo x e y reais, com $x \neq \pm y$, o quociente entre os

determinantes $\dfrac{\begin{vmatrix} x+y & x-y & 0 \\ 0 & 1 & y \\ 0 & x & x^2+y^2 \end{vmatrix}}{\begin{vmatrix} x & y \\ y & x \end{vmatrix}}$ é equivalente a:

a) $\dfrac{x^2 - xy + y^2}{x - y}$ **(X)**

b) $\dfrac{x^2 + xy + y^2}{x + y}$

c) $\dfrac{x^2 - xy - y^2}{x - y}$

d) $\dfrac{x^2 + xy + y^2}{x - y}$

e) $\dfrac{x^2 - xy - y^2}{x + y}$

35) **(EsPCEx)** – Considere a matriz quadrada $A = \begin{bmatrix} \operatorname{sen} 18^\circ & \cos 72^\circ \\ \operatorname{sen} 36^\circ & \cos 54^\circ \end{bmatrix}$
O valor do determinante de A é:

a) -2

b) -1

c) 0 **(X)**

d) 1

e) 2

36) **(IME)** – Calcule o valor do determinante abaixo:

$$D_n = \begin{vmatrix} m+x & m & m & m \cdots\cdots m \\ m & m+x & m & m \cdots\cdots m \\ m & m & m+x & m \cdots\cdots m \\ \vdots & \vdots & \vdots & \\ m & m & m & m \cdots\cdots m+x \end{vmatrix}$$

R.: $x^{n-1}(m+x)$

37) **(ITA)** Se a matriz

$$\begin{bmatrix} \cos 25^\circ & \operatorname{sen} 65^\circ \\ \operatorname{sen} 120^\circ & \cos 390^\circ \end{bmatrix}$$

O valor de seu determinante é

a) $\dfrac{2\sqrt{2}}{3}$.

b) $\dfrac{3\sqrt{3}}{2}$.

c) $\dfrac{\sqrt{3}}{2}$.

d) 1.

e) 0. **(X)**

38) **(ITA)** Seja $x \in IR$ e a matriz $A = \begin{bmatrix} 2^x & (x^2+1)^{-1} \\ 2^x & \log_2 5 \end{bmatrix}$.
Assinale a opção correta.

a) $\forall x \in IR$, A possui inversa. **(X)**

b) Apenas para $x > 0$, A possui inversa.

c) São apenas dois os valores de x para os quais A possui inversa.

d) Não existe valor de x para o qual A possui inversa.

e) Para $x = \log_2 5$, A não possui inversa.

39) **(ITA)** Sejam A e P matrizes n x n inversíveis e $B = P^{-1}AP$. Das afirmações:

I. B^T é inversível é $(B^T)^{-1} = (B^{-1})^T$.

II. Se A é simétrica, então B também o é.

III. $\det(A - \lambda I) = \det(B - \lambda I)$, $\forall \lambda \in IR$.

é(são) verdadeira(s):

a) todas.

b) apenas I.

c) apenas I e II.

d) apenas I e III. **(X)**

e) apenas II e III.

40) **(ITA)** Considere as afirmações dadas a seguir, em que A é uma matriz quadrada n x n, $n \geq 2$.

I. O determinante de A é nulo se, e somente se, A possui uma linha ou uma coluna nula.

II. Se $A = (a_{ij})$ é tal que $a_{ij} = 0$ para $i > j$, com i, j = 1, 2, ..., n, então $\det A = a_{11}a_{22}...a_{nn}$.

III. Se B for obtida de A, multiplicando-se a primeira coluna por $\sqrt{2}+1$ e a segunda $\sqrt{2}-1$, mantendo-se inalteradas as demais colunas, então $\det B = \det A$.

Então, podemos afirmar que é(são) verdadeira(s)

a) apenas II.   d) apenas II e III. **(X)**

b) apenas III.   e) todas.

c) apenas I e II.

41) **(ITA)** Considere as matrizes reais $M = \begin{pmatrix} a & 0 & 0 \\ 0 & b & 1 \\ 0 & 0 & c \end{pmatrix}$ e $I = \begin{pmatrix} 1 & 0 & 0 \\ 0 & 1 & 0 \\ 0 & 0 & 1 \end{pmatrix}$ em

que $a \neq 0$ e a, b e c formam, nessa ordem, uma progressão geométrica de razão $q > 0$. Sejam λ_1, λ_2 e λ_3 as raízes da equação $\det (M - \lambda I)$ $= 0$. Se $\lambda_1 \lambda_2 \lambda_3 = a$ e $\lambda_1 + \lambda_2 = \lambda_3 = 7a$, então $a^2 + b^2 + c^2$ é igual a

a) $\dfrac{21}{8}$. **(X)**

b) $\dfrac{91}{9}$.

c) $\dfrac{36}{9}$.

d) $\dfrac{21}{16}$.

e) $\dfrac{91}{36}$.

42) **(ITA)** Sejam a, b, c e d números reais não-nulos. Exprima o valor do determinante da matriz

$\begin{bmatrix} bcd & 1 & a & a^2 \\ acd & 1 & b & b^2 \\ abd & 1 & c & c^2 \\ abc & 1 & d & d^2 \end{bmatrix}$ na forma de um produto de números reais.

Resp. (b – a) (c – a) (c – b) (d – a) (d – b) (d – c)

12

Sistemas Lineares

01) **(EsPCEx)** – A soma dos valores reais de a que tornam o sistema

$$\begin{cases} 3^{2a+1}x + y = 1 \\ x + y = 0 \qquad \text{possível e determinado é:} \\ (10 \cdot 3^a - 3)x + y = 1 \end{cases}$$

a) 0 **(X)**

b) 2

c) 3

d) 5

e) 6

02) **(EsPCEx)** – A equação matricial $\begin{bmatrix} 2 & 4 \\ a & 1 \end{bmatrix} \begin{Bmatrix} x \\ y \end{Bmatrix} = \begin{Bmatrix} 3 \\ -1 \end{Bmatrix}$ tem uma única solução para:

a) $a \neq 2$

b) $a = 2$

c) $a \neq 1/2$ **(X)**

d) $a = 1/2$

e) $a = -1/2$

03) **(ITA)** – Seja $A \in M_{3 \times 3}$ tal que det $A = 0$. Considere as afirmações:

I) Existe $X \in M_{3 \times 1}$ não nula tal que AX é identicamente nula.

II) Para todo $Y \in M_{3 \times 1}$, existe $X \in M_{3 \times 1}$ tal que AX = Y.

III) Sabendo que $A \cdot \begin{bmatrix} 1 \\ 0 \\ 0 \end{bmatrix} = \begin{bmatrix} 5 \\ 1 \\ 2 \end{bmatrix}$, então a primeira linha da transposta de A é [5 1 2]

Temos que:

a) Todas são falsas

b) Apenas (II) é falsa **(X)**

c) Todas são verdadeiras

d) Apenas (I) e (II) são verdadeiras

e) n.d.a.

04) **(EsPCEx)** – Os valores de a e b, para que o sistema $\begin{cases} 6x + ay + 8z = 0 \\ x + y + 3z = -5 \\ 6x + y + 13z = b \end{cases}$ seja indeterminado, são respectivamente:

a) 2 e –4

b) 8 e 6

c) –4 e –15 **(X)**

d) 8 e 2

e) –4 e 8

05) **(ITA)** – Sejam a, b, c, d números reais não nulos que estão nessa ordem em progressão aritmética. Sabendo que o sistema abaixo

$$\begin{cases} 4 \cdot 2^a \cdot x + 2^c \cdot y = \dfrac{2}{3} \cdot 2^b \\ 3^d \cdot x + 9 \cdot 3^b \cdot y = 81 \end{cases}$$

é possível e indeterminado, podemos afirmar que a soma dessa progressão aritmética é:

a) 13

b) 16

c) 28

d) 30

e) n.d.a. **(X)**

06) **(EPCAR)** – O valor de m para que o sistema $\begin{cases} mx + y = 0 \\ -x + y = 0 \end{cases}$ seja indeterminado é:

a) –1 **(X)**

b) 0

c) 1

d) 2

07) **(ITA)** – Se S é o conjunto dos valores de a para os quais o sistema:

$$x + y + z = 0$$
$$x + (\log_3 a)^2 y + z = 0$$
$$2x + 2y + \left(\log_3 \frac{27}{a} \right) z = 0$$

é indeterminado, então:

a) $S \subset [-3, 3]$ **(X)**

b) S é vazio

c) $S \subset [2, 4]$

d) $S \subset [1, 3]$

e) $S \subset [0, 1]$

08) **(AFA)** – O sistema $\begin{cases} a^3 x + 2ay = b \\ 2ax + y = c \end{cases}$ é homogêneo e determinado, se, e somente se,

a) $a \neq 4$ e $b = c = 0$

b) $a \neq 0$ e $a \neq 4$ e $b = c$

c) $a \neq 0$ e $a \neq 4$ e $b = c = 0$ **(X)**

d) $a \neq 0$ e $a = 4$, $b \neq 0$ e $c \neq 0$

09) **(AFA)** – Os valores de m, para os quais o sistema $\begin{cases} x - y + z = 0 \\ 2x - 3y + 2z = 0 \\ 4x + 3y + mz = 0 \end{cases}$ admite somente a solução $x = y = z = 0$, são

a) $m = 4$

b) $m > 0$

c) $m \neq 4$ **(X)**

d) $m < 5$

10) **(EN)** – O valor de x no sistema

$$\begin{cases} ax + by + cz = 0 \\ a^2x + b^2y + c^2z = 0 \\ a^3x + b^3y + c^3z = a^2(b-c) + b^2(c-a) + c^2(a-b) \end{cases}$$

onde a, b e c representam números diferentes é:

a) $\dfrac{c-a}{b}$

b) $\dfrac{b-c}{a}$ **(X)**

c) $\dfrac{a-b}{c}$

d) $\dfrac{a-c}{c}$

e) $\dfrac{c-a}{c}$

11) **(EN)** – O sistema de equações $\begin{cases} mx + y = 2 \\ x - y = m \\ x + y = 2 \end{cases}$ é impossível se e somente se

a) $m = 1$

b) $m = -2$

c) $m = 1$ ou $m = -2$

d) $m \neq -2$

e) $m \neq 1$ e $m \neq -2$ **(X)**

12) **(ITA)** Em uma mesa de uma lanchonete, o consumo de 3 sanduíches, 7 xícaras de café e 1 pedaço de torta totalizou R$ 31,50. Em outra mesa, o consumo de 4 sanduíches, 10 xícaras de café e 1 pedaço de torta totalizou R$ 42,00. Então, o consumo de 1 sanduíche, 1 xícara de café e 1 pedaço de torta totaliza o valor de

a) R$17,50.

b) R$ 16,50.

c) R$ 12,50.

d) R$ 10,50. **(X)**

e) R$ 9,50.

13) **(AFA)** – Os valores de k, que fazem o sistema $\begin{cases} x - z = 0 \\ kz + y + 3z = 0 \\ x + ky + 3z = 1 \end{cases}$

admitir uma única solução real, pertencem ao conjunto:
a) $R - \{1, 3\}$
b) $R - \{1, -4\}$ **(X)**
c) $R - \{-1, 4\}$
d) $R - \{1, -3\}$

14) **(ITA)** – Se (x, y, z, t) é solução do sistema

$\begin{cases} x - y + 2z - t = 0 \\ 3x + y + 3z + t = 0 \\ x - y - z - 5t = 0 \end{cases}$

qual das alternativas abaixo é verdadeira?
a) $x + y + z + t$ e x têm o mesmo sinal
b) $x + y + z + t$ e t têm o mesmo sinal
c) $x + y + z + t$ e y têm o mesmo sinal **(X)**
d) $x + y + z + t$ e z têm o mesmo sinal
e) n.d.a.

15) **(AFA)** – Dado o sistema $AX = B$, com $X = (x_{ij})_{3 \times 3}$,

$A = \begin{bmatrix} 1 & -1 & 1 \\ 1 & -2 & -2 \\ 2 & 1 & 3 \end{bmatrix}$ e $B = \begin{bmatrix} 3 & 1 & -6 \\ 0 & -1 & 1 \\ 4 & 3 & -9 \end{bmatrix}$, podemos afirmar que:

a) $x_{13} = \dfrac{1}{2} x_{22} = -\dfrac{3}{4} x_{33}$

b) $x_{12} = \dfrac{2}{5} x_{22} = -\dfrac{3}{7} x_{31}$

c) $x_{11} = \dfrac{4}{5} x_{32} = -\dfrac{1}{2} x_{13}$ **(X)**

d) $x_{13} = \dfrac{2}{5} x_{31} = -\dfrac{3}{2} x_{33}$

16) **(ITA)** – Considere o sistema:

$$(P) = \begin{cases} x + z + w = 0 \\ x + ky + k^2w = 1 \\ x + (k+1)z + w = 1 \\ x + z + kw = 2 \end{cases}$$

Podemos afirmar que (P) é possível e determinado quando:

a) $k \neq 0$

b) $k \neq 1$

c) $k \neq -1$

d) $k \neq 0$ e $k \neq 1$ **(X)**

e) n.d.a.

17) **(CFO)** – Para que os valores reais de p e q o sistema abaixo não admite solução?

$$\begin{cases} 3x + py + 4z = 0 \\ x + y - 3z = -5 \\ 2x - 3y + z = q \end{cases}$$

Resp p = – 44/7 e q ≠ -25/13

18) **(EsPCEx)** – O sistema de equações $\begin{cases} x + 2y - z = 1 \\ x + y - 2z = -1 \\ 2x + 4y - 2z = 2 \end{cases}$

a) não admite solução

b) admite apenas uma solução

c) admite apenas duas soluções

d) admite infinitas soluções **(X)**

e) admite apenas a solução $\left(1, \dfrac{2}{3}, \dfrac{4}{3} \right)$

19) **(EsPCEx)** – O sistema: $\begin{cases} x + 2y + z = 1 \\ x - 3y - z = 2 \\ 4x + 3y + 2z = 5 \end{cases}$ é:

a) possível e indeterminado. **(X)**

b) possível e determinado, sendo $(1, -1, 2)$ a solução.

c) impossível.

d) possível e indeterminado. Sendo $(2, 3, -7)$ uma solução.

20) **(EsPCEx)** – Os valores de λ para os quais o sistema:

$$\begin{cases} x + y + 2z = 0 \\ x - \lambda y + z = 0 \\ \lambda x - y - z = 0 \end{cases}$$

tem solução diferente da trivial são:

a) 0 ou 1

b) -1 ou 1

c) 0 ou 1/2

d) -1 ou 0 **(X)**

21) **(EsPCEx)** – Dizemos que dois sistemas de equações lineares são equivalentes se, e somente se, toda solução de um dos sistemas for solução do outro reciprocamente,.

Considerando as seguintes afirmações

I) Dois sistemas de equações lineares 3×3, ambos homogêneos, são equivalentes.

II) Dois sistemas de equações lineares 3×3, ambos indeterminados, são equivalentes.

III) Os dois sistemas de equações lineares dados a seguir são equivalentes.

$$\begin{cases} x + y = 5 \\ y + z = 8 \\ x + y + z = 10 \end{cases} \qquad \begin{cases} x + 2y - z = 3 \\ x - y + z = 4 \\ 4x - y + 2z = 14 \end{cases}$$

Nessas condições podemos afirmar que:

a) apenas I e III são verdadeiras

b) apenas II e III são falsas

c) apenas I é verdadeira

d) as três afirmativas são falsas **(X)**

22) **(AFA)** – Considere o sistema linear:

$$\begin{cases} a_{11}\ x_1 + a_{12}\ x_2 + \ldots + a_{1n}\ x_n = b_1 \\ a_{21}\ x_1 + a_{22}\ x_2 + L + a_{2n}\ x_n = b_2 \\ \vdots \qquad \vdots \qquad\quad \vdots \qquad \vdots \\ a_{n1}\ x_1 + a_{n2}\ x_2 + \ldots + a_{nn}\ x_n = b_n \end{cases}$$

onde $a_{ij} \in R$, $b_1 \in R$; $1 \le i, j \le n$.

A afirmação correta está contida na alternativa:

a) A solução nula é a única solução do sistema.

b) O conjunto das soluções do sistema contém a solução nula.

c) Se $(r_1, r_2, \ldots, r_n)$ é a solução do sistema, então $(kr_1, kr_2, \ldots, kr_n)$ também é solução.

d) Se $a_{ij} \ne 0$, para $1 \le i, j < n$ e $b_i \ne 0$, para $1 \le i \le n$, então o sistema pode não ter solução. **(X)**

e) n.r.a.

23) **(EN)** – A equação matricial

$$\begin{bmatrix} 1 & 1 & -1 \\ -1 & 1 & 1 \\ 1 & 3 & -1 \end{bmatrix} \begin{bmatrix} x \\ y \\ z \end{bmatrix} = \begin{bmatrix} 5 \\ 2 \\ k \end{bmatrix}$$

a) é impossível para todos os valores de k.

b) admite solução qualquer que seja k.

c) admite solução somente se k = 4

d) admite solução somente se k = 8

e) admite solução somente se k = 12 **(X)**

24) **(AMAN)** – A relação entre m e n para que o sistema:

$$\begin{cases} x + 2y - nz = 8 \\ 3x - 2y + z = 0 \\ 2x + 4y - mz = 14 \end{cases}$$, seja determinado é:

a) $2m > n$ b) $m < 3n$ c) $m = n$ d) $m \ne 2n$ **(X)**   e) $m = n \ne 0$

25) **(AMAN)** – O valor de k para que o sistema; $\begin{cases} x+2y+3z=2 \\ 2x-5z=1 \\ kx-y=11 \end{cases}$, venha ser indeterminado é:

a) $\dfrac{12}{10}$

b) $-\dfrac{11}{10}$ **(X)**

c) $\dfrac{20}{100}$

d) $\dfrac{-32}{1000}$

e) $\dfrac{-1}{10}$

26) **(AFA)** – O sistema de equações lineares $\begin{cases} 3x+ky+z=0 \\ 5x+4y+5z=0 \\ x+y+kz=0 \end{cases}$ admite mais de uma solução se:

a) $k = \dfrac{7}{6}$

b) $k = \dfrac{7}{5}$ ou $k = 2$ **(X)**

c) $k = \dfrac{7}{3}$ ou $k = 2$

d) $k = \dfrac{7}{2}$ ou $k = 2$

27) **(EsPCEx)** – Sabendo que (x, y, z) é solução do sistema $\begin{cases} x+y+z=1 \\ x-y+2z=3, \\ 2x+3y-z= \end{cases}$ o valor de $x^2 + y^2 + z^2$ é:

a) 5 **(X)**

b) 6

c) 7

d) 9

e) 10

28) **(EN)** – Para que o sistema $\begin{cases} 3x + 2y = 4m + 4 \\ 2x - (p+3)y = -1 \end{cases}$, seja impossível deve se ter:

a) $m = -11/8$ e $p = -13/3$

b) $p \neq -13/3$ e $m = -11/8$ d) $m \neq -11/8$ e $p \in \,]{-5}, -3]$ **(X)**

c) $p \neq 13/3$ e $m \in \,]{-2}, 1]$ e) $m = -11/8$ e $p \in \,]{-5}, 4]$

29) **(EN)** – O conjunto de valores de λ para os quais há uma infinidade d matrizes X tais que:

$$\begin{pmatrix} \lambda - 4 & 8 & -4 \\ -1 & \lambda & 0 \\ 0 & -1 & 1 \end{pmatrix} \cdot X = \begin{pmatrix} 0 \\ 0 \\ 0 \end{pmatrix}, \text{ é:}$$

a) $\{1, 4\}$

b) $\{-2, 2\}$

c) $\{-2\}$

d) $\{2\}$ **(X)**

e) $\{4\}$

30) **(EsPCEx)** – O valor de m, para que o sistema $\begin{cases} -x - 2y + 3z = 0 \\ 2x + y - 4z = 0 \\ 4x + my - 10z = 0 \end{cases}$ admita soluções além da solução trivial é:

a) 1

b) 3

c) 5 **(X)**

d) 7

e) 9

31) **(ITA)** – O sistema abaixo, nas incógnitas x, y e z,

$$3^a x - 9^a y + 3z = 2^a$$
$$3^{a+1} x - 5y + 9z = 2^{a+1}$$
$$x + 3^{a-1} y + 3^{a+1} z = 1$$

é possível e determinado quando o número a é diferente de:

a) $\log_3 2$ e $\dfrac{1}{2}(-1 + \log_2 5)$

b) $\log_2 3$ e $\dfrac{1}{2}\log_2 5$

c) $\log_2 1$ e $\dfrac{1}{2}\log_2 3$

d) $\dfrac{1}{2}(-1 + \log_2 1)$ e $\dfrac{1}{2}(-1 + \log_2 3)$

e) $\log_3 1$ e $\dfrac{1}{2}(-1 + \log_3 5)$ **(X)**

32) **(ITA)** – Analisando o sistema $\begin{cases} 3x - 2y + z = 7 \\ x + y - z = 0 \\ 2x + y - 2z = -1 \end{cases}$ concluímos que esse é:

a) possível e determinado com $xyz = 7$
b) possível e determinado com $xyz = -8$
c) possível e determinado com $xyz = 6$ **(X)**
d) possível e indeterminado
e) impossível

33) **(EsPCEx)** – Os valores de K, para os quais o sistema $\begin{cases} x - z = 1 \\ Kx + y + 3z = 0 \\ x + Ky + 3z = 1 \end{cases}$ tenha solução única são:

a) $K = 1$ ou $K = -4$
b) $K \neq 1$ ou $K = -4$
c) $K \neq 1$ ou $K \neq -4$ **(X)**
d) $K \neq -1$ ou $K = 4$

34) **(IME)** – Determine α para que seja impossível o sistema:

$$\begin{cases} x + 2y - 3z = 4 \\ 3x - y + 5z = 2 \\ 4x + y + (\alpha^2 - 14)z = \alpha + 2 \end{cases}$$

R.: – 4

35) **(IME)** – Resolva e interprete, geometricamente, o sistema matricial abaixo, em função de α e β.

$$\begin{bmatrix} 1 & -2 & 3 \\ 5 & -6 & 7 \\ 6 & 8 & \alpha \end{bmatrix} \begin{bmatrix} x \\ y \\ z \end{bmatrix} = \begin{bmatrix} -4 \\ -8 \\ \beta \end{bmatrix}$$

R.: Retas concorrentes: $\alpha \neq -20$, $\forall\, \beta \in \mathbf{R}$; **coincidentes** : $\alpha = -20$, $\beta = 33$; **paralelas:** $\alpha = -20$, $\beta \neq 33$

36) **(EsPCEx)** – A soma das soluções do sistema $\begin{cases} x - y + z = 8 \\ 2x + y + z = 5 \\ x + 2y - z = -8 \end{cases}$ é:

a) 4 **(X)**

b) 5

c) 6

d) 7

e) 8

37) **(EsPCEx)** – O sistema $\begin{cases} 3x + ky + z = 0 \\ 5x + 4y + 5z = 0 \\ x + y + kz = 0 \end{cases}$ admite mais de uma solução se, e somente se,:

a) $k = \dfrac{7}{6}$

b) $k = \dfrac{7}{5}$ ou $k = 2$ **(X)**

c) $k = 7$ ou $k = -2$

d) $k = \dfrac{2}{3}$ ou $k = \dfrac{1}{2}$

e) $k = 0$

38) **(EsPCEx)** – O valor de m para que o sistema $\begin{cases} mx + y + z = 0 \\ 2x + my + 2z = 0 \\ mx + 2y + mz = 0 \end{cases}$ admita soluções não nulas é:

a) $m = 1$ ou $m = -2$ ou $m = 2$ **(X)**

b) $m = +\dfrac{1}{2}$ ou $m = -2$ ou $m = 2$

c) $m \ne -1$ ou $m \ne -2$ ou $m \ne 2$

d) $m \ne -\dfrac{1}{2}$ ou $m \ne -2$ ou $m \ne 2$

39) **(AFA)** – Os valores de m, para os quais o sistema $\begin{cases} x - y + z = 0 \\ 2x - 3y + 2z = 0 \\ 4x + 3y + mz = 0 \end{cases}$ admite somente a solução $x = y = z = 0$, são:

a) $m = 4$

b) $m > 0$

c) $m \ne 4$ **(X)**

d) $m < 5$

40) **(EsFAO)** – O valor de k para que o sistema

$$x - 3z = -3$$
$$2x + ky - z = -2$$
$$x + 2y + kz = 1$$

não tenha nenhuma solução é:

a) $k \neq 2$

b) $k = -5$ **(X)**

c) $k = 2$

d) $k = 0$

e) $k \neq -5$

41) **(ITA)** O sistema linear $\begin{cases} bx + y = 1 \\ by + z = 1 \\ x + bz = 1 \end{cases}$ não admite solução se e somen-

te se o número real b for igual a

a) -1. **(X)**

b) 0.

c) 1.

d) 2.

e) -2.

42) **(EsPCEx)** Em um grupo de três crianças de idades diferentes foi notado que a soma das duas idades menores menos a do maior é igual a 2 anos e que a menor idade mais o dobro da maior é igual a 28 anos. As idades são números inteiros positivos. Dentre todas as possibilidades, existe uma em que a soma das idades das crianças é a maior possível, observando-se sempre o fato de as crianças terem idades diferentes. Essa soma, em anos, é:

a) 20

b) 22

c) 24

d) 26 **(X)**

e) 28

43) **(ITA)** Considere as matrizes $M = \begin{pmatrix} 1 & -1 & 3 \\ 0 & 1 & 0 \\ 2 & 3 & 1 \end{pmatrix}$, $N = \begin{pmatrix} 1 & 0 & 2 \\ 3 & 2 & 0 \\ 1 & 1 & 1 \end{pmatrix}$, $P = \begin{pmatrix} 0 \\ 1 \\ 0 \end{pmatrix}$ e $X = \begin{pmatrix} x \\ y \\ z \end{pmatrix}$.

Se X é solução de $M^{-1} NX = P$, então $x^2 + y^2 + z^2$ é igual a
a) 35. **(X)**
b) 17.
c) 38.
d) 14.
e) 29.

44) **(ITA)** O número de todos os valores de $a \in [0, 2\pi]$, distintos, para os quais os sistemas nas incógnitas x, y e z dado por

$$\begin{cases} -4x + y - 6z = \cos 3a \\ x + 2y - 5z = \operatorname{sen} 2a \\ 6x + 3y - 4z = -2\cos a, \end{cases}$$

é possível e não-homogêneo, é igual a:
a) 2**(X)**
b) 3
c) 4
d) 5
e) 6

13

Fatorial – Análise Combinatória

01) **(EN)** – Se $a_n = \dfrac{(n+1)! - n!}{n^2 \left[(n-1)! + n!\right]}$, então a_{1997} é:

a) $\dfrac{1997}{1996}$

b) $\dfrac{1}{1998}$ **(X)**

c) 1998!

d) 1997

e) 1

02) **(ITA)** – Considere todos os números de cinco algarismos formados pela justaposição de 1, 3, 5, 7 e 9 em qualquer ordem, sem repetição. A soma de todos esses números está entre:

a) 5×10^6 e 6×10^6

b) 6×10^6 e 7×10^6 **(X)**

c) 7×10^6 e 8×10^6

d) 9×10^6 e 10×10^6

e) 10×10^6 e 11×10^6

03) **(ITA)** – Seja $A = \left\{ \dfrac{(-1)^n}{n!} + \operatorname{sen}\left(\dfrac{n!\pi}{6} \right); n \in N \right\}$. Qual conjunto abaixo é tal que sua intersecção com A dá o próprio A?

a) $]-\infty, -2] \cup [2, \infty[$

b) $]-\infty, -2]$

c) $[-2, 2]$ **(X)**

d) $[-2, 0]$

e) $[0, 2[$

04) **(AFA)** – A quantidade de números distintos, com 4 algarismos, sem repetição, que pode ser obtida com os algarismos 0, 1, 2, 3, 4 e 5 é:

a) 60

b) 240

c) 300 **(X)**

d) 360

05) **(EN)** – Um grupo de 8 jovens pretende sair para um passeio em dois carros (cada um com capacidade para 4 pessoas). Apenas 4 deles dirigem. O número de modos deles escolherem seus lugares nos dois carros é:

a) 10080

b) 8640 **(X)**

c) 4320

d) 1440

e) 720

06) **(AFA)** – Dez balões azuis e oito brancos deverão ser distribuídos em três enfeites de salão, sendo que um deles tenha 7 balões e ou outros dois, no mínimo 5. Cada enfeite deverá ter 2 balões azuis e 1 branco, pelo menos. De quantas maneiras distintas é possível fazer os enfeites, usando simultaneamente todos os balões?

a) 9   b) 10 **(X)**   c) 11   d) 12

07) **(ITA)** – Uma escola possui 18 professores sendo 7 de Matemática, 3 de Física e 4 de Química. De quantas maneiras podemos formar comissões de 12 professores de modo que cada uma contenha exatamente 5 professores de Matemática, no mínimo 2 de Física e no máximo 2 de Química?

a) 875   b) 1.877   c) 1.995   d) 2.877**(X)**   e) n.d.a.

08) **(CFO)** – Considere os conjuntos $A = \{1, 2, 3, 4, 5\}$ e $B = \{a, e, i, o, u\}$ assinale a alternativa que indica o número de funções bijetoras de A em B.

a) 1   b) 6   c) 24   d) 120 **(X)**   e) 125

09) **(CFO)** – Uma prova consta de 40 questões com 5 alternativas cada uma, sendo apenas uma correta. De todos os possíveis cartões de respostas para essa prova, assinale a alternativa que indica o número de cartões com exatamente 35 questões corretas:

a) $4^5 \cdot C_{40, 5}$**(X)**   b) $4 \cdot C_{35, 4}$ c) $4! \cdot C_{35, 4}$ d) $4! C_{40, 5}$ e) $C_{40, 35}$

10) **(CFO)** – Para fazer o retrato falado de um assaltante, uma delegacia dispõe de um pequeno livro de 10 folhas, cada uma delas dividida em 5 tiras horizontais; em cada tira inferior está desenhado um tipo de queixo, imediatamente acima do queixo, há um tipo de boca; a seguir, o nariz, os olhos e, finalmente, as partes da cabeça que estão acima dos olhos (testa e cabelos). Se a vítima se recorda bem, por exemplo, do nariz do assaltante, ela começa a folhear as 10 tiras dos narizes até encontrar um parecido com o que procura. Assim, de tira em tira, acaba compondo o retrato.

Com esse livro, quantos rostos diferentes podem ser compostos? Indique a alternativa correta.

a) 10^4 b) 10^5 **(X)**   c) 10^6 d) 10^7 e) 10^8

11) **(AFA)** – O número de arranjos de n + 2 objetos tomados 5 a 5 é igual a 180n. Assim, concluímos que n é um número:
a) par **(X)**
b) ímpar
c) divisível por 3
d) compreendido entre 10 e 20

12) **(AFA)** – De quantos modos cinco pessoas se podem dispor em torno de uma mesa circular?
a) 1
b) 6
c) 24 **(X)**
d) 120

13) **(EsFAO)** – Em uma unidade do Corpo de Bombeiros, há de serviço 2 oficiais, 3 sargentos e 7 soldados. Quantos grupos de 4 soldados comandados por um oficial ou por um sargento, podem ser formados?
a) 4200
b) 840
c) 320
d) 250
e) 175**(X)**

14) **(AFA)** – O número de soluções inteiras e não-negativas da equação x + y + z + t = 6, é igual a:
a) 84 **(X)**
b) 86
c) 88
d) 90
e) n.r.a.

15) **(AFA)** – Em uma urna temos 07 bolas pretas e 05 bolas brancas. De quantas maneiras podemos tirar 06 bolas da urna, das quais 02 são brancas:
a) 132
b) 210
c) 300
d) 350**(X)**
e) n.r.a.

16) **(AMAN)** – Uma família composta de 5 pessoas possui um automóvel de 5 lugares. De quantos modos poderão se acomodar no automóvel para uma viagem, sabendo-se que apenas o pai e a mãe sabem dirigir:
a) 24
b) 48 **(X)**
c) 120
d) 240
e) 480

17) **(EsFAO)** – Quantos anagramas da palavra BOMBEIROS possuem juntas todas as vogais e todas as consoantes?
a) 360
b) 720
c) 1440**(X)**
d) 2880
e) 5780

18) **(ITA)** – Possuo 3 vasos idênticos e desejo ornamentá-los com 18 rosas, sendo 10 vermelhas e 8 amarelas. Desejo que um dos vasos tenha 7 rosas e os outros dois no mínimo 5. Cada um deverá ter, 2 rosas vermelhas e 1 amarela, pelo menos. Quantos arranjos distintos poderei fazer usando as 18 rosas?
a) 10 (x)   b) 11   c) 12   d) 13   e) 14

19) **(EN)** – São dados 8 pontos sobre uma circunferência. Quantos são os polígonos convexos cujos vértices pertencem ao conjunto formado por esses 8 pontos?
a) 219**(X)**
b) 224
c) 1255
d) 2520
e) 40320

20) **(EN)** – Um grupo de trabalho na Marinha do Brasil deve ser composto por 20 oficiais distribuídos entre o Corpo da Armada, Corpo de Intendentes e Corpo de Fuzileiros Navais. O número de diferentes composições onde figure pelo menos dois oficiais de cada corpo é igual a:
a) 120 **(X)**
b) 100
c) 60
d) 29
e) 20

21) **(EN)** – A Escola Naval (EN) receberá 20 novos Oficiais, entre Fuzileiros, Intendentes e Oficiais da Armada. De quantos modos pode ser preenchido o efetivo da EN se deve haver entre os 20 novos Oficiais pelo menos dois Fuzileiros, pelo menos dois Intendentes e pelo menos dois do Corpo da Armada?
a) 40
b) 80
c) 100
d) 120 **(X)**
e) 420

22) **(ITA)** – Quantos anagramas com 6 caracteres distintos podemos formar usando as letras da palavra QUEIMADO, anagramas estes que contenham duas consoantes e que, entre as consoantes, haja pelo menos uma vogal?
a) 7.200**(X)**
b) 7.000
c) 4.800
d) 3.600
e) 2.400

23) **(EsPCEx)** – Considere salas de aula cujas quantidades y de carteiras são dadas por $y = \dfrac{n!}{p!(n-p)!}$, com $p \in \{0, 1, 2, \ldots, n\}$.
A sala que possui maior quantidade de carteiras é aquela em que:

a) $p = \dfrac{n}{2}$, se n é par e $p = \dfrac{n \pm 1}{2}$, se n é ímpar **(X)**

b) $p = \dfrac{n \pm 2}{2}$, se n é par e $p = \dfrac{n \pm 3}{2}$, se n é ímpar

c) $p = \dfrac{n \pm 4}{2}$, se n é par e $p = \dfrac{n \pm 5}{2}$, se n é ímpar

d) $p = \dfrac{n \pm 6}{2}$, se n é par e $p = \dfrac{n \pm 7}{2}$, se n é ímpar

24) **(EN)** – Entre os dez melhores alunos que freqüentam o grêmio de informática da Escola Naval, será escolhido um diretor, um tesoureiro e um secretário. O número de maneiras diferentes que podem ser feitas as escolhas é:
a) 720 **(X)**
b) 480
c) 360
d) 120
e) 60

ESCOLAS MILITARES ◆ ENSINO MÉDIO

25) **(EsFAO)** – Um total de 28 apertos de mão foram trocados no fim de uma reunião. Sabendo-se que cada pessoa cumprimentou todas as outras, o número de pessoas presentes à reunião foi:
a) 8 **(X)**
b) 15
c) 10
d) 9
e) 11

26) **(IME)** Sejam A e B dois subconjuntos de IN. Por definição, uma função f: A → B é crescente se $a_1 > a_2 \Rightarrow f(a_1) \geq f(a_2)$, para quaisquer a_1 e $a_2 \in$ A.
a) Para A = {1, 2} e B = {1, 2, 3, 4}, quantas funções de A para B são crescentes? **Resp: $C_{5,2} = 10$**
b) Para A = {1, 2, 3} e B = {1, 2, ..., n}, quantas funções de A para B são crescentes,onde n é um número inteiro maior que zero? **Resp: $C_{n+2,3}$**

27) **(ITA)** Quantos anagramas com 4 letras distintas podemos formar com as 10 primeiras letras do alfabeto e que contenham 2 das letras a, b e c?
a) 1692.
b) 1572.
c) 1520.
d) 1512. **(X)**
e) 1392.

28) **(ITA)** Considere 12 pontos distintos dispostos no plano, 5 dos quais estão em uma mesma reta. Qualquer outra reta do plano contém, no máximo, 2 desses pontos. Quantos triângulos podemos formar com os vértices nesses pontos?
a) 210. **(X)**
b) 315.
c) 410.
d) 415.
e) 521.

29) **(ITA)** Considere o conjunto $S = \{(a, b) \in IN \times IN: a + b = 18\}$. A soma de todos os números da forma $\dfrac{18!}{a!b!}$, $\forall(a, b) \in S$, é:
a) 8^6. **(X)**
b) 9!.
c) 9^6.
d) 12^6.
e) 12!.

30) **(ITA)** Quantos números de seis algarismos distintos podemos formar usando os dígitos 1, 2, 3, 4, 5 e 6, nos quais o 1 e o 2 nunca ocupam posições adjacentes, mas o 3 e o 4 sempre ocupam posições adjacentes?
a) 144. **(X)**
b) 180.
c) 240.
d) 288.
e) 360.

31) **(EsPCEx)** A equipe de professores de uma escola possui um banco de questões de matemática composto de 5 questões sobre parábolas, 4 sobre circunferências e 4 sobre retas. De quantas maneiras distintas a equipe pode montar uma prova com 8 questões, sendo 3 de parábolas, 2 de circunferências e 3 retas?
a) 80
b) 96
c) 240 **(X)**
d) 640
e) 1280

32) **(EsPCEx)** Um tabuleiro possui casas dispostas em 4 linhas e 4 colunas. De quantas maneiras diferentes é possível colocar 4 peças iguais nesse tabuleiro de modo que, em cada linha e em cada coluna, seja colocada apenas uma peça?
a) 4096
b) 576 **(X)**
c) 256
d) 64
e) 16

14

Probabilidades

01) **(AFA)** – Uma urna contém 12 peças boas e 5 defeituosas. Se 3 peças foram retiradas aleatoriamente, sem reposição, qual a probabilidade de serem 2(duas) boas e 1(uma) defeituosa?

a) $\dfrac{1}{12}$

b) $\dfrac{3}{17}$

c) $\dfrac{33}{68}$ **(X)**

d) $\dfrac{33}{34}$

02) **(AFA)** – Em uma urna são colocados números maiores que 2500, formados com os algarismos 1, 2, 3, 4 e 5, sem repetição. A probabilidade de se retirar dessa urna um número com apenas quatro algarismos é:

a) $0,\overline{3}$

b) $0,3\overline{4}$

c) $0,\overline{37}$

d) $0,\overline{39}$ **(X)**

03) **(CFO)** – Sempre que três atletas a, b e c correm juntos, suas probabilidades de vitória são 1/2, 1/3 e 1/6, respectivamente. Se os atletas disputarem duas provas, assinale a alternativa que indica a probabilidade do atleta b ganhar a primeira prova e o atleta c ganhar a segunda prova.
a) 1/4
b) 1/9
c) 1/12
d) 1/18 **(X)**
e) 1/36

04) **(CFO)** – Dois Oficiais entram em um sorteio para a escala do plantão, que é feito da seguinte maneira: uma urna contém 6 bolas idênticas numeradas de 1 a 6. Os dois oficiais retiram alternadamente uma bola, que é sempre recolocada na urna após ser retirada, aquele que retirar primeiro a bola com o n° 6 será o escalado. O oficial "A" começa retirando a bola.
Assinale a alternativa que indica a probabilidade do oficial "A" ser o escalado para o plantão
a) 1/6
b) 5/36
c) 5/6
d) 6/11**(X)**
e) 8/11

05) **(AFA)** – Um ponto é selecionado aleatoriamente dentro de um triângulo eqüilátero de lado $\ell = 3$. A probabilidade de a distância desse ponto a qualquer vértice ser maior do que 1 é:

a) $1 - \dfrac{2\pi\sqrt{3}}{9}$

b) $1 - \dfrac{\pi\sqrt{3}}{9}$

c) $1 - \dfrac{2\pi\sqrt{3}}{27}$ **(X)**

d) $1 - \dfrac{\pi\sqrt{3}}{27}$

06) **(AFA)** – Um número inteiro é escolhido ao acaso entre 1 e 20 inclusive. Qual a probabilidade de o número escolhido ser um quadrado perfeito?

a) $\dfrac{1}{20}$

b) $\dfrac{1}{10}$

c) $\dfrac{3}{20}$

d) $\dfrac{1}{5}$ **(X)**

07) **(AFA)** – Uma urna A contém x bolas vermelhas e y bolas brancas. Uma urna B contém z bolas vermelhas e w bolas brancas. Uma bola é retirada da urna A e colocada na urna B e, então, uma bola é retirada da urna B. A probabilidade dessa última bola ser vermelha é:

a) $\dfrac{z+1}{z+1+w}$

b) $\dfrac{x+z}{x+y+z+w}$

c) $\dfrac{1}{x+y}\left(\dfrac{x+xz+zy}{z+w+1}\right)$ **(X)**

d) $\dfrac{1}{x+y}\left(\dfrac{xy+xz+zy}{z+w+1}\right)$

08) **(AFA)** – Uma caixa contém 5 vacinas das quais exatamente 2 estão com data de validade vencida. As datas de validade dessas vacinas são verificadas, uma após a outra, até que as duas vencidas sejam encontradas. Então, a probabilidade de o processo parar na terceira verificação é:

a) $\dfrac{1}{20}$

b) $\dfrac{1}{10}$

c) $\dfrac{1}{5}$

d) $\dfrac{3}{10}$ **(X)**

09) **(EsFAO)** – Lançando-se 4 vezes uma moeda não viciada, a probabilidade de que ocorra cara exatamente 3 vezes é:
a) 3/4
b) 3/16
c) 1/4 **(X)**
d) 11/16
e) 7/16

10) **(AFA)** – Com os dígitos 1, 2, 3, 4 e 5 são formados números de 4 algarismos distintos. Um deles é escolhido ao acaso. A probabilidade desse número ser par é:

a) $\dfrac{1}{3}$

b) $\dfrac{2}{5}$ **(X)**

c) $\dfrac{3}{5}$

d) $\dfrac{2}{3}$

e) n.r.a.

11) **(EsFAO)** – Um número positivo "N" de 3 algarismos distintos, escrito na base decimal, é escolhido ao acaso. A probabilidade de log 2N ser inteiro é:
a) 1/450
b) 1/300
c) 1/216 **(X)**
d) 1/180
e) 1/162

12) **(AFA)** – Dentre os números inteiros de 1 a 50, um número é escolhido aleatoriamente. Qual a probabilidade de ele ser divisível por 5?

a) $\dfrac{1}{50}$ b) $\dfrac{1}{5}$ **(X)**   c) $\dfrac{1}{2}$ d) $\dfrac{3}{4}$

13) **(AFA)** – Dois dados são lançados simultaneamente. Qual a probabilidade da soma ser menor do que 4?

a) $\dfrac{1}{6}$

b) $\dfrac{1}{8}$

c) $\dfrac{1}{12}$ **(X)**

d) $\dfrac{1}{16}$

14) **(AFA)** – Duas caixas, A e B, contêm exatamente 5 bolas cada uma. Retiram-se duas bolas de cada caixa, aleatoriamente. O número de elementos do espaço amostral relativo a esse experimento é exatamente:

a) 25

b) 100 **(X)**

c) $C_{10, 4}$

d) 400

15) **(ITA)** Retiram-se 3 bolas de uma urna que contém 4 bolas verdes, 5 bolas azuis e 7 bolas brancas. Se P_1 é a probabilidade de não sair bola azul e P_2 é a probabilidade de todas as bolas saírem com a mesma cor, então a alternativa que mais se aproxima de $P_1 + P_2$ é

a) 0,21.

b) 0,25.

c) 0,28.

d) 0,35.

e) 0,40. **(X)**

16) **(ITA)** São dados dois cartões, sendo que um deles tem ambos os lados na cor vermelha, enquanto o outro tem um lado na cor vermelha e o outro lado na cor azul. Um dos cartões é escolhido ao acaso e colocado sobre uma mesa. Se a cor exposta é vermelha, calcule a probabilidade de o cartão escolhido ter a outra cor também vermelha.

Resp: $\dfrac{2}{3}$

17) **(EsPCEx)** A probabilidade de ocorrer um evento A é a razão entre o número de resultados favoráveis e o número de resultados possíveis:

$$P(A) = \frac{\text{número de resultados favoráveis}}{\text{número de resultados possíveis}}$$

De uma urna com bolas numeradas de 1 a 30 serão sorteadas 3 bolas, sem reposição. Um apostador marcou um bilhete com 5 números distintos (de 1 a 30). A probabilidade de ele acertar os números é

a) $\dfrac{1}{4060}$

b) $\dfrac{1}{812}$

c) $\dfrac{1}{406}$ **(X)**

d) $\dfrac{1}{203}$

e) $\dfrac{1}{10}$

18) **(ITA)** Uma caixa branca contém 5 bolas verdes e 3 azuis, e uma caixa preta contém 3 bolas verdes e 2 azuis. Pretende-se retirar uma bola de uma das caixas. Para tanto, 2 dados são atirados. Se a soma resultante dos dois dados for menor que 4, retira-se uma bola da caixa BRANCA. Nos demais casos, retira-se uma bola da caixa PRETA. Qual é a probabilidade de se retirar uma bola verde?

289/480

15

Binômio de Newton

01) **(EsPCEx)** – O valor de m tal que $\displaystyle\sum_{p=0}^{m} \binom{m}{p} 2^p = 729$ é:

a) 6 **(X)**

b) 8

c) 10

d) 12

e) 14

02) **(EsPCEx)** – No desenvolvimento de $(2x - y)^5 (2x+y)^5$, a soma dos coeficientes numéricos vale:

a) 3

b) 27**(X)**

c) 81

d) 243

e) 729

03) **(ITA)** – No desenvolvimento $(x + y)^6$, ordenado segundo as potências decrescentes de x, a soma do 2º termo com $\dfrac{1}{10}$ do termo de maior coeficiente é igual a oito vezes a soma de todos os coeficientes. Se $x = (2)^{z+1}$ e $y = \left(\dfrac{1}{4}\right)^{z-\frac{1}{2}}$, então:

a) $z \in [0, 1]$

b) $z \in (20, 50)$

c) $z \in (-\infty, 0]$ **(X)**

d) $z \in [1, 15]$

e) n.d.a.

04) **(ITA)** – A igualdade $\displaystyle\sum_{k=0}^{n} (-1)^k \binom{n}{k} 7^n + \sum_{j=0}^{m} \binom{m}{j} 2^m = 64$, é válida para:

a) Quaisquer que sejam n e m naturais positivos.

b) Qualquer que seja n natural positivo e $m = 3$. **(X)**

c) $n = 13$ e $m = 6$

d) n é ímpar e m é par

e) n.d.a.

05) **(EPCAR)** – Seja dado $(2x + y)^m = \ldots\ldots\ldots +60x^2y^4 + 12xy^5 + y^6$. No desenvolvimento desse binômio foram escritos apenas os três últimos termos. Sabendo-se que m é inteiro, $0 < m < 20$, e que os termos foram ordenados segundo as potências de x em ordem decrescente, então o segundo termos do desenvolvimento é:

a) $6x^5y$

b) $12x^5y$

c) $24x^5y$

d) $192x^5y$ **(X)**

06) **(EPCAR)** – No desenvolvimento de $(x + 1)^8$, ordenado pelas potências de x, o termo central é:

a) $56x^4$

b) $56x^5$

c) $70x^4$ **(X)**

d) $70x^5$

07) **(IME)** – Prove, por indução, que:
$(a+b)^n = C_n^0 a^n + C_n^1 a^{n-1}b + \ldots + C_n^n b^n$, para $n \in N$

08) **(CFO)** – No desenvolvimento de $(3x^2 + y)^{37}$, assinale a alternativa que indica o número de temos independentes da variável y.
a) 0
b) 1 **(X)**
c) 2
d) 3
e) 4

09) **(EsPCEx)** – O coeficiente do termo x^{98}, no desenvolvimento $(x-1)^{100}$ é:
a) 4950 **(X)**
b) 3200
c) 6300
d) 2500

10) **(EsFAO)** – O coeficiente do termo x^3 no desenvolvimento de:
$\left(\sqrt{x} - \dfrac{a^2}{x} \right)^{15}$ é:

a) $455 \, a^6$
b) $105 \, a^6$
c) $-105 \, a^6$
d) $-455 \, a^6$ **(X)**
e) $-1365 \, a^6$

11) **(AFA)** – No desenvolvimento de $\left(x - \dfrac{1}{x} \right)^8$, o valor do termo independente de x é:
a) -70
b) -35
c) 35
d) 70 (x)
e) n.r.a.

12) **(AMAN)** – O desenvolvimento de $\left(x+\dfrac{1}{x^2}\right)^n$ tem um termo independente de x se:
   a) n é par
   b) n é ímpar
   c) n = 3p onde p ∈ N **(X)**
   d) n ≠ 0
   e) não existir valor de n que satisfaça

13) **(AMAN)** – No desenvolvimento de $(x + 2)^8$, ordenado segundo as potências decrescentes de x, o coeficiente do 5º termo é:
   a) 32
   b) 480
   c) 1120 **(X)**
   d) 2400
   e) 3460

14) **(EN)** – O coeficiente de ab^3c^5 no desenvolvimento de $(a + b + c)^9$ é:
   a) 60
   b) 84
   c) 120
   d) 504 **(X)**
   e) 1260

15) **(EsFAO)** – O termo independente de "x" no desenvolvimento de $\left(x^2-\dfrac{2}{\sqrt[3]{x^2}}\right)^{12}$ é igual a:

   a) $-\dbinom{12}{9}\times 2^9$ **(X)**

   b) $-\dbinom{12}{10}\times 2^{10}$

   c) $\dbinom{12}{8}\times 2^8$

   d) $\dbinom{12}{9}\times 2^9$

   e) $\dbinom{12}{10}\times 2^{10}$

16) (EsPCEx) – O coeficiente de x^5 no desenvolvimento de $(x + 2)^9$ é:

a) 64

b) 126

c) 524

d) 1024

e) 2016 **(X)**

17) (ITA) – No desenvolvimento de $A = \left(\dfrac{3a^2}{2} + \dfrac{2m}{3}\right)^{10}$,

a razão entre a parcela contendo o fator $a^{16}m^2$ e a parcela contendo o fator $a^{14}m^3$ é igual a 9/16. Se a e m são números reais positivos tais que $a = (m^2 + 4)^5$, então:

a) a . m = 2/3

b) a . m = 1/3

c) a + m = 5/2 **(X)**

d) a + m = 5

e) a – m = 5/2

18) (EsFAO) – O termo independente de x no desenvolvimento

$\left(x^4 + \dfrac{1}{x}\right)^{10}$ é:

a) 13

b) 45 **(X)**

c) 36

d) 40

e) 39

19) (EsFAO) – Sabendo-se que o desenvolvimento $\left(2x^2 - \dfrac{\sqrt{3}}{2}i\right)^m$, possui 7 termos, o 3º termo do desenvolvimento é:

a) $-180\,x^8$ **(X)**

b) $180\,x^7$

c) $165\,x^6$

d) $203\,x^9$

e) $100\,x^5$

20) **(EPCAR)** – Se $\binom{N}{2} = 28$, então N é:

a) 7

b) 8 **(X)**

c) 14

d) 26

21) **(ITA)** – Sejam $A = \sum_{k=0}^{n} \binom{n}{k} 3^k$ e $B = \sum_{k=0}^{n-1} \binom{n-1}{k} 11^k$.

Se $\ell n \, B - \ell n \, A = \ell n \dfrac{6561}{4}$, então n é igual a:

a) 5

b) 6

c) 7

d) 8

e) n.d.a. **(X)**

22) **(CFO)** – Assinale a alternativa que indica os valores de x na equa-

ção: $\binom{20}{8} + \binom{20}{x} = \binom{21}{9}$. Onde $\binom{x}{y}$ são números binomiais:

a) 9 e 8   b) 9 e 10   c) 9 e 11 **(X)**   d) 9 e 12   e) 9 e 13

23) **(EsPCEx)** – Seja a equação binomial $\binom{8}{x+3} = \binom{8}{6}$. O produto de suas raízes é:

a) 3

b) –3 **(X)**

c) 0

d) $\dfrac{1}{6}$

e) $\dfrac{1}{3}$

24) **(AMAN)** – Sendo $\dfrac{\dbinom{2n}{n-1}}{\dbinom{2n-2}{n}} = \dfrac{132}{35}$, então o valor de n é:

a) 4

b) $\dfrac{11}{3}$

c) $\dfrac{1}{2}$

d) 6 **(X)**

e) 7

25) **(EsFAO)** – A soma $\dbinom{8}{5}+\dbinom{9}{5}+\dbinom{10}{5}+\dbinom{11}{5}+\dbinom{12}{5}$ é igual a:

a) $\dbinom{13}{5}$

b) $\dbinom{13}{5}-\dbinom{7}{5}$

c) $\dbinom{13}{6}$

d) $\dbinom{13}{6}-\dbinom{8}{6}$ **(X)**

e) $\dbinom{12}{6}$

26) **(ITA)** O termo independente de x no desenvolvimento do binômio $\left(\sqrt{\dfrac{3\sqrt[3]{x}}{5x}}-\sqrt[3]{\dfrac{5x}{3\sqrt{x}}}\right)^{12}$ é

a) $729\sqrt[3]{45}$

b) $972\sqrt[3]{15}$

c) $891\sqrt[3]{\dfrac{3}{5}}$

d) $376\sqrt[3]{\dfrac{5}{3}}$

e) $165\sqrt[3]{75}$ **(X)**

27) **(ITA)** – Analise as afirmações classificando-as em verdadeiras ou falsas:

I) O número de maneiras que podemos distribuir 5 prêmios iguais a 7 pessoas de modo que cada pessoa premiada receba no máximo um prêmio é 21.

II) O número de maneiras que podemos distribuir 5 prêmios iguais a 7 pessoas de modo que 4 e apenas 4 sejam premiadas é 140.

III) Para todo natural n, n ≥ 5, $\binom{n}{5} = \binom{n}{n-5}$

Você conclui que:

a) Apenas I é verdadeira

b) Apenas II e III são verdadeiras

c) Apenas III é verdadeira

d) Todas são verdadeiras **(X)**

e) Todas são falsas

28) **(ITA)** Seja $f(x) = \sum_{n=0}^{20} \frac{20!}{n!(20-n)!} x^n$ uma função real de variável real

em que n! indica o fatorial de n. Considere as afirmações:

I) $f(1) = 2$.

II) $f(-1) = 0$.

III) $f(-2) = 1$.

Podemos concluir que

a) Somente as afirmações I e II são verdadeiras.

b) Somente as afirmações II e III são verdadeiras. **(X)**

c) Apenas a afirmação I é verdadeira.

d) Apenas a afirmação II é verdadeira.

e) Apenas a afirmação III é verdadeira.

Geometria Espacial – Poliedros

16

01) **(EsPCEx)** – Se r e s são retas distintas, então é possível afirmar que:
a) existe sempre um plano α que contém s e não intercepta r.
b) existe sempre uma reta p paralela a r e a s.
c) existe sempre uma reta t perpendicular a r e a s.
d) todas as afirmativas acima são falsas. **(X)**

02) **(EsPCEx)** – Se a reta r é paralela ao plano α, então:
a) todas as retas de α são paralelas a r.
b) existem em α retas paralelas a r e retas reversas a r. **(X)**
c) existem em α retas paralelas a r e retas perpendiculares a r.
d) todo plano que contém r intercepta α, segundo uma reta paralela a r.

03) **(EsPCEx)** – Considere as seguintes proposições:
I) Toda reta paralela a um plano é paralela a qualquer reta desse plano.
II) Uma reta e um ponto determinam sempre um único plano.

III) Se uma reta é perpendicular a duas retas concorrentes de um plano, então ela é perpendicular a esse plano.

É possível afirmar que:

a) Só I é verdadeira

b) Só III é verdadeira **(X)**

d) Só III é falsa

c) Só I e III são verdadeiras

e) Só I e III são falsas

04) **(AMAN)** – Ao estudarmos o problema das posições relativas entre planos e retas, verificamos que:

a) um plano paralelo a uma reta de outro plano é paralelo a esse plano.

b) um plano perpendicular a uma reta é perpendicular a esse outro plano. **(X)**

c) um plano paralelo a duas retas de um plano é paralelo ao plano.

d) dois planos paralelos à mesma reta são paralelos.

e) um plano paralelo a três retas de um mesmo plano é paralelo às três retas e ao plano que as contém.

05) **(AMAN)** – Se uma reta r é perpendicular a um plano α, então:

a) r é concorrente com toda reta de α;

b) r é ortogonal a toda reta de α;

c) r é perpendicular às suas concorrentes em α; **(X)**

d) r é perpendicular a todo plano perpendicular a α;

e) toda reta perpendicular a r é perpendicular a α.

06) **(AMAN)** – As retas determinadas pelas intersecções de dois planos α // β com um terceiro plano, são:

a) reversas;

b) perpendiculares;

c) ortogonais;

d) concorrentes;

e) paralelas. **(X)**

07) **(AMAN)** – No mesmo plano γ duas retas são paralelas e uma transversal. A quantidade de pontos desse plano que são eqüidistantes das três retas é de:
a) φ;
b) 2 pontos de γ; **(X)**
c) 1 ponto da reta transversal;
d) 4 pontos de γ;
e) 6 pontos de um círculo.

08) **(AFA)** – Se a reta r é paralela ao plano α, $r \not\subset \alpha$, então:
a) todas as retas de α são paralelas a r.
b) existem em α retas paralelas e perpendiculares a r.
c) a reta r não pode ser coplanar com nenhuma reta de α.
d) existem em α retas paralelas a r e retas reversas a r. **(X)**

09) **(AFA)** – Qual das afirmações abaixo é correta?
a) Dois planos α e β, paralelos à mesma reta, são paralelos entre si
b) Um plano α, paralelo a uma reta de um plano β, é paralelo a β.
c) Um plano α, paralelo a duas retas de um plano β, é paralelo a β.
d) Um plano α, perpendicular a uma reta de um plano β, é perpendicular a β.**(X)**

10) **(EsFAO)** – Pelo vértice A do triângulo retângulo ABC de catetos $\overline{AB} = \overline{AC} = 6m$, levanta-se a perpendicular $\overline{AS} = 8m$ ao plano desse triângulo. A distância de A ao plano do triângulo BCS é:

a) $\dfrac{24\sqrt{41}}{41}$ **(X)**

b) $\sqrt{41}$

c) $\dfrac{\sqrt{41}}{41}$

d) $3\sqrt{41}$

e) $\dfrac{\sqrt{41}}{5}$

11) **(EsPCEx)** – As faces de um ângulo poliédrico convexo valem x, $100° - x$, $10°$, $30°$ e $40°$. O intervalo de variação de x é:
   a) $10° < x < 90°$ **(X)**
   b) $0° < x < 90°$
   c) $0° < x < 100°$
   d) $10° < x < 100°$
   e) $50° < x < 200°$

12) **(EN)** – Um poliedro convexo possui 11 faces. Sabemos que, de um de seus vértices partem 5 arestas, de 5 outros vértices partem 4 arestas e de cada vértice restante partem 3 arestas. O número de arestas do poliedro é:
   a) 20 **(X)**
   b) 25
   c) 30
   d) 37
   e) 41

17

Revisão de Geometria Plana

01) **(EsPCEx)** – Observei que os ponteiros das horas e dos minutos de meu relógio estavam superpostos às 4 h 21 min 48 seg. Fiz os cálculos e conclui que eles estarão novamente superpostos às:
a) 5h 21min 48seg
b) 5h 27min 16seg **(X)**
c) 5h 27min 28seg
d) 5h 28min 27seg
e) 5h 28min 15seg

02) **(EsFAO)** – Na figura temos: $X\hat{O}Y = 28°$; $A\hat{P}X = Q\hat{P}O$ e $P\hat{Q}Y = O\hat{Q}B$. Então o ângulo formado pelas retas $\overline{AP}$ e $\overline{BQ}$ vale:
a) 20°
b) 28°
c) 36°
d) 56°**(X)**
e) 60°

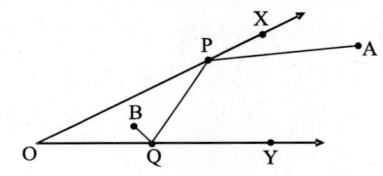

03) **(CN – 2º ano)** – Se o segmento AB girar, no sentido horário, de um ângulo de 20º, com o ponto A fixo, então, o ponto P' simétrico de P em relação a $\overline{AB}$ vai girar, de um ângulo igual a:

a) 10º
b) 15º
c) 20º
d) 30º
e) 40º**(X)**

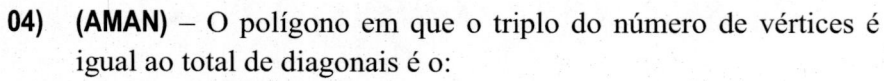

04) **(AMAN)** – O polígono em que o triplo do número de vértices é igual ao total de diagonais é o:

a) eneágono **(X)**
b) dodecágono
c) hexágono
d) heptágono
e) icoságono

05) **(AFA)** – Dados dois triângulos semelhantes, um deles com 4, 7 e 9cm de lado, e o outro com 66cm de perímetro, é possível afirmar que o menor lado do triângulo maior mede, em cm,

a) 9,8
b) 11,6
c) 12,4
d) 13,2 **(X)**

06) **(EN)** – O triângulo ABC é retângulo em A e o ângulo $\hat{C}$ mede 20º. O ângulo formado pela altura e a mediana relativas à hipotenusa é:

a) 10º
b) 30º
c) 40º
d) 50º **(X)**
e) 60º

07) **(EN)** – Considere o problema de determinar o triângulo ABC, conhecidos $\hat{C} = 60°$, AB = x e BC = 6. Podemos afirmar que o problema

a) sempre admite solução, se x > 0.

b) admite duas soluções, se x > 3.

c) admite solução única, se x = 3.

d) admite duas soluções, se $3\sqrt{3} < x < 6$.

e) não admite solução, se x > 6. **(X)**

08) **(EsFAO)** – Na figura, o triângulo ABC é eqüilátero de lado d, $\overline{AN} = 3\overline{AM}$ e $C\hat{A}M = C\hat{A}N$. Então, $\overline{BM}$ vale:

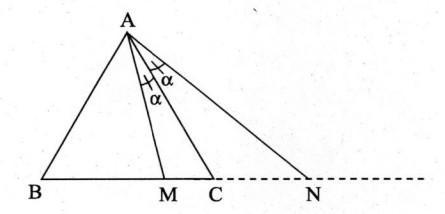

a) $d\sqrt{3}$

b) 3d/2

c) 2d/3

d) d/3 **(X)**

e) d/2

09) **(AFA)** – Na figura abaixo, a razão $\dfrac{x}{\ell}$ é:

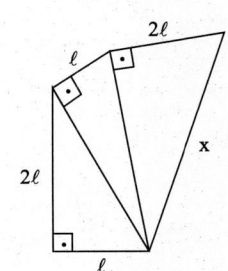

a) $\sqrt{5}$

b) $\sqrt{6}$

c) $2\sqrt{2}$

d) $\sqrt{10}$ **(X)**

10) **(AFA)** – Considere a figura abaixo.

O segmento $\overline{AB}$ mede:

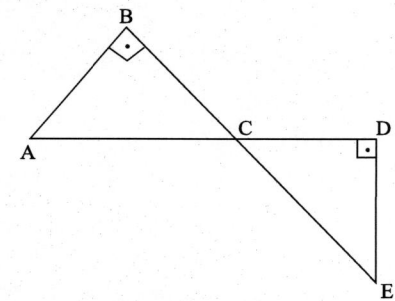

$\overline{DE} = 6$

$\overline{CD} = 4$

$\overline{BC} = 5$

a) 7,0

b) 7,5 **(X)**

c) 8,0

d) 8,5

11) **(AMAN)** – Seja o triângulo isósceles com lados iguais de 5cm e um lado de 6cm. O ponto P, interior ao triângulo dista dos lados iguais 1 e 2cm respectivamente, então sua distância para o lado maior será:

a) 3,5cm

b) 0,5cm

c) 1,5cm **(X)**

d) 2,4cm

e) 1,0cm

12) **(AFA)** – Considere a figura abaixo.

O perímetro do triângulo ACB mede:

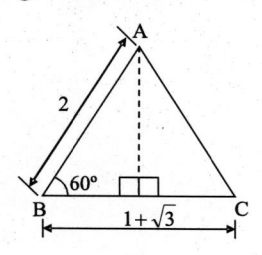

a) $3\sqrt{3}$

b) $\sqrt{3}\,(2+\sqrt{2})$

c) $\dfrac{3+\sqrt{3}}{2}$

d) $3+\sqrt{3}\,(1+\sqrt{2})$ **(X)**

e) n.r.a.

13) **(EsFAO)** – Na figura, C é um ponto situado entre as paralelas r e s distando m de r e n de s. Tomam-se os pontos A e B em r e s, respectivamente, tais que o triângulo ACB é retângulo em C. Sendo α o ângulo que $\overline{AC}$ forma com r, o seu valor para que a área do triângulo ACB seja mínima é:

a) π/3

b) π/4 **(X)**

c) π/5

d) π/6

e) π/8

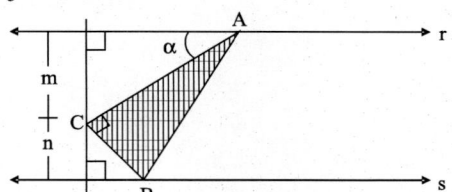

14) **(EsPCEx)** – Em um triângulo ABC, retângulo em Â tem-se $\hat{B} = 60°$. As bissetrizes desses ângulos se encontram num ponto D. Se o segmento de reta BD mede 1cm, então a hipotenusa mede:

a) $\dfrac{1+\sqrt{3}}{2}$ cm

b) $1+\sqrt{3}$ cm **(X)**

c) $2+\sqrt{3}$ cm

d) $1+2\sqrt{2}$ cm

e) $2+2\sqrt{3}$ cm

15) **(EN)** – A área de um triângulo ABC cujos lados medem $\overline{AB} = \sqrt{3}+1$, $\overline{AC} = \sqrt{2}$ e $\overline{BC} = 2$ é:

a) $\sqrt{3}-1$

b) $\dfrac{\sqrt{3}+1}{2}$ **(X)**

c) $\sqrt{3}+1$

d) $\dfrac{\sqrt{3}-1}{2}$

e) $2(\sqrt{3}+1)$

16) **(EN)** – ABC é um triângulo e M é um ponto sobre o lado BC, tal que $\overline{MC} = 2\,\overline{BM}$.

A razão entre as áreas dos triângulos ABC e MAC é:

a) 4

b) 3

c) 2

d) $\dfrac{9}{4}$

e) $\dfrac{3}{2}$ **(X)**

17) **(AFA)** – Considerando-se a figura abaixo, é possível afirmar que:

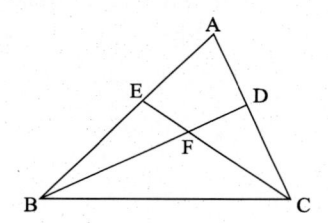

a) se o triângulo ABC é isósceles, então, os triângulos ABD, ACE e BCD são sempre dois a dois, congruentes.

b) os triângulos ABD e AEC são congruentes, se os lados AB e AC forem congruentes e F, o incentro do triângulo ABC.

c) os triângulos ABD e AEC são congruentes, se os lados AB e BC forem congruentes e F, o ortocentro do triângulo ABC. **(X)**

d) os triângulos BEF e CDF são congruentes, se os lados AB e BC forem congruentes e F, o baricentro do triângulo ABC.

18) **(IME)** – Provar que a soma das distâncias de um ponto qualquer interior a um triângulo eqüilátero aos lados é constante.

19) **(ITA)** – A diagonal menor de um paralelogramo divide um dos ângulos internos em dois outros, um α e o outro 2α. A razão entre o lado menor e o maior do paralelogramo é:

a) $1/\cos 2\alpha$ b) $1/\text{sen}\,2\alpha$ c) $1/(2\text{sen}\,\alpha)$ d) $1/(2\cos\alpha)$ **(X)**   e) $\text{tg}\,\alpha$

20) **(EN)** – Sobre as bases AB e CD de um trapézio tomam-se os pontos E e F, respectivamente, de um modo que EF seja paralela ao lado BC. Se G é o ponto de intersecção de BD e EF, então:

a) $\overline{EB} = \overline{DF}$

b) $\overline{GB} \times \overline{DF} = \overline{GD} \times \overline{EB}$ **(X)**

c) $\overline{GB} \times \overline{EB} = \overline{GD} \times \overline{DF}$

d) $\overline{AE} \times \overline{EB} = \overline{DF} \times \overline{FC}$

e) G é o ponto médio de BD

21) **(EsFAO)** – Num quadrado ABCD de lado $\underline{a}$, sobre o lado $\overline{AD}$, tomamos $\overline{AL} = a/3$ e sobre o lado $\overline{DC}$ tomamos $\overline{DE} = a/3$. Sendo F a intersecção de $\overline{BL}$ com $\overline{AE}$, o valor de $\overline{AF}$ é:

a) $a/3$

b) $\dfrac{a\sqrt{10}}{10}$ **(X)**

c) $\dfrac{a\sqrt{10}}{3}$

d) $a\sqrt{10}$

e) $2a/3$

22) **(EN)** – Os lados de um paralelogramo medem 4cm e 6cm e uma de suas diagonais mede 8cm. O comprimento da outra diagonal é:

a) $2\sqrt{10}$ cm **(X)**

b) 8cm

c) 10cm

d) $10\sqrt{2}$ cm

e) $2\sqrt{42}$ cm

23) **(EsFAO)** – Na figura, ABCD é um quadrado e CMN é um triângulo eqüilátero. Se a área do quadrado é 1m², então a área de CMN é, em m²:

a) $2\sqrt{3}-3$ **(X)**

b) $1-\dfrac{\sqrt{3}}{3}$

c) $\dfrac{\sqrt{3}}{4}$

d) 3/8

e) $4-2\sqrt{3}$

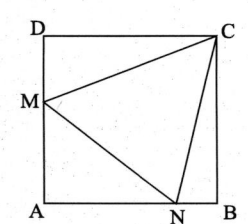

24) **(EN)** – Os pontos médios dos lados AB e BC do quadrado ABCD são M e N, respectivamente. A reta MN divide a superfície do quadrado ABCD em duas superfícies disjuntas tais que a razão de suas áreas vale:

a) 8

b) 7 **(X)**

c) 6

d) 5

e) 4

25) **(EsFAO)** – No triângulo ABC da figura, temos: $\overline{AX}=\overline{XY}=\overline{BY}$; $\overline{BP}=\overline{PQ}=\overline{QC}$ e $\overline{AT}=\overline{TR}=\overline{RC}$. Se a área do triângulo ABC é S, a área do hexágono PQRTXY será:

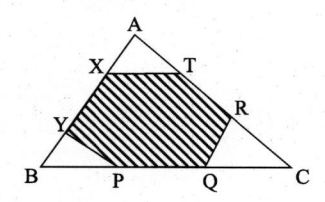

a) 2S/3 **(X)**

b) S/3

c) S/6

d) S/2

e) 3S/2

26) **(EN)** – Considere o triângulo ABC de área S, baricentro G e medianas $\overline{CM}$ e $\overline{BN}$. A área do quadrilátero AMGN é igual a:

a) $\dfrac{S}{2}$

b) $\dfrac{2S}{3}$

c) $\dfrac{S}{3}$ **(X)**

d) $\dfrac{S}{4}$

e) $\dfrac{2S}{4}$

27) **(AFA)** – No retângulo ABCD, $\overline{BC}$ e $\overline{PC}$ medem, respectivamente. 5cm e 3cm. Qual a área, em cm2, do triângulo ABP?

a) $\dfrac{32}{3}$ **(X)**

b) 16

c) 19

d) $\dfrac{62}{3}$

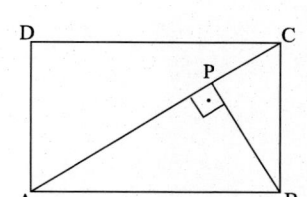

28) **(CN – 2º ano)** – O quadrilátero ABCD da figura tem área S. Se $\overline{DE} = \dfrac{1}{3}\overline{AD}$, $\overline{CF} = \dfrac{1}{3}\overline{CD}$, $\overline{BG} = \dfrac{1}{3}\overline{BC}$ e $\overline{AH} = \dfrac{1}{3}\overline{AB}$, então a área do quadrilátero EFGH é:

a) $\dfrac{2S}{3}$

b) $\dfrac{5S}{9}$ **(X)**

c) $\dfrac{4S}{9}$

d) $\dfrac{S}{3}$

e) $\dfrac{S}{6}$

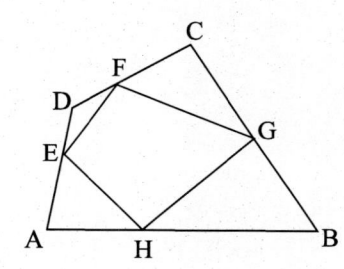

29) **(EN)** – Em um hexágono regular, a razão da maior diagonal para a menor diagonal é:

a) 3

b) 2

c) $\sqrt{3}$

d) $\dfrac{3}{2}$

e) $\dfrac{2\sqrt{3}}{3}$ **(X)**

30) **(EN)** – Um hexágono regular está inscrito em um círculo de raio 5. Um dos lados do hexágono também é lado de um quadrado construído exteriormente ao hexágono. A distância entre o centro do círculo e a intersecção das diagonais do quadrado é:

a) $\dfrac{5}{2}(\sqrt{3}+\sqrt{2})$

b) $5(\sqrt{3}+1)$

c) $\dfrac{15}{2}$

d) $5(\sqrt{3}+\sqrt{2})$

e) $\dfrac{5(\sqrt{3}+1)}{2}$ **(X)**

31) **(ITA)** – O comprimento da diagonal de um pentágono regular de lado medindo 1 unidade é igual à raiz positiva de:

a) $x^2 + x - 2 = 0$

b) $x^2 - x - 2 = 0$

c) $x^2 - 2x + 1 = 0$

d) $x^2 + x - 1 = 0$

e) $x^2 - x - 1 = 0$ **(X)**

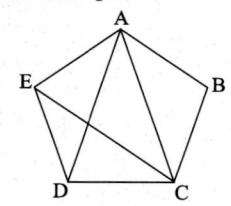

32) **(ITA)** – Em uma circunferência inscreve-se um quadrilátero convexo ABCD tal que $A\hat{B}C = 70°$. Se $x = A\hat{C}B + B\hat{D}C$, então:
a) x = 120°
b) x = 110° **(X)**
c) x = 100°
d) x = 90°
e) 80°

33) **(ITA)** – Considere o triângulo PQR abaixo, circunscrito a uma circunferência de centro O, cujos pontos de tangência são A, B e C. Sabe-se que os ângulos $\hat{P}$, $\hat{Q}$ e $\hat{R}$ estão, nessa ordem, em progressão aritmética de razão 20°. Os ângulos 1, 2, 3, 4 conforme mostrado na figura abaixo medem, nessa ordem:

a) 40°, 120°, 60° e 50°
b) 40°, 100°, 50° e 40°
c) 60°, 140°, 60° e 40°
d) 60°, 120°, 40° e 50
e) n.d.a. **(X)**

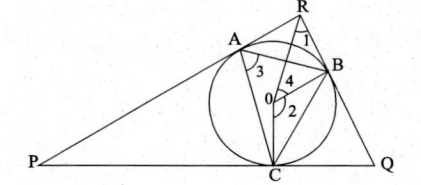

34) **(CN – 2° ano)** – A figura abaixo nos mostra o corte de perfil de um tambor com 25cm de raio e uma rampa de 760π cm de comprimento total. Se o tambor descer a rampa do ponto em que está na figura, rolando sem escorregar, o número de voltas inteiras que dará até atingir o chão será igual a:

a) 32
b) 30
c) 28
d) 15**(X)**
e) 14

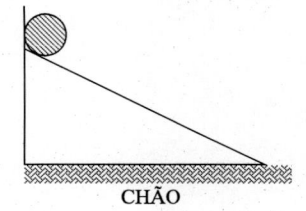

CHÃO

35) **(EsPCEx)** – Na figura abaixo, o segmento BC, paralelo ao segmento AD, representa o lado do hexágono regular inscrito na circunferência de centro O. O comprimento do arco ABC é de $\dfrac{20}{3}\pi$ cm. Nessas condições, a medida, em cm, do raio da circunferência é de:

a) $\dfrac{5\pi}{3}$

b) $\dfrac{10\pi}{3}$

c) 20

d) 15

e) 10 **(X)**

36) **(EN)** – Na figura abaixo, o raio da roda menor mede 2cm, o raio da roda maior 4cm e a distância entre os centros das duas rodas mede 12cm. O comprimento da corrente, que envolve as duas rodas é, em cm:

a) $8\pi + 12\sqrt{3}$ **(X)**

b) $8 + 24\sqrt{3} + 8\sqrt{5}$

c) $8\pi + 8\sqrt{5}$

d) 56π

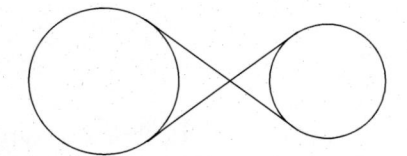

37) **(EN)** – Os círculos C_1, C_2, C_3, . . . , têm centros colineares, são tangentes a uma mesma reta R e cada um deles tangencia exteriormente os círculos adjacentes. Se os raios de C_1 e C_2 são 1 e 2, respectivamente, o raio C_4 é:

a) 4

b) 6

c) 8 **(X)**

d) 10

e) 12

38) **(EN)** – ABCD é um quadrado de lado 12, E é o ponto do lado CD tal que DE = 4, M é o ponto médio de AE, a mediatriz de AE intercepta o lado BC no ponto Q. Calcule o raio do círculo circunscrito ao quadrilátero EMQC.

a) $\dfrac{\sqrt{85}}{3}$

b) $\dfrac{2\sqrt{85}}{3}$ **(X)**

c) $\sqrt{85}$

d) $\dfrac{4\sqrt{85}}{3}$

e) $\dfrac{5\sqrt{85}}{3}$

39) **(EsFAO)** – No triângulo da figura, temos $\overline{AB} = \overline{AC}$ e C o centro do círculo que passa por B e intercepta $\overline{AB}$ e $\overline{AC}$ em D e E, respectivamente. Se os lados desse triângulo medem 20cm e 10cm, $\overline{AD}$ valerá:

a) 18 cm

b) 15 cm **(X)**

c) 12 cm

d) 10 cm

e) 5 cm

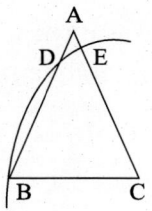

40) **(CFO)** – No círculo o centro O, abaixo representado, temos PA = 3cm e PB = 2cm. O valor de BQ é:

a) 5 cm

b) 6 cm

c) 8 cm

d) 10 cm **(X)**

e) 12 cm

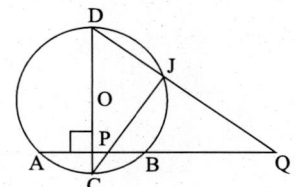

41) **(AFA)** – Dois ciclistas correram sobre uma pista circular lado a lado, mantendo uma distância um do outro de 5m. Sabendo-se que o raio da pista para o ciclista da parte externa do circuito é de 200m, então a diferença, em metros, da distância percorrida pelos dois ciclistas após 5 voltas é:

a) 10π
b) 20π
c) 40π
d) 50π **(X)**

42) **(CN – 2º ano)** – Em um círculo de 20m de diâmetro, uma corda mede 16m. Qual é a medida, em metros, da flecha dessa corda?

a) 4 **(X)**
b) 6
c) 8
d) 10
e) 12

43) **(AFA)** – Qual é o perímetro, em cm, de um triângulo retângulo, com hipotenusa 5cm, que inscreve uma circunferência de raio r = 1cm?

a) 10
b) 11
c) 12 **(X)**
d) 13

44) **(AFA)** – Qual a razão entre os perímetros do triângulo eqüilátero, inscrito em uma circunferência de raio r, e do triângulo eqüilátero com altura r?

a) 3/2 **(X)**
b) 5/3
c) 2/3
d) 3/5

45) **(EN)** – A, B e C são três pontos de uma circunferência de raio r, tais que B pertence ao menor dos arcos de extremidades A e C. $\overline{AB}$ e $\overline{BC}$ são iguais aos lados do quadrado e do hexágono regular inscritos na circunferência, respectivamente. A distância entre os pontos A e C é igual a:

a) r

b) $r\sqrt{\sqrt{3}+2}$

c) $\dfrac{r}{2}\left(\sqrt{2}+1\right)$ **(X)**

d) $r\sqrt{\sqrt{5}}$

e) $r\dfrac{\sqrt{3}}{2}$

46) **(AFA)** – Sejam os triângulos ABC e CDE. O triângulo ABC está inscrito em uma circunferência de raio $\sqrt{3}$, $\overline{CA} = \sqrt{3}$, e, ainda, AB é um diâmetro da mesma. Os vértices D e E do triângulo CDE são a intersecção do prolongamento dos lados CA e CB com a reta paralela a AB e tangente à mesma circunferência. O valor de DE é:

a) 9

b) $5\sqrt{3}$

c) $6+\sqrt{3}$

d) $2(2+\sqrt{3})$ **(X)**

47) **(AFA)** – Na figura abaixo, a circunferência de centro O tem raio 10cm, e a de centro C tem raio r. Se AO é perpendicular a OB, então o valor de r é:

a) $5(\sqrt{2}-1)$

b) $5(2\sqrt{2}-1)$

c) $10(\sqrt{2}-1)$ **(X)**

d) $10(2\sqrt{2}-2)$

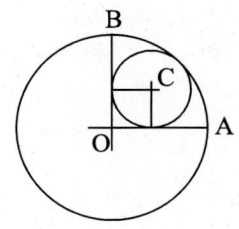

48) **(AFA)** – Considere uma circunferência inscrita em um quadrado de lado a. A área da região hachurada é:

a) $\dfrac{a^2}{64}(4-\pi)$

b) $\dfrac{a^2}{32}(4-\pi)$ **(X)**

c) $\dfrac{a^2}{16}(4-\pi)$

d) $\dfrac{a^2}{8}(4-\pi)$

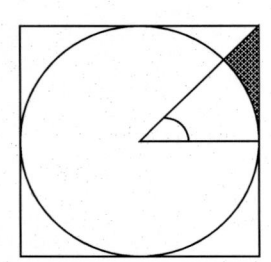

49) **(EsFAO)** – Em um triângulo retângulo a hipotenusa vale h e o raio do círculo inscrito é r. A razão entre a área do círculo e a área do triângulo é:

a) $\dfrac{\pi r}{h+2r}$ **(X)**

b) $\dfrac{\pi r}{h+r}$

c) $\dfrac{\pi r}{2h+r}$

d) $\dfrac{\pi r^2}{h^2+r^2}$

e) $\dfrac{2(\sqrt{2}-1)\pi r}{h}$

50) **(CFO)** – O triângulo ABC da figura abaixo, é eqüilátero de lado igual a 12cm. O círculo de centro 0 e o semi-círculo de centro M são tangentes entre si e tangentes aos lados de triângulo. A área da região interna ao triângulo e externa ao círculo e ao semi-círculo, vale em cm²:

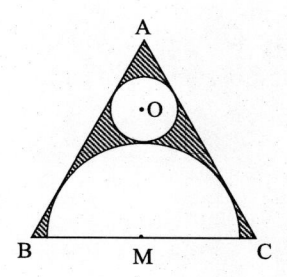

a) $3\left(12\sqrt{3}-11\pi/2\right)$ **(X)**

b) $3\left(12\sqrt{3}-10\pi\right)$

c) $3\left(12\sqrt{3}-5\pi\right)$

d) $3\left(12\sqrt{3}-27\pi/2\right)$

e) $3\left(12\sqrt{3}-5\pi/2\right)$

51) **(EN)** – Três circunferências de raio r, 2r e 3r são tais que, cada uma delas tangencia exteriormente as outras duas. O triângulo, cujos vértices são os centros dessas circunferências, tem área:

a) r^2

b) $\dfrac{\sqrt{3}}{2}r^2$

c) $4r^2$

d) $6r^2$ **(X)**

e) $12r^2$

52) **(ITA)** – A razão entre as áreas de um triângulo eqüilátero inscrito em uma circunferência e de um hexágono regular, cujo apótema mede 10cm, circunscrito a essa mesma circunferência é:

a) $\dfrac{1}{2}$ **(X)**

d) $\dfrac{3}{8}$

b) 1

e) n.d.a.

c) $\dfrac{1}{3}$

53) **(AFA)** – A razão entre as áreas de um quadrado de lado ℓ e de um círculo de raio r, que possuem o mesmo perímetro, é:

a) $\dfrac{\pi}{8}$

b) $\dfrac{\pi}{6}$

c) $\dfrac{\pi}{4}$ **(X)**

d) $\dfrac{\pi}{2}$

54) **(AFA)** – Na figura, todos os círculos têm raio r. Qual a área da parte hachurada?

a) $r^2 \left(2\sqrt{3}-\pi\right)$ **(X)**

b) $r^2 \left(3\sqrt{3}-\pi\right)$

c) $r^2 \left(4\sqrt{3}-\pi\right)$

d) $r^2 \left(5\sqrt{3}-\pi\right)$

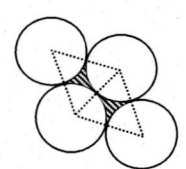

55) **(ITA)** Seja n o número de lados de um polígono convexo. Se a soma de n – 1 ângulos (internos) do polígono é 2004°, determine o número n de lados do polígono.

Resp: n = 14

56) **(ITA)** Considere o triangulo de vértices A, B e C, sendo D um ponto do lado $\overline{AB}$ e E um ponto do lado $\overline{AC}$. Se m($\overline{AB}$) = 8cm, m($\overline{AC}$) = 10cm, m($\overline{AD}$) = 4cm e m($\overline{AE}$) = 6cm, a razão das áreas dos triângulos ADE e ABC é

a) $\dfrac{1}{2}$

b) $\dfrac{3}{5}$

c) $\dfrac{3}{8}$

d) $\dfrac{3}{10}$ **(X)**

e) $\dfrac{3}{4}$

57) **(ITA)** O triângulo ABC, inscrito em uma circunferência, tem um lado medindo $\dfrac{20}{\pi}$ cm, cujo ângulo oposto é de 15°. O comprimento da circunferência, em cm, é

a) $20\sqrt{2}(1+\sqrt{3})$. **(X)**

b) $400(2+\sqrt{3})$.

c) $80(1+\sqrt{3})$.

d) $10(2\sqrt{3}+5)$.

e) $20(1+\sqrt{3})$.

58) **(ITA)** Considere um triângulo isósceles ABC, retângulo em A. Seja D a intersecção da bissetriz do ângulo $\hat{A}$ com o lado $\overline{BC}$ e E um ponto da reta suporte do cateto $\overline{AC}$ de tal modo que os segmentos de reta $\overline{BE}$ e $\overline{AD}$ sejam paralelos.

Sabendo que $\overline{AD}$ mede $\sqrt{2}$ cm, então a área do círculo inscrito no triângulo EBC é

a) $\pi(4-2\sqrt{3})$ cm^2.

b) $2\pi(3-2\sqrt{2})$ cm^2.

c) $3\pi(4-2\sqrt{3})$ cm^2.

d) $4\pi(3-2\sqrt{2})$ cm^2. **(X)**

e) $\pi(4-2\sqrt{2})$ cm^2.

59) **(ITA)** Duas circunferências concêntricas C_1 e C_2 têm raios de 6 cm e $6\sqrt{2}$ cm, respectivamente.

Seja $\overline{AB}$ uma corda de C_2, tangente à C_1. A área da menor região delimitada pela corda $\overline{AB}$ e pelo arco $\overparen{AB}$ mede, em cm^2.

a) $9(\pi-3)$

b) $18(\pi+3)$

c) $18(\pi-2)$ **(X)**

d) $18(\pi+2)$

e) $16(\pi+3)$

60) **(ITA)** Sejam r e s duas retas que se interceptam segundo um ângulo de 60°. Seja C_1 uma circunferência de 3 cm de raio, cujo centro O se situa em s, a 5 cm de r. Determine o raio da menor circunferência tangente à C_1 e à reta r, cujo centro também se situa na reta s.

Resp: $29 - 16\sqrt{3}$

61) **(ITA)** Considere a circunferência inscrita em um triângulo isósceles com base de 6 cm e altura de 4 cm. Seja t a reta tangente a essa circunferência e paralela à base do triângulo. O segmento de t compreendido entre os lados do triângulo mede

a) 1 cm.

b) 1,5 cm. **(X)**

c) 2 cm.

d) 2,5 cm.

e) 3 cm.

Prismas

18

01) **(EsPCEx)** – O volume de um paralelepípedo retângulo é igual a 864 cm^2, sua diagonal mede $2\sqrt{106}$ cm e a soma de suas dimensões vale 32cm. Um cubo, tem área total igual à área total do paralelepípedo. Para que o volume desse cubo se torne igual a 343cm^3, a medida de sua aresta deve ser diminuída de:

a) 2 cm

b) 3 cm **(X)**

c) 4 cm

d) 5 cm

02) **(EsPCEx)** – Uma piscina em forma de paralelepípedo retângulo tem largura de 6 metros, diagonal do fundo com 10 metros e diagonal da face que contém o comprimento igual a $4\sqrt{5}$ metros. Para enchê-la com a água será utilizado um caminhão tanque com capacidade de 6000 litros. O número de cargas completas, desse mesmo caminhão, necessárias para que a piscina fique completamente cheia:

a) 24   b) 28   c) 32 **(X)**   d) 54   e) 80

03) **(ITA)** – São dados dois cubos I e II de áreas totais S_1 e S_2 e de diagonais d_1 e d_2, respectivamente. Sabendo-se que $S_1 - S_2 = 54m^2$ e que $d_2 = 3m$, então o valor da razão $\dfrac{d_1}{d_2}$ é:

a) 3/2

b) 5/2

c) 2 **(X)**

d) 7/3

e) 3

04) **(CN – 2º ano)** – Uma tábua de madeira tem 2m de comprimento, 1,2m de largura e 5cm de espessura. Se $1dm^3$ dessa madeira pesa 800g, o peso, em kg, dessa madeira é igual a:

a) 0,96

b) 9,6

c) 96 **(X)**

d) 960

e) 9600

05) **(EN)** – A altura de um paralelepípedo retângulo mede 60cm e sua base é um quadrado. A diagonal do paralelepípedo forma um ângulo de 60º com o plano da base. O volume do paralelepípedo retângulo é em cm^3:

a) 12000

b) 18000

c) 24000

d) 27000

e) 36000 **(X)**

06) **(EN)** – Um paralelepípedo retângulo de volume V tem dimensões inversamente proporcionais a A, B e C. A área total do paralelepípedo é:

a) $\dfrac{2V\,(ABC)}{A+B+C}$

b) $\dfrac{V\,(A+B+C)}{ABC}$

c) $\sqrt[3]{2V^2\,(A+B+C)}$

d) $\sqrt[3]{V\,(AB+AC+BC)}$

e) $2\,(A+B+C)\sqrt[3]{\dfrac{V^2}{ABC}}$ **(X)**

07) **(AMAN)** – Aumentando a aresta de um cubo de $\sqrt{3}$ m obtemos outro cubo cuja diagonal mede 15m. A área total do cubo primitivo é:

a) $238\ m^2$

b) $(23+\sqrt{3})\ m^2$

c) $328\ m^2$

d) $288\ m^2$ **(X)**

e) $72\ m^2$

08) **(AFA)** – Se a soma das medidas das arestas de um cubo é igual a 72, então o volume do cubo será igual a:

a) 40

b) 100

c) 144

d) 216**(X)**

09) **(EsFAO)** – A aresta do cubo da figura mede 15cm. Sobre as arestas $\overline{BF}$ e $\overline{DH}$ tomam-se $\overline{BB'}$ = 9cm e $\overline{DD'}$ = 11cm, respectivamente. O plano determinado por EB'D', intercepta a aresta $\overline{CG}$ em C'. O valor de $\overline{CC'}$ é:

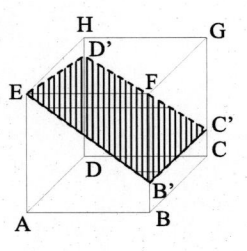

a) 3 cm

b) 5 cm **(X)**

c) 7 cm

d) 8 cm

e) 10 cm

10) **(EsPCEx)** – Sabe-se que um prisma hexagonal regular tem por altura o diâmetro da circunferência circunscrita à base, e que a maior de suas diagonais mede $20\sqrt{2}$ cm. Sua área total e seu volume valem, respectivamente:

a) 1200 cm^2 e $3000\sqrt{3}$ cm^3

b) $3\sqrt{3}$ dm^2 e 3 dm^3

c) $3\left(4+\sqrt{3}\right)$dm^2 e $3\sqrt{3}$ dm^3 **(X)**

d) $1500\sqrt{3}$ cm^2 e $3000\sqrt{3}$ cm^3

e) e 3000 cm^3

11) **(AFA)** – Em um prisma hexagonal regular, a área lateral é 75% da área total. A razão entre a aresta lateral e a aresta da base é:

a) $\dfrac{2}{3\sqrt{3}}$ b) $\dfrac{3}{2\sqrt{3}}$ c) $\dfrac{2\sqrt{3}}{3}$ d) $\dfrac{3\sqrt{3}}{2}$ **(X)**

12) **(CFO)** – No paralelepípedo retângulo ABCDA'B'C'D' da figura, abaixo, temos que AB = AD = a e o ângulo CÂC' = 45°. O volume do paralelepípedo é:

a) $a^3 \sqrt{2}$ **(X)**

b) a^3

c) $a^3 \sqrt{3}$

d) $a^3 \sqrt{2}/2$

e) $a^3 \sqrt{3}/2$

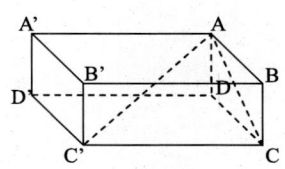

13) **(AFA)** – A base de um paralelepípedo oblíquo é um quadrado de lado a. Uma das arestas laterais é b, que forma um ângulo de 60° com os lados adjacentes da base. Qual o volume, em unidades de volume, desse paralelepípedo?

a) $\dfrac{b\sqrt{2}}{2a^2}$

b) $\dfrac{2a^2 b}{\sqrt{2}}$

c) $\dfrac{a^2 \sqrt{2}}{2b}$

d) $\dfrac{a^2 b \sqrt{2}}{2}$ **(X)**

14) **(ITA)** – Dado um prisma hexagonal regular, sabe-se que sua altura mede 3cm e que sua área lateral é o dobro da área de sua base. O volume desse prisma, em cm³, é:

a) $27\sqrt{3}$

b) $13\sqrt{2}$

c) 12

d) $54\sqrt{3}$ **(X)**

e) $17\sqrt{5}$

15) **(EPCAR)** – A área lateral de um prisma hexagonal regular de 10cm de altura e apótema da base medindo $3\sqrt{3}$ cm é, em cm²:

a) 340

b) 360 **(X)**

c) 380

d) 400

16) **(EsPCEx)** Dispondo de um recipiente em forma de paralelepípedo retângulo, com as dimensões da figura, preenchido com água até o nível indicado, um aluno fez o seguinte experimento:

– mergulhou na água um cubo maciço, com 1cm³ de volume;

– mergulhou, sucessivamente, novos cubos, cada vez maiores, cujos volumes formam, a partir do cubo de 1cm³ de volume, uma progressão aritmética de razão 2cm³.

Após mergulhar certo número de cubos, que ficaram completamente submersos, verificou que a altura do nível da água passou para 39cm.

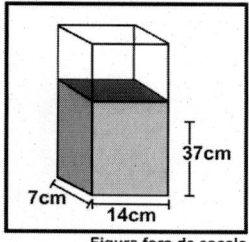

Figura fora de escala

Com base nessas informações, a área total do último cubo colocado é de

a) 54cm² **(X)**

b) 42cm²

c) 24cm²

d) 150cm²

e) 216cm²

17) **(ITA)** Considere um prisma regular em que a soma dos ângulos internos de todas as faces é 7200°. O número de vértices desse prisma é igual a

a) 11

b) 32

c) 10

d) 20

e) 22 **(X)**

19

Cilindros

01) **(AFA)** – Em m³, qual o volume de um cilindro cuja base está circunscrita a um triângulo eqüilátero de $2\sqrt{3}$ m de lado e cuja altura é a mesma do triângulo eqüilátero inscrito em sua base?

a) 6π

b) 8π

c) 12π **(X)**

d) 16π

02) **(EsPCEx)** – Sabe-se que os raios das bases dos cilindros C_1 e C_2, de mesma área lateral, medem, respectivamente, 12m e 4m. Se o volume de C_1 é igual a 432π m³, é possível afirmar que o volume de C_2 é igual a:

a) 138π m³

b) 140π m³

c) 142π m³

d) 144π m³ **(X)**

03) **(EsPCEx)** – O volume de um cilindro eqüilátero de 1 metro de raio é, aproximadamente, igual a:

a) 3,1 m³

b) 6,3 m³ **(X)**

c) 9,4 m³

d) 12,6 m³

e) 15,7 m³

04) **(ITA)** – Em um cilindro circular reto sabe-se que a altura h e o raio da base r são tais que os números π, h, r formam, nessa ordem, uma progressão aritmética de soma 6π. O valor da área total desse cilindro é:

a) π^3

b) $2\pi^3$

c) $15\pi^3$

d) $20\pi^3$

e) $30\pi^3$ **(X)**

05) **(AFA)** – Com uma folha de zinco retangular, de comprimento a e largura b, é possível construir um cilindro R com altura igual ao comprimento da folha e um cilindro S com altura igual à largura da folha. Qual a razão entre a e b para que o volume de R seja o triplo do volume de S?

a) $\dfrac{1}{6}$

b) $\dfrac{1}{3}$ **(X)**

c) 2

d) 5

e) n.r.a.

06) **(ITA)** – Uma seção plana que contém o eixo de um tronco de cilindro é um trapézio cujas bases menor e maior medem, respectivamente, h cm e H cm. Duplicando-se a base menor, o volume sofre um acréscimo de $\frac{1}{3}$ em relação ao seu volume original. Deste modo,
a) 2H = 3h
b) H = 2h **(X)**
c) H = 3h
d) 2H = 5h
e) n.d.a.

7) **(EsPCEx)** Um tonel, em forma de cilindro circular reto, tem 60cm de altura. Uma miniatura desse tonel tem 20cm de altura e raio diretamente proporcional à altura. Se a miniatura tem 100mL de volume, então o volume do tonel original é de
a) 30L
b) 27L
c) 2,7L **(X)**
d) 3L
e) 300mL

8) **(ITA)** Um cilindro circular reto é seccionado por um plano paralelo ao seu eixo. A secção fica a 5 cm do eixo e separa na base um arco de 120°. Sendo de $30\sqrt{3}$ cm² a área da secção plana retangular, então o volume da parte menor do cilindro seccionado mede, em cm³.
a) $30\pi - 10\sqrt{3}$.
b) $30\pi - 20\sqrt{3}$.
c) $20\pi - 10\sqrt{3}$.
d) $50\pi - 25\sqrt{3}$.
e) $100\pi - 75\sqrt{3}$.**(X)**

9)   **(ITA)** – O raio de um cilindro de revolução mede 1,5m. Sabe-se que a área da base do cilindro coincide com a área da secção determinada por um plano que contém o eixo do cilindro. Então, a área total do cilindro, em m², vale:

a) $\dfrac{3\pi^2}{4}$

b) $\dfrac{9\pi(2+\pi)}{4}$ **(X)**

c) $\pi(2+\pi)$

d) $\dfrac{\pi^2}{2}$

e) $\dfrac{3\pi(\pi+1)}{2}$

Pirâmides

20

01) **(AFA)** – Em uma pirâmide triangular regular, a aresta da base mede 6cm e a lateral, 8cm. Então o apótema da pirâmide e o da sua base valem, em cm, respectivamente:

a) $\sqrt{55}$ e $\sqrt{3}$ **(X)**

b) $\sqrt{3}$ e $3\sqrt{5}$

c) $3\sqrt{3}$ e $\sqrt{3}$

d) $\sqrt{55}$ e $3\sqrt{5}$

02) **(AFA)** – Em uma pirâmide hexagonal regular, a aresta da base mede 4cm. Sabendo-se que a área lateral da pirâmide é $60cm^2$, então, o seu volume, em cm^3, é:

a) $8\sqrt{39}$ **(X)**

b) $48\sqrt{3}$

c) $16\sqrt{13}$

d) $48\sqrt{13}$

03) **(EPCAR)** – Uma pirâmide quadrangular regular tem as oito arestas iguais a $\sqrt{2}$ m. O volume dessa pirâmide vale:
a) $1m^3$
b) $2m^3$
c) $2/3m^3$ **(X)**
d) $4/3m^3$

04) **(AFA)** – O volume de um tronco de pirâmide regular é $109dm^3$; as bases são triângulos eqüiláteros de arestas, medindo 5dm e 7dm. A altura, em dm, é:
a) $2\sqrt{3}$
b) $3\sqrt{3}$
c) $4\sqrt{3}$ **(X)**
d) $5\sqrt{3}$

05) **(ITA)** – Dada uma pirâmide regular triangular, sabe-se que sua altura mede 3a cm, onde a é a medida da aresta de sua base. Então, a área total dessa pirâmide, em cm^2, vale:

a) $\dfrac{a^2\sqrt{327}}{4}$

b) $\dfrac{a^2\sqrt{109}}{2}$

c) $\dfrac{a^2\sqrt{3}}{2}$

d) $\dfrac{a^2\sqrt{3}(2+\sqrt{33})}{2}$

e) $\dfrac{a^2\sqrt{3}(1+\sqrt{109})}{4}$ **(X)**

06) **(AFA)** – Em um tetraedro regular, a razão entre a soma das distâncias de um ponto interno às quatro faces e a altura é:

a) $\dfrac{2}{3}$ b) 1 (x)   c) $\dfrac{4}{3}$ d) $\dfrac{3}{2}$

07) **(EsFAO)** – A aresta da base de uma pirâmide regular hexagonal mede 4cm. Sabendo-se que a área lateral é o quíntuplo da área da base, o volume da pirâmide é:

a) $90\sqrt{3}$ cm^3

b) $80\sqrt{6}$ cm^3

c) $96\sqrt{6}$ cm^3 **(X)**

d) $100\sqrt{3}$ cm^3

e) $56\sqrt{2}$ cm^3

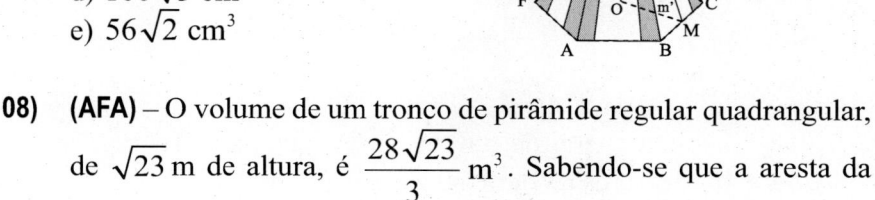

08) **(AFA)** – O volume de um tronco de pirâmide regular quadrangular, de $\sqrt{23}$ m de altura, é $\dfrac{28\sqrt{23}}{3}$ m^3. Sabendo-se que a aresta da base maior mede 4m, a medida, em m, da aresta da outra base é:

a) $\sqrt{2}$

b) 2 **(X)**

c) $2\sqrt{2}$

d) 3

09) **(EN)** – Um tetraedro regular ABCD de aresta medindo 12cm é cortado por um plano que passa pelo vértice D e pelos pontos M e N situados respectivamente sobre as arestas $\overline{AB}$ e $\overline{AC}$. Se $\overline{AM} = \overline{AN} = \dfrac{1}{3}\overline{AB}$, o volume da pirâmide AMND é, em cm^3, igual a:

a) $64\sqrt{2}$

b) $16\sqrt{2}$ **(X)**

c) 32

d) 24

e) $48\sqrt{2}$

10) **(EsPCEx)** – Uma pirâmide hexagonal regular tem área da base igual a $18\sqrt{3}$ m^2. Sabendo-se que sua altura é igual ao triplo do apótema da base, então seu volume é:

a) 36 m^3 b) $27\sqrt{3}$ m^3 c) $36\sqrt{3}$ m^3 d) $54\sqrt{3}$ m^3 **(X)** e) $81\sqrt{6}$ m^3

11) **(ITA)** – Um tronco de pirâmide regular tem como bases triângulos eqüiláteros, cujos lados medem, respectivamente, 2cm e 4cm. Se a aresta lateral do tronco mede 3cm, então o valor de sua altura h, em cm, é tal que:
a) $\sqrt{7} < h < \sqrt{8}$
b) $\sqrt{6} < h < \sqrt{7}$
c) $2\sqrt{3} < h < 3\sqrt{3}$
d) $1 < h < \sqrt{2}$
e) $2\sqrt{2} < h < 3\sqrt{2}$ **(X)**

12) **(ITA)** – A área lateral de uma pirâmide quadrangular regular de altura 4m e de área da base 64m² vale:
a) 128 m²
b) $64\sqrt{2}$ m² **(X)**
c) 135 m²
d) $60\sqrt{5}$ m²
e) $32(\sqrt{2} + 1)$ m²

13) **(ITA)** – Um tetraedro regular tem área total igual a $6\sqrt{3}$cm². Então sua altura, em cm, é:
a) 2 **(X)**
b) 3
c) $2\sqrt{2}$
d) $3\sqrt{2}$
e) $2\sqrt{3}$

14) **(EsPCEx)** – A área da base de uma pirâmide quadrangular regular é 36m². Se a altura da pirâmide mede 4m, sua área total, em m², é igual a:
a) 48
b) 54
c) 96 **(X)**
d) 120
e) 144

15) **(EN)** – Um octaedro possui seus vértices no centro de cada uma das faces de um cubo de aresta a. A área lateral do octaedro é:

a) $\dfrac{a^2}{8}$

b) $a^2\sqrt{3}$ **(X)**

c) $\dfrac{a^2\sqrt{3}}{2}$

d) $\dfrac{2a^2}{3}$

e) $\dfrac{a^2\sqrt{2}}{2}$

16) **(EN)** – A área total de uma pirâmide triangular regular é $36\sqrt{3}$ cm² e o raio do círculo inscrito na base mede 2cm. A altura da pirâmide é, em cm:

a) $3\sqrt{12}$
b) $2\sqrt{15}$
c) $4\sqrt{3}$
d) 4
e) $2\sqrt{3}$ **(X)**

17) **(AFA)** – A base de uma pirâmide é um quadrado de aresta 3. Sabendo-se que a sua altura mede 10, o seu volume será:

a) 5
b) 10
c) 20
d) 30 **(X)**

18) **(EsFAO)** – O volume de uma pirâmide cuja base é um triângulo eqüilátero de lado 6cm e cujas outras arestas medem $\sqrt{15}$ cm é, em cm³:

a) 9 **(X)**

b) 9/2

c) 27/2

d) $\dfrac{9\sqrt{3}}{2}$

e) $9\sqrt{3}$

19) **(EsFAO)** – Na figura, temos uma pirâmide quadrangular regular de altura 8m e cuja base tem para perímetro 48m. A distância do vértice "D" à face "AMB" é:

a) 4,8 m

b) 9,6 m **(X)**

c) 2,4 m

d) 5 m

e) 1,2 m

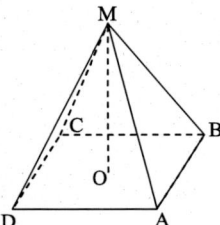

20) **(AMAN)** – Em uma pirâmide retangular o apótema da base e o apótema da pirâmide medem em metros a menor e a maior raiz da equação:

$$(x - 3)^2 = 5(x - 2) - 5$$

Sua área lateral, sua área total e seu volume valem, respectivamente:

a) 96; 132; $12\sqrt{55}$ **(X)**

b) 192; 264; $24\sqrt{55}$

c) 96; 122; $36\sqrt{55}$

d) 192; 264; $72\sqrt{55}$

e) 192; 264; $48\sqrt{55}$

21) **(AFA)** – A figura abaixo delineia um obelisco, para cuja construção será gasto em cm³ o volume de:

a) 238 **(X)**

b) 250

c) 254

d) 266

e) n.r.a.

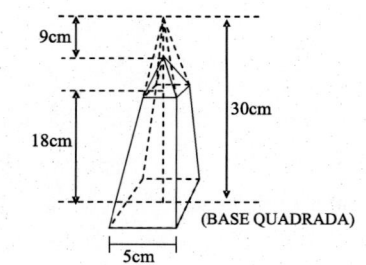

(BASE QUADRADA)

22) **(EsPCEx)** – Uma pirâmide tem por base um triângulo eqüilátero de lado a, e a razão entre sua aresta e sua altura é k. Seu volume é:

a) $\dfrac{a^3}{\sqrt{k^2+1}}$

b) $\dfrac{a^3}{4\sqrt{k^2-1}}$

c) $\dfrac{a^3}{8\sqrt{k^2+1}}$

d) $\dfrac{a^3}{12\sqrt{k^2-1}}$ **(X)**

e) $\dfrac{a^3}{6\sqrt{k^2-1}}$

23) **(EsPCEx)** – Seja um triedro com os ângulos das faces iguais a 60°. Toma-se um ponto A em uma das arestas desse triedro situado a 12cm do vértice V. Então, a distância, em cm, entre esse ponto A e a face oposta, vale:

a) $6\sqrt{3}$

b) $3\sqrt{3}$

c) $4\sqrt{6}$ **(X)**

d) $3\sqrt{6}$

e) $4\sqrt{3}$

24) **(EsPCEx)** – Uma pirâmide é secionada por um plano paralelo à sua base, determinando um tronco de pirâmide cuja altura é $\dfrac{1}{3}$ da altura da pirâmide. Sabendo-se que a base da pirâmide tem área igual a 225 m², a área da secção do plano na pirâmide, em m², vale:

a) 36

b) 64

c) 150

d) 25

e) 100 **(X)**

25) **(EsPCEx)** – Uma pirâmide regular de base hexagonal e altura h $= 2\sqrt{3}$ cm é secionada por um plano perpendicular à sua base, de tal modo que a secção gerada tem a maior área possível. Sabendo-se que a área da secção é $5\sqrt{3}$ cm², o volume da pirâmide, em cm³, é:

a) $\dfrac{25}{2}$

b) $\dfrac{50}{3}$

c) $\dfrac{75}{4}$ **(X)**

d) $\dfrac{125}{3}$

e) $\dfrac{70}{3}$

26) **(ITA)** – As arestas da base de uma pirâmide triangular regular medem ℓ e as faces laterais são triângulos retângulos. O volume dessa pirâmide é:

a) $\dfrac{\sqrt{3}}{6}\ell^3$ cm³

b) $\dfrac{\sqrt{3}}{12}\ell^3$ cm³

c) $\dfrac{\sqrt{3}}{24}\ell^3$ cm³

d) $\dfrac{\sqrt{2}}{12}\ell^3$ cm³

e) n.d.a. **(X)**

27) **(AFA)** – Um tronco de pirâmide, cujas bases são quadrados de lados, medindo 10 e 4cm, e cuja altura de uma face lateral mede 9cm, tem seu volume, em cm³, igual a:

a) $116\sqrt{2}$

b) $140\sqrt{2}$

c) $156\sqrt{2}$

d) $312\sqrt{2}$ **(X)**

28) **(EN)** – A altura de um tetraedro regular cujas arestas medem m é igual a:

a) $\dfrac{m\sqrt{3}}{6}$

b) $\dfrac{m\sqrt{3}}{3}$

c) $\dfrac{m\sqrt{6}}{3}$ **(X)**

d) $\dfrac{m\sqrt{6}}{6}$

e) $\dfrac{m\sqrt{3}}{2}$

29) **(EN)** – Indicando por B e b as áreas das bases da pirâmide dupla da figura abaixo e por h a sua altura, o volume desse sólido será igual a:

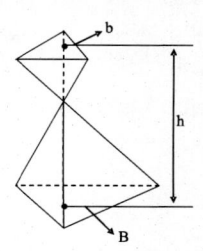

a) $\dfrac{1}{3}h\,(B+b-\sqrt{Bb})$

d) $\dfrac{1}{3}h\,(B-b-\sqrt{Bb})$

b) $\dfrac{1}{3}h\,(b-B+\sqrt{Bb})$

e) $\dfrac{1}{3}h\,(B+b+\sqrt{Bb})$ **(X)**

c) $\dfrac{1}{3}h\,(B-b+\sqrt{Bb})$

30) **(CFO)** – Uma pirâmide quadrangular regular está inscrita em um cilindro reto de altura 6m. A aresta lateral da pirâmide forma 30° com o plano da base. O volume do sólido interno ao cilindro e externo à pirâmide é, em m³:

a) $216 (6 - 3\pi)$

b) $216 (\pi - 2)$

c) $216 (6 - \pi)$

d) $216 (4\pi - 1)$

e) $216 (3\pi - 2)$ **(X)**

31) **(ITA)** Seja uma pirâmide regular de base hexagonal e altura 10 m. A que distância do vértice devemos cortá-la por um plano paralelo à base de forma que o volume da pirâmide obtida seja $\dfrac{1}{8}$ do volume da pirâmide original?

a) 2m.

b) 4m.

c) 5m. **(X)**

d) 6m.

e) 8m.

32) **(ITA)** Considere uma pirâmide regular com altura de $\dfrac{6}{\sqrt[3]{9}}$ cm. Aplique a essa pirâmide dois cortes planos e paralelos à base de tal maneira que a nova pirâmide e os dois troncos obtidos tenham, os três, o mesmo volume. A altura do tronco cuja base é a base da pirâmide original é igual a:

a) $2\left(\sqrt[3]{9} - \sqrt[3]{6}\right)$ cm.

b) $2\left(\sqrt[3]{6} - \sqrt[3]{2}\right)$ cm.

c) $2\left(\sqrt[3]{6} - \sqrt[3]{3}\right)$ cm.

d) $2\left(\sqrt[3]{3} - \sqrt[3]{2}\right)$ cm. **(X)**

e) $2\left(\sqrt[3]{9} - \sqrt[3]{3}\right)$ cm.

33) **(ITA)** Considere um cilindro circular reto, de volume igual a $360\pi cm^3$, e uma pirâmide regular cuja base hexagonal está inscrita na base do cilindro. Sabendo que a altura da pirâmide é o dobro da altura do cilindro e que a área da base da pirâmide é de $54\sqrt{3}$ cm^2, então, a área lateral da pirâmide mede, em cm^2.

a) $18\sqrt{427}$.**(X)**

b) $27\sqrt{427}$.

c) $36\sqrt{427}$.

d) $108\sqrt{3}$

e) $45\sqrt{427}$.

34) **(ITA)** Considere uma pirâmide regular de altura igual a 5 cm e cuja base é formada por um quadrado de área igual a 8 cm^2. A distância de cada face dessa pirâmide ao centro de sua base, em cm, é igual a:

a) $\dfrac{\sqrt{15}}{3}$.

b) $\dfrac{5\sqrt{6}}{9}$.**(X)**

c) $\dfrac{4\sqrt{3}}{5}$.

d) $\dfrac{7}{5}$.

e) $\sqrt{3}$.

21

Cones

01) **(EsPCEx)** – A seção de um cone de revolução, definida por um plano que contém sua altura, tem área A. Se a geratriz e a altura do cone formam entre si um ângulo de 30°, é possível concluir que a área total do cone, em função de A, vale:

a) $3\pi A$

b) $\sqrt{2}\pi A$

c) $\sqrt{3}\pi A$ **(X)**

d) $\dfrac{\pi}{3} A$

02) **(EsPCEx)** – O sólido geométrico abaixo é formado por dois cones circulares retos de mesma base. Sabendo-se que a seção que contém os pontos A e B é paralela à base comum dos cones e divide todo o sólido em duas partes de igual volume, então o valor de $x^3 + y^3$ é:

a) 96

b) 128

c) 144

d) 162 **(X)**

e) 248

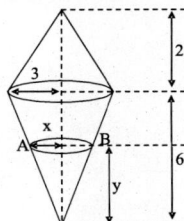

03) **(ITA)** – Sabendo-se que um cone circular reto tem 3dm de raio e 15π dm² de área lateral, o valor de seu volume em dm³ é:

a) 9π

b) 15π

c) 36π

d) 20π

e) 12π **(X)**

04) **(ITA)** – Um prisma hexagonal regular tem como altura o dobro da aresta da base. A razão entre o volume desse prisma e o volume do cone reto, nele inscrito, é igual a:

a) $\left(6\sqrt{2}\right)/\pi$

b) $\left(9\sqrt{2}\right)/\pi$

c) $\left(3\sqrt{6}\right)/\pi$

d) $\left(6\sqrt{3}\right)/\pi$ **(X)**

e) $\left(9\sqrt{3}\right)/\pi$

05) **(EN)** – Considere um cone circular reto de raio da base 5cm e altura 12cm. As dimensões do raio e da altura do cilindro circular reto, de maior volume, que pode ser inscrito neste cone, são respectivamente:

a) $\dfrac{10}{3}$ e 4

b) 4 e 10

c) 3 e $\dfrac{14}{3}$

d) $\dfrac{9}{5}$ e $\dfrac{23}{4}$

e) $\dfrac{5}{2}$ e 6 **(X)**

06) **(EsPCEx)** – Um trapézio isósceles, cujas bases medem 2cm e 4cm e cuja altura é 1cm, sofre uma rotação de 180° em torno do eixo que passa pelos pontos médios das bases. O volume, em cm³, do sólido gerado por essa rotação é:

a) $\dfrac{4\pi}{3}$

b) $\dfrac{5\pi}{3}$

c) 2π

d) $\dfrac{7\pi}{3}$ **(X)**

e) $\dfrac{8\pi}{3}$

07) **(AMAN)** – A que distância da base de um cone de altura H se deve passar um plano paralelo à mesma, a fim de que a área da seção determinada seja $\dfrac{1}{16}$ da área da base do cone?

a) $\dfrac{2}{3}H$

b) $\dfrac{4}{3}H$

c) $\dfrac{3}{5}H$

d) $3H$

e) $\dfrac{3}{4}H$ **(X)**

08) **(AFA)** – A altura de um cone circular reto é de 8cm, e o raio de sua base é de 6cm. Uma cavidade cilíndrica de raio 3cm é efetuada no cone, seguindo o eixo desse. Qual o volume, em cm³, do sólido obtido?

a) 12π

b) 36π

c) 48π

d) 84π

e) n.r.a. **(X)**

09) **(AFA)** – A figura dada representa um relógio de areia.
Supondo-se que os cones sejam perfeitos e sabendo-se que a vazão do cone superior para o inferior é de $\dfrac{34,3}{12}\pi\,cm^3/min$, calcule o tempo, em minutos, estabelecido pelo relógio:

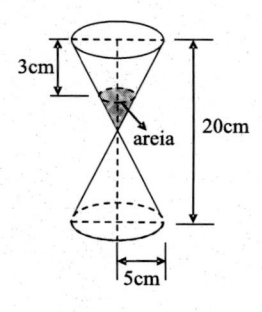

a) 10 **(X)**
b) 15
c) 18
d) 23
e) n.r.a.

10) **(EN)** – Um triângulo retângulo ABC, no qual Â = 90°, AC = 3 e AB = 4, efetua uma revolução completa em torno de um eixo que passa por B e é paralelo a AC. Calcule o volume do sólido assim gerado.

a) $\dfrac{32\pi}{3}$

b) 16π

c) 32π **(X)**

d) $\dfrac{128\pi}{3}$

e) 64π

11) **(AFA)** – A figura 1 representa um cone inscrito em um cilindro, e a figura 2 representa dois cones congruentes inscritos no mesmo cilindro da figura anterior. A razão entre o volume do cone da figura 1 e o volume dos cones da figura 2 é:

a) $\dfrac{1}{3}$

b) $\dfrac{1}{2}$

c) 1 **(X)**

d) 2

e) n.r.a.

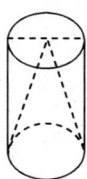 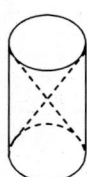

Figura 1   Figura 2

12) **(EsFAO)** – Por um ponto A do plano da base de um cone de revolução, traçam-se as tangentes: $\overline{AT} = \overline{AT'} = 4cm$ ao círculo da base. O ângulo destas tangentes é de $120°$ e a reta determinada pelo vértice V do cone e o ponto A forma um ângulo de $45°$ com o plano da base. Então o volume do cone é, em cm^3:

a) $\dfrac{128\pi}{3}$

b) 64π

c) $\dfrac{64\pi}{3}$

d) 128π **(X)**

e) 32π

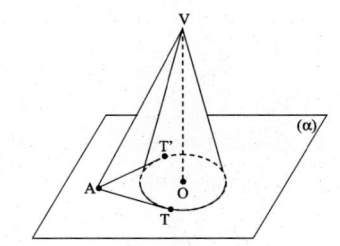

13) **(AFA)** – Um quebra-luz tem formato de um cone de geratriz 12cm e altura 9cm. Uma lâmpada acessa, no vértice do cone, projeta no chão um círculo de 4m de diâmetro. Então, a distância entre a lâmpada e o chão, em cm, é:

a) $\left(\dfrac{18}{63}\right)\sqrt{63}$

c) $\left(\dfrac{1800}{63}\right)\sqrt{3}$

b) $\left(\dfrac{18}{63}\right)\sqrt{63}$

d) $\left(\dfrac{1800}{63}\right)\sqrt{63}$ **(X)**

14) **(ITA)** – Em um cone de revolução, o perímetro da seção meridiana mede 18cm e o ângulo do setor circular mede 288°. Considerando-se o tronco de cone cuja razão entre as áreas das bases é $\frac{4}{9}$, então sua área total mede:

a) $16 \ \pi \text{cm}^2$

b) $\dfrac{308\pi}{9} \text{cm}^2$ **(X)**

c) $\dfrac{160\pi}{3} \text{cm}^2$

d) $\dfrac{100\pi}{9} \text{cm}^2$

e) n.d.a.

15) **(ITA)** Um dos catetos de um triângulo retângulo mede $\sqrt[3]{2}$ cm. O volume sólido gerado pela rotação desse triângulo em torno da hipotenusa é π cm³. Determine os ângulos desse triângulo.

Resp: 90°, 60° e 30°

16) **(ITA)** A área total da superfície de um cone circular reto, cujo raio da base mede Rcm, é igual à terça parte da área de um círculo de diâmetro igual ao perímetro da seção meridiana do cone. O volume desse cone, em cm³, é igual a

a) $\pi . R^3$

b) $\pi\sqrt{2} R^3$

c) $\dfrac{\pi}{\sqrt{2}} R^3$

d) $\pi\sqrt{3} R^3$

e) $\dfrac{\pi}{\sqrt{3}} R^3$ **(X)**

17) **(EsFAO)** – Na base de um cone cujo volume é igual a 144π m³, está inscrito em um hexágono regular de área $54\sqrt{3}$ m². A área total desse cone é:

a) $4\pi R^2$ m²

b) $36\pi(1+\sqrt{5})$ m² **(X)**

c) $30\pi(1+\sqrt{3})$ m²

d) $2\pi Rh$ m²

e) $20\pi(2+\sqrt{2})$ m²

18) **(IME)** – Seja um cone reto de base circular, vértices V, altura h e raio da base r e seja ABC um triângulo eqüilátero circunscrito à base do cone. Pede-se:

a) Determinar a relação entre h e r para que o tetraedro, com vértices VABC, seja regular.

b) Satisfeitas essas condições, calcule, em função de r, o volume limitado pela superfície do cone, pelo plano de sua base e pelos dois planos tangentes que passam pela aresta VA.

Resp: a) $h = 2r\sqrt{2}$

b) $\dfrac{2r^3\sqrt{2}}{3}\left[\sqrt[2]{2}-\dfrac{\pi}{3}\right]$

19) **(ITA)** Seja S a área total da superfície de um cone circular reto de altura h, e seja m a razão entre as áreas lateral e da base desse cone. Obtenha uma expressão que forneça h em função apenas de S e m.

resp $h = \sqrt{\dfrac{(m-1)S}{\pi}}$

22

Esferas

01) **(EN)** – Duas seções feitas em uma esfera, por dois planos paralelos distantes 3cm entre si, situam-se em hemisférios diferentes e têm raios iguais a 1cm e 2cm. O raio da esfera é igual a:

a) $2\sqrt{2}$ cm

b) $2\sqrt{3}$ cm

c) $\sqrt{5}$ cm **(X)**

d) 3cm

e) $3\sqrt{2}$ cm

02) **(ITA)** – Um cone de revolução está circunscrito a uma esfera de raio R cm. Se a altura do cone for igual ao dobro do raio da base, então a área de sua superfície lateral mede:

a) $\dfrac{\pi}{4}(1+\sqrt{5})^2 R^2 cm^2$

d) $\pi\sqrt{5}\,(1+\sqrt{5})\,R^2 cm^2$

b) $\dfrac{\pi\sqrt{5}}{4}(1+\sqrt{5})^2 R^2 cm^2$ **(X)**

e) n.d.a.

c) $\dfrac{\pi\sqrt{5}}{4}(1+\sqrt{5})\,R^2 cm^2$

03) **(EsFAO)** – Em uma cavidade cônica, cuja abertura tem um raio de 8cm e profundidade 32/3cm, deixa-se cair uma esfera de 6cm de raio. A distância do vértice da cavidade cônica ao centro da esfera é:

a) 20cm

b) 15cm

c) 30cm

d) 18cm

e) 10cm **(X)**

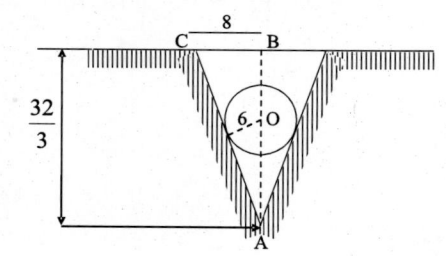

04) **(EN)** – A esfera S_1 está inscrita em um cilindro C, circular reto, cujo volume vale $18m^3$. A esfera S_2 está circunscrita a C. A diferença entre os volumes de S_2 e S_1 é, em cm^3:

a) $6(2\sqrt{2}-2)$

b) $6(2\sqrt{2}-1)$

c) $12(2\sqrt{2}-2)$

d) $12(2\sqrt{2}-1)$ **(X)**

e) $12(\sqrt{2}-1)$

05) **(EN)** – Um plano seciona uma esfera de raio 30cm, determinando um círculo que é base em um cilindro e também base de um cone de revolução inscritos nessa esfera. O cilindro e o cone estão situados em um mesmo semi-espaço em relação ao plano. Considerando que os volumes do cilindro e do cone são iguais, qual a distância do centro da esfera ao plano, em cm?

a) 18

b) 15

c) 12

d) 6 **(X)**

e) 4

06) **(EsPCEx)** – O volume em cm³, da esfera inscrita em um cone de revolução, cujo raio da base é 5cm e cuja altura é 12cm, é:

a) $\dfrac{1000\pi}{162}$

b) $\dfrac{2000\pi}{27}$

c) $\dfrac{3000\pi}{108}$

d) $\dfrac{4000\pi}{81}$ **(X)**

e) $\dfrac{5000\pi}{9}$

07) **(AFA)** – Uma esfera de raio 8 é secionada por um plano, distante 5 de seu centro. O raio da secção é:

a) $\sqrt{11}$

b) $\sqrt{23}$

c) $\sqrt{39}$ **(X)**

d) $\sqrt{47}$

08) **(EsFAO)** – Três esferas de raio "r" se tangenciam e tangenciam um plano "α". Uma quarta esfera de mesmo raio é colocada sobre as outras três tangenciando-as externamente. A distância do centro dessa quarta esfera ao plano "α" é:

a) $3r/2$

b) $r\sqrt{6}/3$

c) $r(\sqrt{6}+3)/2$

d) $r(2\sqrt{6}+3)/3$ **(X)**

e) $r(\sqrt{2}+3)/2$

09) **(EsFAO)** – Seja $\overline{AB}$ a diagonal de um cubo de aresta a. O raio da esfera tangente às três faces do cubo que convergem no vértice A e às três arestas que saem do vértice B é:

a) $(\sqrt{3} - \sqrt{2})$ a

b) $(\sqrt{3} + \sqrt{2})$ a

c) $(2 + \sqrt{2})$ a

d) $2a/3$

e) $(2 - \sqrt{2})$ a **(X)**

10) **(EsPCEx)** – Os raios de duas esferas concêntricas medem 9cm e 15cm. A área da secção definida na esfera maior por um plano tangente à outra esfera é igual a:

a) 144π cm² **(X)**

b) 121π cm²

c) 169π cm²

d) 100π cm²

11) **(EsPCEx)** – Um octaedro regular é inscrito em um cubo que está inscrito em uma esfera que está inscrita em um tetraedro regular. Se o comprimento da aresta do tetraedro é 1, então o comprimento da aresta do octaedro é:

a) $\dfrac{1}{3}$

b) $\dfrac{1}{6}$ **(X)**

c) $\dfrac{\sqrt[3]{2}}{3}$

d) $\dfrac{\sqrt[3]{3}}{3}$

12) **(EsPCEx)** – Dois planos concorrentes contêm o centro de uma esfera de área igual a 144π m² e determinam na mesma uma cunha esférica de 48π m³ de volume. O ângulo da cunha é de:

a) $\dfrac{2\pi}{3}$ rad

b) $\pi/_3$ rad **(X)**

c) $\pi/_4$ rad

d) $\pi/_2$ rad

13) **(EsPCEx)** – Um plano corta uma esfera de raio R de modo que a área da menor calota formada seja igual a m vezes a área lateral do cone cujo vértice é o centro da esfera e cuja base é o círculo que serve de base à calota. A distância d do centro da esfera ao plano é dada por:

a) $d = R\,\dfrac{4-m^2}{4+m^2}$ **(X)**

b) $d = R\left(\dfrac{4-m}{4+m}\right)^2$

c) $d = R\,\dfrac{4+m^2}{4-m^2}$

d) $d = R\left(\dfrac{4+m}{4-m}\right)^2$

e) $d = R\,\dfrac{m^2-4}{m^2+4}$

14) **(AFA)** – Uma esfera é secionada por um plano distante 2cm de seu centro. Se área da secção é 5π cm², o volume da esfera, em cm³, é:

a) 12π

b) 27π

c) 36π **(X)**

d) 108π

15) **(EsFAO)** – Por um ponto P do plano de uma circunferência de centro O e raio R, tal que $\overline{OP} = 2R$, traçam-se as tangentes $\overline{PA}$ e $\overline{PB}$ à circunferência. O volume do sólido gerado pelo menor segmento circular determinado pela corda $\overline{AB}$ em uma rotação de 180° da figura em torno de $\overline{OP}$ é:

a) $\dfrac{5\pi R^3}{12}$ **(X)**

b) $\dfrac{5\pi R^3}{24}$

c) $\dfrac{5\pi R^3}{48}$

d) $5\pi R^3$

e) $\dfrac{5\pi R^3}{12}$

16) **(AFA)** – A região R da figura está limitada por três semi-circunferências. Sabendo-se que tal região efetua uma volta completa em torno do eixo Ox então, o volume do sólido gerado por ela, em cm³, é:

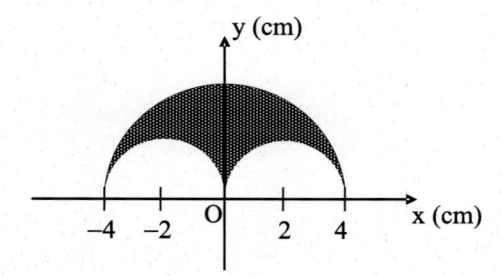

a) $\dfrac{2^6}{3}\pi$

b) $\dfrac{2^3}{3}\pi$

c) $2^6 \pi$ **(X)**

d) $2^8 \pi$

17) **(AFA)** – Uma esfera, com 2cm de raio, é imersa em um recipiente contendo água, com o formato de um prisma hexagonal regular, cuja base está inscrita em uma circunferência de raio R. Supondo que a água não transborde, qual a variação de seu nível?

a) $\left(\dfrac{2^4 \sqrt{3}}{3} \right) \dfrac{\pi}{R}$

b) $\left(\dfrac{2^4 \sqrt{3}}{3^2} \right) \dfrac{\pi}{R}$

c) $\left(\dfrac{2^5 \sqrt{3}}{3^3} \right) \dfrac{\pi}{R^2}$

d) $\left(\dfrac{2^6 \sqrt{3}}{3^3} \right) \dfrac{\pi}{R^2}$ **(X)**

18) **(AFA)** – O volume, em cm³, de uma cunha esférica de 60°, em uma esfera de raio 3cm, é:

a) 3π
b) 6π **(X)**
c) 9π
d) 18π

19) **(EN)** – Uma tigela tem a forma de uma semi-esfera de raio 30cm e se encontra sobre uma mesa. Uma gota d'água se encontra na borda da tigela e começa a escorrer externamente sobre ela com uma velocidade de 2,5π cm/s. Após 2 segundos, a distância entre a gota d'água e a mesa é de:

a) $15\sqrt{3}$ cm
b) 15cm **(X)**
c) 10cm
d) $15\dfrac{\sqrt{3}}{2}$ cm
e) $\dfrac{30}{\pi}$ cm

20) **(ITA)** – Um cone circular reto tem altura 12 cm e raio da base 5 cm. O raio da esfera inscrita nesse, em cm,
a) 10/3 **(X)**
b) 7/4
c) 12/5
d) 3
e) 2

21) **(IME)** – Seja, sobre uma esfera, um círculo máximo (C) com diâmetro $\overline{AB}$ = 2R. Traçam-se: uma corda $\overline{MN}$ do círculo (C), paralela a AB, e duas retas x e y perpendiculares ao plano do círculo de diâmetro $\overline{AB}$ e passando, respectivamente, por M e N. Os planos definidos pelo ponto A e a reta x e o definido pelo ponto A e a reta y cortam a esfera segundo dois círculos. Mostre que quando MN varia, mantendo-se paralela a AB, a soma dos quadrados de seus raios é constante.
R.: A soma é igual a r^2

22) **(EsPCEx)** – Uma pirâmide irregular de base hexagonal regular tem altura h = 9m e a maior diagonal de sua base mede d = $3\sqrt{7}$ m. Sabendo que a projeção ortogonal de seu vértice sobre a base coincide com um dos vértices da mesma, podemos afirmar que o volume da esfera circunscrita à pirâmide é:
a) 288π m^3 **(X)**
b) 216π m^3
c) 144π m^3
d) 72π m^3

23) **(EsPCEx)** – O volume de um tronco de pirâmide, obtido a partir de uma pirâmide de base quadrada inscrita em uma semi-esfera de raio R e um plano paralelo à base, distante R/2 da mesma, vale:

a) $\dfrac{1}{2}$ do volume da pirâmide

b) $\dfrac{7}{8}$ do volume da pirâmide **(X)**

c) $\dfrac{2}{3}$ do volume da pirâmide

d) $\dfrac{7}{12}$ do volume da pirâmide

e) $\dfrac{5}{9}$ do volume da pirâmide

24) **(AFA)** – O volume de um octaedro regular inscrito em uma esfera de raio R é:

a) $\dfrac{2}{3} R^3$

b) $\dfrac{3}{4} R^3$

c) $\dfrac{4}{3} R^3$ **(X)**

d) $\dfrac{3}{2} R^3$

25) **(ITA)** A circunferência inscrita em um triângulo eqüilátero com lados de 6cm de comprimento é a interseção de uma esfera de raio igual a 4cm com o plano do triângulo.

Então, a distância do centro da esfera aos vértices do triângulo é (em cm)

a) $3\sqrt{3}$.

b) 6.

c) 5. **(X)**

d) 4.

e) $2\sqrt{5}$.

26) **(ITA)** Uma esfera de raio r é seccionada por n planos meridianos. Os volumes das respectivas cunhas esféricas contidas em uma semi-esfera formam uma progressão aritmética de razão $\dfrac{\pi r^3}{45}$. Se o volume da menor cunha for igual a $\dfrac{\pi r^3}{18}$, então n é igual a

a) 4.
b) 3.
c) 6. **(X)**
d) 5.
e) 7.

27) **(ITA)** Um cone circular reto com altura de $\sqrt{8}$ cm e raio da base de 2 cm está inscrito em uma esfera que, por sua vez, está inscrita em um cilindro. A razão entre as áreas das superfícies totais do cilindro e do cone é igual a:

a) $\dfrac{3}{2}\left(\sqrt{2}-1\right).$

b) $\dfrac{9}{4}\left(\sqrt{2}-1\right).$

c) $\dfrac{9}{4}\left(\sqrt{6}-1\right).$

d) $\dfrac{27}{8}\left(\sqrt{3}-1\right).$ **(X)**

e) $\dfrac{27}{16}\left(\sqrt{3}-1\right).$

Números Complexos

23

01) **(ITA)** – Seja a o módulo do número complexo $(2-2\sqrt{3}\,i)^{10}$. Então o valor de x que verifica a igualdade

$(4a)^x = a$ é:

a) 10/11 **(X)**

b) –2

c) 5/8

d) 3/8

e) 1/5

02) **(AFA)** – Se $w = \dfrac{2-i}{1+i}$, $i = \sqrt{-1}$, então $\overline{w}$ é igual a:

a) $\dfrac{1}{2}+\dfrac{3}{2}i$ **(X)**

b) $\dfrac{1}{2}+\dfrac{-3}{2}i$

c) $\dfrac{-1}{2}+\dfrac{3}{2}i$

d) $\dfrac{-1}{2}+\dfrac{-3}{2}i$

03) **(AFA)** – Se $z = 2 - 5i$ e $w = -1 + 3i$, sendo $i = \sqrt{-1}$, então o valor de $|zw|$ é:

a) $\sqrt{270}$

b) $\sqrt{290}$ **(X)**

c) $\sqrt{310}$

d) $\sqrt{330}$

04) **(EN)** – Sendo i a unidade imaginária dos números complexos, o valor do número natural n tal que $(2i)^n + (1 + i)^{2n} = 64i$ é:

a) 4

b) 5 **(X)**

c) 6

d) 7

e) 9

05) **(ITA)** – Sabe-se que $2\left(\cos\dfrac{\pi}{20} + i\,\text{sen}\,\dfrac{\pi}{20}\right)$ é uma raiz quíntupla de w. Seja S o conjunto de todas as raízes de $z^4 - 2z^2 + \dfrac{w - 16\sqrt{2}\,i}{8\sqrt{2}} = 0$.

Um subconjunto de S é:

a) $\left\{ 2^{\frac{1}{2}}\left(\cos\dfrac{7\pi}{8} + i\,\text{sen}\,\dfrac{7\pi}{8}\right),\ 2^{\frac{1}{2}}\left(\cos\dfrac{\pi}{8} + i\,\text{sen}\,\dfrac{\pi}{8}\right)\right\}$

b) $\left\{ 2^{\frac{1}{2}}\left(\cos\dfrac{9\pi}{8} + i\,\text{sen}\,\dfrac{9\pi}{8}\right),\ 2^{\frac{1}{2}}\left(\cos\dfrac{5\pi}{8} + i\,\text{sen}\,\dfrac{5\pi}{8}\right)\right\}$

c) $\left\{ 2^{\frac{1}{4}}\left(\cos\dfrac{7\pi}{4} + i\,\text{sen}\,\dfrac{7\pi}{4}\right),\ 2^{\frac{1}{4}}\left(\cos\dfrac{\pi}{4} + i\,\text{sen}\,\dfrac{\pi}{4}\right)\right\}$

d) $\left\{ 2^{\frac{1}{4}}\left(\cos\dfrac{7\pi}{8} + i\,\text{sen}\,\dfrac{7\pi}{8}\right),\ 2^{\frac{1}{4}}\left(\cos\dfrac{\pi}{8} + i\,\text{sen}\,\dfrac{\pi}{8}\right)\right\}$ **(X)**

e) n.d.a.

06) **(ITA)** – Considere o número complexo $z = a + 2i$ cujo argumento está no intervalo $\left(0, \dfrac{\pi}{2}\right)$. Sendo S o conjunto dos valores de a para os quais z^6 é um número real, podemos afirmar que o produto dos elementos de S vale:

a) 4

b) $\dfrac{4}{\sqrt{3}}$

c) 8

d) $\dfrac{8}{\sqrt{3}}$

e) n.d.a. **(X)**

07) **(ITA)** – Seja z um número complexo satisfazendo Re $z > 0$ e $(z + i)^2$ $+ \mid \overline{z} + i \mid^2 = 6$. Se n é o menor natural para o qual z^n é um imaginário puro, então n é igual a:

a) 1

b) 2

c) 3

d) 4 **(X)**

e) 5

08) **(AFA)** – No plano de Argand-Gauss, a representação do complexo conjugado de $i - \dfrac{1}{i}$ é:

a) 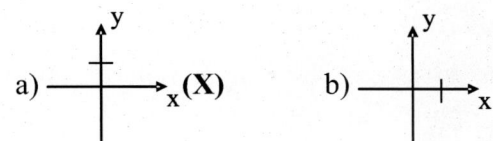**(X)**   b)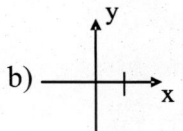

c) 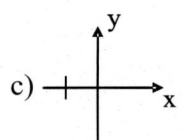   d)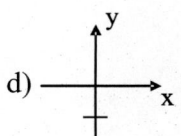

09) **(AFA)** – A solução da equação:

$$\left[10 \left| \left(\sqrt{68} - 4i\sqrt{2} \right)^{10} \right| \right]^{x} = \left| \left(2\sqrt{17} - 4i\sqrt{2} \right)^{21} \right|, \ i = \sqrt{-1} \ , \text{ é:}$$

a) $\dfrac{21}{11}$ **(X)**

b) 2

c) $\dfrac{31}{12}$

d) 4

10) **(AFA)** – Considere a equação $(z + i)^2 - 6 - \left| \bar{z} + i \right|^2$, onde z é um número complexo, $i = \sqrt{-1}$ e Re z > 0. O menor número natural n tal que z^n seja um imaginário puro é:

a) 1 **(X)**

b) 2

c) 3

d) 4

11) **(AFA)** – O valor da expressão $i^{101} (1 - i)^{46} \cdot (1 - i)^{-44}$, $i = \sqrt{-1}$, é:

a) 2 **(X)**

b) 4

c) 6

d) 8

12) **(IME)** – Faça o que se pede:

a) Calcule o argumento do seguinte número complexo $i (1 + i)$;

b) Escreva sob forma trigonométrica o número complexo $Z = 1 + i\sqrt{3}$.

Resp: a) $\sqrt{2}$ e $\dfrac{3\pi}{4}$

   b) $2(\cos 60^\circ + i \, \text{sen} 60^\circ)$

13) **(EN)** – A expressão que melhor representa o resultado do produto

$$i \cdot \left(-\frac{1}{2} - \frac{\sqrt{3}}{2} i \right)^{-6} \text{ é:}$$

a) $\dfrac{i}{2}$

b) $-\dfrac{i}{2}$

c) $\dfrac{1 - i\sqrt{3}}{2}$

d) i **(X)**

e) $\dfrac{\sqrt{3} - i}{2}$

14) **(EN)** – O número complexo Z em $iZ + 2\overline{Z} + 1 - i = 0$ ($\overline{Z}$ é o conjunto de Z) é tal que Z^{1004} é igual a:

a) $2^{502} \cdot (i - 1)$

b) -2^{502} **(X)**

c) $i \cdot 2^{1004}$

d) $i \cdot 2^{502}$

e) 2^{1004}

15) **(ITA)** – Se $z = \cos t + i \operatorname{sen} t$, onde $0 < t < 2\pi$, então podemos afirmar que $w = \dfrac{1 + z}{1 - z}$ é dado por:

a) $i \operatorname{cotg} \dfrac{t}{2}$

b) $i \operatorname{tg} \dfrac{t}{2}$

c) $i \operatorname{cotg} t$

d) $i \operatorname{tg} t$

e) n.d.a. **(X)**

16) **(ITA)** – Sejam $w = a + bi$ com $b \neq 0$ e $a, b, c \in R$. O conjunto dos números complexos z que verificam a equação $wz + \overline{wz} + c = 0$, descreve:
a) Um par de retas paralelas
b) Uma circunferência
c) Uma elipse
d) Uma reta com coeficiente angular $m = \dfrac{a}{b}$ **(X)**
e) n.d.a.

17) **(CFO)** – Dados os complexos:
$Z_1 = \sqrt{3}\left(\cos 5\pi/7 + i\,\text{sen}\, 5\pi/7\right)$
$Z_2 = 2\sqrt{2}\left(\cos 2\pi/7 + i\,\text{sen}\, 2\pi/7\right)$
$Z_3 = 4\sqrt{3}\left(\cos 12\pi/7 + i\,\text{sen}\, 12\pi/7\right)$
O valor de $Z_1^3 \cdot Z_2^2 / Z_3$ é:

a) $6i$

b) $-6i$

c) 6

d) -6 **(X)**

e) $-i$

18) **(AFA)** – Simplificando-se a expressão $(1 + i^{95})^{-1}(1 + i^{201})(1 + i)^2$, sendo i a unidade imaginária, obtém-se:
a) -2 **(X)**
b) -1
c) i
d) 2

19) **(EsFAO)** – O conjunto solução, da equação em z, $z \cdot \bar{z} + 2(z - \bar{z})$ $= 5 - 8i$ é:

a) $\{1 - 2i; 1 + 2i\}$

b) $\{1 - 2i; -1 - 2i\}$ **(X)**

c) $\{-1 - 2i; -1 + 2i\}$

d) $\{1 + 2i; -1 + 2i\}$

e) qualquer z

20) **(AMAN)** – As quatro raízes de -1 são:

a) $\left(\dfrac{\sqrt{2}}{2} i - \dfrac{\sqrt{2}}{2} \right)$; $\left(\sqrt{2} i \right)$; $\left(\dfrac{\sqrt{2}}{2} + \dfrac{\sqrt{2}}{2} i \right)$; $\left(-\sqrt{2} i \right)$

b) (i); $\left(\dfrac{\sqrt{2}}{2} i \right)$; $\left(\dfrac{\sqrt{2}}{2} + \dfrac{\sqrt{2}}{2} i \right)$; $\left(-\dfrac{\sqrt{2}}{2} + \dfrac{\sqrt{2}}{2} i \right)$

c) $(-i)$; (i); $\left(\dfrac{\sqrt{2}}{2} + \dfrac{\sqrt{2}}{2} i \right)$; $\left(\dfrac{\sqrt{2}}{2} - \dfrac{\sqrt{2}}{2} i \right)$

d) $(-i)$; (i); $\left(\sqrt{2} + i \right)$; $\left(\sqrt{2} - i \right)$

e) $\left(\dfrac{\sqrt{2}}{2} + i\dfrac{\sqrt{2}}{2} \right)$; $\left(-\dfrac{\sqrt{2}}{2} + i\dfrac{\sqrt{2}}{2} \right)$; $\left(-\dfrac{\sqrt{2}}{2} - i\dfrac{\sqrt{2}}{2} \right)$; $\left(\dfrac{\sqrt{2}}{2} - i\dfrac{\sqrt{2}}{2} \right)$ **(X)**

21) **(AMAN)** – Se $Z_1 = 2\left(\cos\dfrac{\pi}{4} + i \operatorname{sen} \dfrac{\pi}{4} \right)$ e $Z_2 = 2\left(\cos\dfrac{3\pi}{4} + i \operatorname{sen} \dfrac{3\pi}{4} \right)$, então $Z_1 + Z_2$ e $Z_1 \cdot Z_2$, valem, respectivamente:

a) $0 ; 0$

b) $\sqrt{3} i ; 0$

c) $2\sqrt{2} i ; -4$ **(X)**

d) $4\sqrt{2} i ; -4$

e) $(2\sqrt{2} + 2\sqrt{2} i) ; 4$

22) **(AFA)** – A razão $\dfrac{1+i}{1-i}$, $i = \sqrt{-1}$, vale:

a) $-i$

b) $-\dfrac{i}{2}$

c) $\dfrac{i}{2}$

d) i **(X)**

23) **(EN)** – As soluções da equação $(z - 1 + i)^4 = 1$ pertencem uma curva. Determine a equação dessa curva

R.: $(x - 1)^2 + (y + 1)^2 = 1$

24) **(ITA)** – Resolvendo a equação $z^2 = \overline{2 + z}$ no conjunto dos números complexos, conclui-se sobre as suas soluções que:

a) nenhuma delas é um número inteiro

b) a soma delas é 12

c) essas são em número de 2 e são distintas **(X)**

d) essas são em número de 4 e são 2 a 2 distintas

e) uma delas é da forma $z = bi$ com b real não nulo.

Nota: Por $\overline{a}$ denotamos o conjugado do número complexo a.

25) **(ITA)** – Sejam x e y números reais, com $x \neq 0$, satisfazendo $(x + iy)^2 = (x + y)i$. Então:

a) x e y são números irracionais

b) $x > 0$ e $y < 0$

c) x é uma raiz da equação $x^3 + 3x^2 + 2x - 6 = 0$ **(X)**

d) $x < 0$ e $y = x$

e) $x^2 + xy + y^2 = 1/2$

26) **(IME)** – Determine as raízes de $z^2 + 2iz + 2 - 4i = 0$ e localize-as no plano complexo, sendo $i = \sqrt{-1}$.

R.: $1 + i$, $1 - 3i$, $-1 + i$ e $-1 - 3i$

27) **(IME)** – Prove que $\overline{Z_1 + Z_2} = \overline{Z_1} + \overline{Z_2}$, onde Z_1, $Z_2 \in C$.

28) **(ITA)** Considere a equação:

$$16\left(\frac{1-ix}{1+ix}\right)^3 = \left(\frac{1+i}{1-i} - \frac{1-i}{1+i}\right)^4.$$

Sendo x um número real, a soma dos quadrados das soluções dessa equação é:
a) 3.
b) 6. **(X)**
c) 9.
d) 12.
e) 15.

29) **(IME)** Sejam z e w números complexos tais que:

$$\begin{cases} w^2 - z^2 = 4 + 12i \\ \overline{z} - \overline{w} = 2 + 4i \end{cases}$$

onde $\overline{z}$ e $\overline{w}$ representam, respectivamente, os números complexos conjugados de z e w. O valor de z + w é:
a) $1 - i$
b) $2 + i$
c) $-1 + 2i$
d) $2 - 2i$ **(X)**
e) $-2 + 2i$

30) **(ITA)** Sejam a e b números complexos não-nulos, tais que $a^2 + b^2 = 0$.

Se z, $\omega \in C$ satisfazem $\begin{cases} \overline{z}\omega + z\overline{\omega} = 6a \\ z\omega - \overline{z}\overline{\omega} = 8b \end{cases}$ determine o valor de |a| de

forma que $|z\omega| = 1$. resp. 1/5

31) **(ITA)** Seja $z \in C$ com $|z| = 1$. Então, a expressão $\left|\dfrac{1 - \overline{z}w}{z - w}\right|$ assume valor
a) maior que 1, para todo w com $|w| > 1$.
b) menor que 1, para todo w com $|w| < 1$.
c) maior que 1, para todo w com $w \neq z$.
d) igual a 1, independente de w com $w \neq z$. **(X)**
e) crescente para $|w|$ crescente, com $|w| < |z|$.

32) **(ITA)** Considere a função $f: R \to C$, $f(x) = 2 \cos x + 2 i \operatorname{sen} x$. Então, $\forall x, y \in R$, o valor do produto $f(x)f(y)$ é igual a:
a) $f(x + y)$.
b) $2f(x + y)$. **(X)**
c) $4if(x + y)$.
d) $f(xy)$.
e) $2f(x) + 2if(y)$.

33) **(ITA)** Seja z_0 o número complexo $1 + i$. Sendo S o conjunto solução no plano complexo de $|z - z_0| = |z + z_0| = 2$, então o produto dos elementos de S é igual a:
a) $4(1 - i)$.
b) $2(1 + i)$.
c) $2(i - 1)$.
d) $- 2i$.
e) $2i$. **(X)**

34) **(ITA)** Sendo $z = \dfrac{1 + i}{\sqrt{2}}$, calcule $\left|\displaystyle\sum_{n=1}^{60} z^n\right| = |z + z^2 + z^3 + \ldots + z^{60}|$.
R. $\sqrt{4 + 2\sqrt{2}}$

24

Polinômios

01) **(AFA)** – O polinômio $P(x)$ é divisível por $x^2 - a^2$ ($a \neq 0$), se, e somente se:

a) $P(a) = 0$

b) $P(-a) = 0$

c) $P(a) = P(-a) = 0$ **(X)**

d) $P(a) = 0$ e $P(-a) \neq 0$

02) **(AFA)** – O parâmetro a, de modo que o resto da divisão de $5x^3 + (2a - 3) x^2 + ax - 2$ por $x + 2$ seja 6, é igual a:

a) 9

b) 10 **(X)**

c) 11

d) 12

03) (AFA) – Da divisão polinomial de $A(x)$ por $B(x)$ resulta $Q(x)$ como quociente e $R(x)$ como resto. Então, dividindo-se $A(x)$ por $3B(x)$, obtém-se como quociente e resto, respectivamente:

a) $\dfrac{Q(x)}{3}$ e $R(x)$ **(X)**

b) $\dfrac{Q(x)}{3}$ e $\dfrac{R(x)}{3}$

c) $3Q(x)$ e $R(x)$

d) $3Q(x)$ e $3R(x)$

04) (AFA) – O valor da expressão $A^2 - 2B + C$, de modo que seja verificada a igualdade $\dfrac{1}{(x-1)(x^2+1)} = \dfrac{A}{x-1} + \dfrac{Bx+C}{x^2+1}$ é:

a) $\dfrac{3}{4}$ **(X)**

b) $\dfrac{4}{3}$

c) $\dfrac{-4}{3}$

d) $\dfrac{-3}{4}$

05) (ITA) – A divisão de um polinômio $P(x)$ por $x^2 - x$ resulta no quociente $6x^2 + 5x + 3$ e resto $-7x$. O resto da divisão de $P(x)$ por $2x + 1$ é igual a:

a) 1

b) 2

c) 3

d) 4

e) 5 **(X)**

06) (EN) – O polinômio $2x^4 - x^3 + mx^2 + 2n$ é divisível por $x^2 - x - 2$. O valor de $m \cdot n$ é:

a) -8 b) -10 c) -12 d) -14 **(X)**   e) -16

07) **(EN)** – Se P(x) é um polinômio de terceiro grau tal que P(0) = −2; P(1) = 3; P(2) = 1 e P(3) = 6, então o resto da divisão de P(x) por P(x − 4) tem valor:
a) 36
b) 28
c) 12
d) 18
e) 32 **(X)**

08) **(EN)** – Os valores de A, B e C que tornam verdadeira a identidade
$$\frac{9x^2 - 16x + 4}{x^3 - 3x^2 + 2x} \equiv \frac{A}{x} + \frac{B}{x-1} + \frac{C}{x-2}$$
são tais que:
a) A − B + C = 5
b) A − B − C = 3
c) A + B − C = 1**(X)**
d) 2A − B + C = 7
e) A − 2B + C = 2

09) **(CFO)** – O polinômio P(x) = x³ + ax + b é divisível por (x − 1)². Então:
a) ab = −6 **(X)**
b) a = b
c) $a^b = 8$
d) 2b + a = −4
e) a/b= −(1/2)

10) **(CFO)** – O polinômio P(x) do 3° grau é tal que P(−2) = P(3) = P(−1) = 0 e P(0) = 12. O valor de P(1) é:
a) 24 **(X)**
b) 12
c) 1
d) −12
e) −24

11) **(AFA)** – Se $\dfrac{x+2}{x(x+1)(x-2)} = \dfrac{A}{x} + \dfrac{B}{x+1} + \dfrac{C}{x-2}$, então $A^2 + BC$ vale:

a) 7/9

b) 11/9 **(X)**

c) 5/3

d) 19/9

12) **(AFA)** – Se o polinômio $P(x) = x^3 - x^2 + mx + n$, é divisível por $Q(x) = x^2 - 2x + 1$, então o valor de $m^2 + n^2$ é

a) 0

b) 1

c) 2 **(X)**

d) 3

13) **(AFA)** – Um polinômio $P(x)$ dividido por $(x - 2)$ tem resto 3, e dividido por $(x - 4)$ tem resto 1. Então, o resto da divisão desse polinômio por $(x - 2)(x - 4)$ é igual a:

a) $- x - 5$

b) $- x + 5$ **(X)**

c) $x - 5$

d) $x + 5$

e) n.r.a.

14) **(AMAN)** – O valor de m para que o resto da divisão de $x^6 - x^5 + 2x^3 - 12x + m$ por $x - 2$ seja 20 é:

a) -3

b) -4 **(X)**

c) 4

d) 3

e) 25

15) **(EsFAO)** – O polinômio $P(x) = x^5 - 5x^4 - x^3 + mx^2 + nx + p$ é divisível por $(x^2 - 1)(x - 1)$, quando:

a) $m = n + p$

b) $m - p + n = 13$ **(X)**

c) $m + p = n$

d) $m + n = p$

e) $n + p = 2m$

16) **(EN)** – Decompondo-se à fração $\dfrac{x+2}{x^3 - x}$ em uma soma de frações cujos denominadores são polinômios do 1º grau, podemos afirmar que a soma dos numeradores dessas frações é:

a) -3

b) -2

c) -1

d) 0 **(X)**

e) 1

17) **(ITA)** – A identidade

$$\frac{x^3 + 4}{x^3 + 1} = 1 + \frac{a}{x+1} + \frac{bx+c}{x^2 - x + 1}$$

é válida para todo número real $x \neq -1$. Então $a + b + c$ é igual a:

a) 5

b) 4

c) 3

d) 2 **(X)**

e) 1

18) **(IME)** – Seja o polinômio P(x) de grau (2n + 1) com todos os seus coeficientes positivos e unitários. Dividindo-se P(x) por D(x), de grau 3, obtém-se o resto R(x).

Determine R(x), sabendo-se que as raízes de D(x) são as raízes de $A(x) = x^4 - 1$ e que $D(1) \neq 0$.

R.: 0, se n é par; x + 1, se n é ímpar

19) **(EN)** – Seja P(x) um polinômio do 2° grau, tal que P(−1) = 12, P(0) = 6 e x = 2 é raiz de P(x). O resto da divisão de P(x) por (x − 3) é:

a) −1

b) 0 **(X)**

c) 2

d) 3

e) 6

20) **(ITA)** Para algum número real r, o polinômio $8x^3 - 4x^2 - 42x + 45$ é divisível por $(x - r)^2$. Qual dos números abaixo está mais próximo de r?

a) 1,62

b) 1,52 **(X)**

c) 1,42

d) 1,32

e) 1,22

21) **(ITA)** A divisão de um polinômio f(x) por (x − 1)(x − 2) tem resto x + 1. Se os restos das divisões de f(x) por x − 1 e x − 2 são, respectivamente, os números a e b, então $a^2 + b^2$ vale:

a) 13. **(X)**   d) 1.

b) 5.   e) 0.

c) 2.

22) **(ITA)** Sejam a, b, c e d constantes reais. Sabendo que a divisão de $P_1(x) = x^4 + ax^2 + b$ por $P_2(x) = x^2 + 2x + 4$ é exata, e que a divisão de $P_3(x) = x^3 + cx^2 + dx - 3$ por $P_4(x) = x^2 - x + 2$ tem resto igual a $- 5$, determine o valor de a+ b+ c+ d.

R. a + b + c + d = 21

23) **(ITA)** Com base o gráfico da função polinomial $y = f(x)$ esboçado abaixo, responda qual é o resto da divisão de $f(x)$ por $\left(x - \dfrac{1}{2} \right)(x - 1)$.

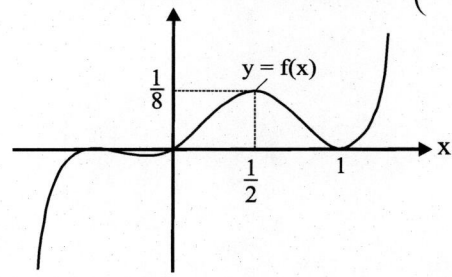

RESP. $-x/4 + 1/4$

24) **(ITA)** Dividindo-se o polinômio $P(x) = x^5 + ax^4 + bx^2 + cx + 1$ por $(x - 1)$, obtém-se resto igual a 2. Dividindo-se $P(x)$ por $(x + 1)$, obtém-se resto igual a 3. Sabendo que $P(x)$ é divisível por $(x - 2)$, tem-se que o valor de $\dfrac{ab}{c}$ é igual a:

a) – 6.

b) – 4.

c) 4.

d) 7.

e) 9. **(X)**

25) **(ITA)** Considere o polinômio $P(x) = 2x + a_2x^2 + ... + a_nx^n$, cujos coeficientes 2, a_2, ... , na formam, nessa ordem, uma progressão geométrica de razão $q > 0$. Sabendo que $-\dfrac{1}{2}$ é uma raiz de P e que $P(2) = 5460$, tem-se que o valor de $\dfrac{n^2 - q^3}{q^4}$ é igual a:

a) $\dfrac{5}{4}$.

b) $\dfrac{3}{2}$

c) $\dfrac{7}{4}$. **(X)**

d) $\dfrac{11}{6}$.

e) $\dfrac{15}{8}$.

26) **(ITA)** Seja $P(x)$ um polinômio divisível por $x - 1$. Dividindo-o por $x^2 + x$, obtém-se o quociente $Q(x) = x^2 - 3$ e o resto $R(x)$. Se $R(4) = 10$, então o coeficiente do termo de grau 1 de $P(x)$ é igual a:

a) – 5.

b) – 3.

c) – 1. **(X)**

d) 1.

e) 3.

Equações Algébricas

01) **(CFO)** – A soma das raízes reais da equação
$2^{3x} + 3 \cdot 2^{2x} - 6 \cdot 2^x - 8 = 0$ vale:
a) -4
b) -3
c) -1
d) 1 **(X)**
e) 3

02) **(EN)** – As raízes da equação $64x^3 - 56x^2 + 14x - 1 = 0$ estão em progressão geométrica. Podemos afirmar que essas raízes pertencem ao intervalo:

a) $\left[0; \dfrac{3}{4} \right]$ **(X)**   d) $\left[\dfrac{1}{3}; \dfrac{3}{2} \right]$

b) $\left[-1; \dfrac{1}{10} \right]$ e) $\left[\dfrac{-1}{3}; \dfrac{1}{10} \right]$

c) $\left[-2; \dfrac{-1}{6} \right]$

03) **(AFA)** – Se a, b, c e d são as raízes da equação $3x^4 + 6x^3 - x^2 + 3x - 9 = 0$, então o valor de $a^2b^2c^2d^2$ é:

a) -9

b) -3

c) 3

d) 9 **(X)**

04) **(AFA)** – Se a, b e c são as raízes da equação $x^3 - \sqrt{3}x^2 + 54 = 0$, então $a^{-2} + b^{-2} + c^{-2}$ é igual a:

a) $\dfrac{\sqrt{3}}{3}$

b) $\dfrac{\sqrt{3}}{9}$

c) $\dfrac{\sqrt{3}}{27}$ **(X)**

d) $\dfrac{\sqrt{3}}{81}$

05) **(ITA)** – Considere a equação:

$$\det \begin{bmatrix} 2 & 2 & 2 \\ G(x) & 2x & F(x) \\ [G(x)]^2 & 4x^2 & [F(x)]^2 \end{bmatrix} = 0$$

onde $F(x) = \dfrac{x^4 + x^3 - x + 1}{x^2}$ e $G(x) = \dfrac{x^2 - 1}{x}$, com $x \in R$, $x \neq 0$.

Sobre as raízes reais dessa equação, temos:

a) Duas delas são negativas **(X)**

b) Uma delas é um número irracional

c) Uma delas é um número par

d) Uma delas é positiva e a outra é negativa

e) n.d.a.

06) **(EN)** – A relação entre os coeficientes b e c para que a equação $x^3 + bx + c = 0$, possua duas raízes iguais é:
a) $4b^3 + 27c^2 = 0$ **(X)**
b) $b^3 + c^2 = 0$
c) $2b^3 + 3c^2 = 0$
d) $b^3 + c^2 = 0$
e) $3b = c$

07) **(ITA)** – Sabendo-se que $4 + i\sqrt{2}$ e $\sqrt{5}$ são raízes do polinômio $2x^5 - 22x^4 + 74x^3 + 2x^2 - 420x + 540$, então a soma dos quadrados de todas as raízes reais é:
a) 17
b) 19 **(X)**
c) 21
d) 23
e) 25

08) **(AFA)** – Se a, b e c são raízes da equação $2x^3 - 3x^2 + 5x + 1 = 0$, então $\dfrac{1}{a^2} + \dfrac{1}{b^2} + \dfrac{1}{c^2}$ é:
a) 30
b) 31**(X)**
c) 32
d) 33

09) **(AFA)** – Qual das afirmações abaixo é verdadeira?
a) Se o polinômio $P(x) = x^3 + Ax^2 + Bx + 8$ é divisível por $(x - 1)$ e por $(x + 2)$, então o resto da divisão de $P(x)$ por $(x - 3)$ é -6.

b) A função $y = \cos x - \operatorname{sen} x$, somente em termos de sen x, é dada por $y = \sqrt{2}\,\operatorname{sen}\left(\dfrac{\pi}{4} + x\right)$.

c) Se os números A, B e 1 são raízes da equação $x^3 - 6x^2 + 11x - 6 = 0$, então $A^2 + B^2 = 12$.

d) Se $S = \left\{ x \in R \; / \; | \operatorname{senx} | < \dfrac{1}{2} \right\}$ e $T = \{ x \in R \; | \; -1 < \cos x < 0 \}$,

então $S \cap T = \left\{ x \in R \; | \; \dfrac{5\pi}{6} < x < \dfrac{7\pi}{6} \right\}$, para $0 < x < 2\pi$ **(X)**

10) **(ITA)** – Seja S o conjunto de todas as raízes da equação $12x^3 - 16x^2 - 3x + 4 = 0$. Podemos afirmar que:
a) $S \subset \;]-1, 0[\; \cup \;]0, 1[\; \cup \;]1, 2[$ **(X)**
b) $S \subset \;]-2, -1[\; \cup \;]0, 1[\; \cup \;]3, 4[$
c) $S \subset \;]0, 4[$
d) $S \subset \;]-2, -1[\; \cup \;]1, 2[\; \cup \;]3, 4[$
e) n.d.a.

11) **(ITA)** – Os valores de m de modo que a equação $x^3 - 6x^2 - m^2x + 30 = 0$, tenha duas de suas raízes somando um, são:
a) 0
b) $\sqrt{3}$ e 3
c) 1 e –1 **(X)**
d) 2 e –2
e) n.d.a.

12) **(ITA)** – Considere as afirmações:
I) A equação $3x^4 - 10x^3 + 10x - 3 = 0$ só admite raízes reais.
II) Toda equação recíproca admite um único par de raízes.
III) As raízes da equação $x^3 + 4x^2 - 4x - 16 = 0$, são exatamente o dobro das raízes de $x^3 + 2x^2 - x - 2 = 0$
Então:
a) Apenas I é verdadeira.
b) Apenas II é falsa **(X)**
c) Apenas III é verdadeira
d) Todas são verdadeiras
e) n.d.a.

13) **(AFA)** – A solução da inequação $2x^2 - 3x + 8 > \dfrac{3x^3 + x^2 - 5x + 10}{x + 2}$,
no conjunto dos números reais, é dada pelo intervalo:
a) $-2 < x < 5$
b) $-2 < x < 3$
c) $-1 < x < 3$ **(X)**
d) $-1 < x < 5$

14) **(AFA)** – Os coeficientes do polinômio $P(x)$ são reais, e sabe-se que ele possui três raízes, duas das quais são 0 e i (i = unidade imaginária). Então, $P(x)$ pode ser:
a) $x^4 - x$
b) $x^4 + x$
c) $x^4 - x^2$
d) $x^4 + x^2$ **(X)**

15) **(EsFAO)** – Qual o menor grau para que uma equação polinomial de coeficientes reais possa admitir as raízes $2 + i$; $1 - 3i$; 4 e 5i?
a) 3
b) 4
c) 5
d) 6
e) 7 **(X)**

16) **(EsFAO)** – Sejam w_1 e w_2 raízes não reais de $w^3 + 8 = 0$. O valor de $(w_1 - 3)(w_2 - 3)$ é:
a) 11
b) 8
c) 7 **(X)**
d) -7
e) -11

17) **(AFA)** – Se $x = 1$ é raiz da equação $x^4 + px^3 + px^2 + px + p = 0$, então:
a) $p = -1/4$ **(X)**
b) $p = 1/2$
c) $p = 0$ ou $p = -1$
d) $p = 1$ ou $p = -1$

18) **(AMAN)** – O valor de k para que o produto das raízes da equação: $x^3 - 7x^2 + 8x + k - 1 = 0$, seja -2 é:
a) 2
b) -1 **(X)**
c) 1
d) 3
e) 4

19) **(EN)** – Sabendo-se que a equação $x^4 - 4x^2 + 8x + 35 = 0$, admite a raiz $2 + i\sqrt{3}$, podemos afirmar que:
a) a soma de suas raízes é zero **(X)**
b) tem 2 raízes reais
c) a soma de suas raízes é -8
d) a soma de suas raízes é -35
e) a equação tem uma raiz dupla

20) **(AMAN)** – As raízes da equação $x^4 + 2x^3 - 7x^2 + 4x = 0$, são:
a) $\{1, 1, -4, 5\}$
b) $\{0, 1, 1, -4\}$ **(X)**
c) $\{0, 1, 2, 5\}$
d) $\{0, 1, -1, -4\}$
e) $\{1, -1, 2, -2\}$

21) **(AMAN)** – O produto das raízes da equação $x^4 + 5x^2 + 4 = 0$, é:
a) 4 **(X)**   d) 3
b) -3 e) 25
c) 1

22) **(EsFAO)** – Sendo i a unidade imaginária, $3 - \sqrt{2}\,i$ é raiz da equação $x^3 - 3x^2 - 7x + 33 = 0$. Sobre essa equação é correto afirmar que:
a) não admite raiz real
b) admite duas raízes reais
c) admite $1 + i$ como raiz
d) admite raiz real negativa **(X)**
e) admite raiz real positiva

23) **(EsFAO)** – O polinômio $P(x) = x^3 + px^2 + 15x - 25$ admite $1 + 2i$ como raiz. O valor de "p" é:
a) 7
b) 5
c) 1
d) –5
e) –7**(X)**

24) **(EsFAO)** – As raízes da equação $x^3 - 2x^2 + 5x + 7 = 0$, são a, b e c. A equação de raízes ab; ac e bc é:
a) $x^3 + 5x^2 - 14x + 49 = 0$
b) $x^3 - 2x^2 + 10x - 49 = 0$
c) $x^3 - 5x^2 + 14x + 49 = 0$
d) $x^3 - 2x^2 + 10x + 49 = 0$
e) $x^3 - 5x^2 - 14x - 49 = 0$ **(X)**

25) **(EsFAO)** – Seja $w \neq -1$ raiz da equação $x^3 + 1 = 0$. O valor de $w^3 - w^2 + w - 1$ é:
a) 1
b) zero
c) –1 **(X)**
d) i
e) $1 - i$

26) **(AFA)** – Sendo 2 a raiz dupla de $ax^3 - bx + 16 = 0$, então os valores de a e b são, respectivamente, iguais a:
a) 1 e −1
b) 2 e 3
c) 1 e 12 **(X)**
d) −1 e 2

27) **(EN)** – A raiz real da equação $x^{1993} + 1993x = 1993$ pertence a qual dos intervalos abaixo?
a) $(0, 2)$ **(X)**
b) $(2, 3)$
c) $(3, 4)$
d) $(4, 5)$
e) $(5, 1993)$

28) **(IME)** – a) Sendo dada a equação $x^3 + px + q = 0$, p, q $\in$ R, que relação deverá existir entre p e q para que uma das raízes seja igual ao produto das outras duas?
b) Mostre que a equação $x^3 - 6x - 4 = 0$, satisfaz a relação encontrada e, em seguida, encontre as suas raízes.

Resp: a) $q \pm \sqrt{-q} = p$, $q \le 0$

  b) $-2, 1 \pm \sqrt{3}$

29) **(ITA)** – As raízes da equação de coeficientes reais $x^3 + ax^2 + bx + c = 0$ são inteiros positivos consecutivos. A soma dos quadrados dessas raízes é igual a 14. Então $a^2 + b^2 + c^2$ é igual a:
a) 190
b) 191
c) 192
d) 193 **(X)**
e) 194

30) **(ITA)** – Seja P(x) um polinômio de grau 5, com coeficientes reais, admitindo 2 e i como raízes. Se P(1) . P(−1) < 0, então o número de raízes reais de P(x) pertencentes ao intervalo]−1, 1[é:
a) 0
b) 1 **(X)**
c) 2
d) 3
e) 4

31) **(ITA)** – Considere as afirmações:
I) $(\cos \theta + i\ \text{sen}\ \theta)^{10} = \cos (10\ \theta) + i\ \text{sen}\ (10\ \theta)$, para todo $\theta \in R$.
II) $(5\ i) / (2 + i) = 1 + 2i$
III) $(1 - i)^4 = -4$
IV) Se $z^2 = (\overline{z})^2$ então z é real ou imaginário puro
V) O polinômio $x^4 + x^3 - x - 1$ possui apenas raízes reais.
Podemos afirmar que:
a) Todas são verdadeiras
b) Apenas quatro são verdadeiras
c) Apenas três são verdadeiras **(X)**
d) Apenas duas são verdadeiras
e) Apenas uma é verdadeira

32) **(ITA)** – Sabendo-se que a equação de coeficientes reais,
$x^6 - (a + b + c)\ x^5 + 6x^4 + (a - 2b)\ x^3 - 3cx^2 + 6x - 1 = 0$
é uma equação recíproca de segunda classe, então o número de raízes reais dessa equação é:
a) 0
b) 2
c) 3
d) 4 **(X)**
e) 6

33) **(ITA)** – Considere a equação de coeficientes reais

$x^5 + mx^4 + 2\dfrac{P}{m}x^3 - 316x^2 + 688x + p = 0$, $m \neq 0$

para a qual $1 + 3i$ é raiz. Sabendo-se que a equação admite mais de uma raiz real e que suas raízes reais formam uma progressão geométrica de razão inteira q cujo produto é igual a 64, podemos afirmar que $\dfrac{P}{m}$ é igual a:

a) 20

b) 30

c) 47 **(X)**

d) 120

e) 160

34) **(IME)** – Determine os valores de λ que satisfaçam à inequação, $27^{2\lambda} - \dfrac{4}{9} \cdot 27^{\lambda} + 27^{-1} > 0$, e represente, graficamente, a função $y = 27^{2x} - \dfrac{4}{9} \cdot 27^{x} + 27^{-1}$.

Resp.: $\lambda < -\dfrac{2}{3}$ ou $\lambda > -\dfrac{1}{3}$

35) **(IME)** Seja $p(x) = \alpha x^3 + \beta x^2 + \gamma x + \delta$ um polinômio do terceiro grau cujas raízes são termos de uma progressão aritmética de razão 2. Sabendo que $p(-1) = -1$, $p(0) = 0$ e $p(1) = 1$, os valores de α e γ são, respectivamente:

a) 2 e -1

b) 3 e -2

c) -1 e 2

d) $-\dfrac{1}{3}$ e $\dfrac{4}{3}$ **(X)**

e) $\dfrac{1}{2}$ e $\dfrac{1}{2}$

36) **(EsPCEx)** Temos as funções:
f(x)=x+1
g(x)=x³+ax²+bx+c
h(x)=g(f(x))
Considerando que as raízes de h(x) são $\{-1; 0; 1\}$, determine h(-2).
a) 0
b) -3
c) 4
d) 5
e) – 6 **(X)**

37) **(IME)** Seja $p(x) = x^5 + bx^4 + cx^3 + dx^2 + ex + f$ um polinômio com coeficientes inteiros. Sabe-se que as cinco raízes de p(x) são números inteiros positivos, sendo quatro deles pares e um ímpar. O número de coeficientes pares de p(x) é:
a) 0
b) 1
c) 2
d) 3
e) 4 **(X)**

38) **(ITA)** O número complexo 2 + i é raiz do polinômio
$f(x) = x^4 + x^3 + px^2 + x + q$, com p, q $\in$ R. Então, a alternativa que mais se aproxima da soma das raízes reais de f é
a) 4.
b) – 4.
c) 6.
d) 5.
e) – 5. **(X)**

39) **(ITA)** Seja a equação em C, $z^4 - z^2 + 1 = 0$. Qual dentre as alternativas abaixo é igual à soma de duas das raízes dessa equação?

a) $2\sqrt{3}$

b) $-\dfrac{\sqrt{3}}{2}$

c) $+\dfrac{\sqrt{3}}{2}$

d) $- i$. **(X)**

e) $\dfrac{i}{2}$

40) **(ITA)** No desenvolvimento de $(ax^2 - 2bx + c + 1)^5$ obtém-se um polinômio $p(x)$ cujos coeficientes somam 32. Se 0 e $- 1$ são raízes de $p(x)$, então a soma $a + b + c$ é igual a

a) $-\dfrac{1}{2}$ **(X)**

b) $-\dfrac{1}{4}$

c) $\dfrac{1}{2}$

d) 1

e) $\dfrac{3}{2}$

41) **(ITA)** Mostre que o número real $\alpha = \sqrt[3]{2+\sqrt{5}} + \sqrt[3]{2-\sqrt{5}}$ é raiz da equação $x^3 + 3x - 4 = 0$. Conclua que α é um número racional.

42) **(ITA)** Sabendo que a equação $x^3 - px^2 = qm$, p, q > 0, q ≠ 1, m ∈ N, possui três raízes reais a, b e c, então:
$\log_q[abc(a^2 + b^2 + c^2)^{a+b+c}]$ é igual a:

a) $2 m + p \log_q p.$

d) $m - p \log_q p.$

b) $m + 2 p \log_q p.$ **(X)**

e) $m - 2p\log_q p.$

c) $m + p \log_q p.$

43) **(ITA)** Dada a equação $x^3 + (m + 1)x^2 + (m + 9)x + 9 = 0$, em que m é uma constante real, considere as seguintes afirmações:
I) Se $m \in]-6, 6[$, então existe apenas uma raiz real.
II) Se $m = -6$ ou $m = +6$, então existe raiz com multiplicidade 2.
III) $\forall m \in R$, todas as raízes são reais.
Então, podemos afirmar que é(são) verdadeira(s) apenas.
a) I.
b) II.
c) III.
d) II e III.
e) I e II. **(X)**

44) **(ITA)** A soma das raízes da equação $z^3 + z^2 - |z|^2 + + 2z = 0$, $z \in C$, é igual a:
a) -2. **(X)**
b) -1.
c) 0.
d) 1.
e) 2.

45) **(ITA)** Sendo 1 e $1 + 2i$ raízes da equação $x^3 + ax^2 + + bx + c = 0$, em que a, b e c são números reais, então:
a) $b + c = 4$.
b) $b + c = 3$.
c) $b + c = 2$. **(X)**
d) $b + c = 1$.
e) $b + c = 0$.

46) **(IME)** Determine todos os valores reais de x que satisfazem a equação: $|\log(12x^3 - 19x^2 + 8x)| = \log(12x^3 - 19x^2 + 8x)$
onde $\log(y)$ e $|y|$ representam, respectivamente, o logaritmo na base 10 e, módulo de y.
resp. $\left[\dfrac{1}{4}, \dfrac{1}{3}\right] \cup [1, +\infty[$

26

Geometria Analítica – Retas

01) **(EsPCEx)** – Os gráficos das funções $r_1: y = ax + b$; $r_2: y = cx + d$; $t_1: y = mx + h$ e $t_2: y = nx + k$ são tais que:

$r_1 // r_2$ e $t_1 \perp t_2$

Nessas condições, é possível afirmar que:

a) $a = -c$ e $m = -\dfrac{1}{n}$

b) $a = -\dfrac{1}{c}$ e $m = -n$

c) $a = c$ e $n = -\dfrac{1}{m}$ **(X)**

d) $a = c$ e $n = \dfrac{1}{m}$

02) **(AFA)** – Há dois pontos sobre a reta $y = 2$ que distam 4 unidades da reta $12y = 5x + 2$. A soma das abscissas desses pontos é:

a) -2

c) $\dfrac{42}{5}$

b) 6

d) $\dfrac{44}{5}$ **(X)**

03) **(AFA)** – Qual dos pontos abaixo é eqüidistante dos vértices do triângulo A (−1, 1), B (2, 1) e C (3, 2)?

a) $\left(\dfrac{1}{2}, \dfrac{3}{2} \right)$

b) $\left(\dfrac{1}{2}, \dfrac{5}{2} \right)$

c) $\left(\dfrac{1}{2}, \dfrac{7}{2} \right)$ **(X)**

d) $\left(\dfrac{1}{2}, \dfrac{-7}{2} \right)$

04) **(EsFAO)** – Os pontos P = (4, −2), Q = (−1, 3) e R = (1, 4), são vértices de um triângulo retângulo. A área desse triângulo é:
a) 3/5
b) 18/20
c) 13/3
d) 15/2 **(X)**
e) 7/8

05) **(ITA)** – Três pontos de coordenadas, respectivamente, (0, 0), (b, 2b) e (5b, 0), com b > 0, são vértices de um retângulo. As coordenadas do quarto vértice são dadas por:
a) (−b, −b)
b) (2b, −b)
c) (4b, −2b) **(X)**
d) (3b, −2b)
e) (2b, −2b)

06) **(ITA)** – A equação da reta bissetriz do ângulo agudo que a reta
y = m x, m > 0 forma com o eixo dos x, é:

a) $y = \dfrac{1 + \sqrt{1 + m^2}}{m} \, x$

b) $y = \dfrac{1 - \sqrt{1 + m^2}}{m} \, x$

c) $y = \dfrac{-1 - \sqrt{1 + m^2}}{m} \, x$

d) $y = \dfrac{-1 + \sqrt{1 + m^2}}{m} \, x$ **(X)**

e) n.d.a.

07) **(EN)** – Considere os conjuntos:
$A_k = \{ (x, y) \in R^2 \mid (1 + k) x + 2ky - 3 + k = 0 \}$.
Então, $A_1 \cap A_2 \cap A_3 \dots$ é igual a:

a) ϕ

b) $\{ (x, y) \in R^2 \mid x + y - 3 = 0 \}$

c) $\{ (x, y) \in R^2 \mid x = 3 \}$

d) $\{(0, 0)\}$

e) $\{(3, -2)\}$ **(X)**

08) **(AFA)** – Dada a seqüência de retas (r_n) n $\in$ N*, tal que:

$(r_{10}): y = \dfrac{x}{1024} + \dfrac{13}{2}; \quad (r_{11}): y = \dfrac{x}{2048} + 7; \quad (r_{12}): y = \dfrac{x}{4096} + \dfrac{15}{2}$

é correto afirmar que a reta (r_1) passa pelo ponto:

a) (3, 2)

b) (3, 4)

c) (4, 4) **(X)**

d) (4, 6)

09) **(AFA)** – A área, em u.a., da circunferência que circunscreve o triângulo determinado pelas retas (r_1): $y = 2x + 1$, (r_2): $2y + x - 12 = 0$
e (r_3): $y = 1$, é:
a) 9π
b) 16π
c) 25π **(X)**
d) 36π

10) **(EN)** – Considere o triângulo de vértices A $(0, 0)$, B $(4, 0)$ e C $(3, 2)$.
O centro da circunferência que passa pelos pontos médios dos la-
dos $\overline{AB}$ e $\overline{AC}$ e pelo pé da altura traçada do vértice C é o ponto:

a) $\left(\dfrac{3}{2}, \dfrac{3}{8} \right)$ **(X)**

b) $\left(\dfrac{5}{2}, \dfrac{7}{8} \right)$

c) $\left(\dfrac{3}{2}, \dfrac{8}{9} \right)$

d) $\left(\dfrac{5}{2}, -\dfrac{8}{7} \right)$

e) $\left(\dfrac{5}{2}, \dfrac{8}{7} \right)$

11) **(EN)** – Considere o quadrilátero cujos vértices são os pontos de
intersecção das retas $y = 2x + 1$ e $y = 3x + 5$ com os eixos coordenados. A área desse quadrilátero é:

a) 5 unidades de área

b) $\dfrac{37}{14}$ unidades de área

c) 3 unidades de área

d) $\dfrac{53}{12}$ unidades de área

e) $\dfrac{47}{12}$ unidades de área **(X)**

12) **(ITA)** – Seja r a mediatriz do segmento de reta de extremos M = (−4, −6) e N = (8, −2). Seja R o raio da circunferência com centro na origem e que tangencia a reta r. Então:

a) $R = \dfrac{\sqrt{7}}{3}$

b) $R = \dfrac{\sqrt{15}}{3}$

c) $R = \dfrac{\sqrt{10}}{3}$

d) $R = \dfrac{\sqrt{10}}{5}$

e) n.d.a. **(X)**

13) **(AFA)** – Para que a reta de equação $x − 5y + 20 = 0$, seja paralela à reta determinada pelos pontos M(r, s) e N(2, 1), deve-se ter r igual a:

a) $\dfrac{5}{2}s − \dfrac{5}{2}$

b) $−5s + 7$

c) $−5s + 3$

d) $5s − 3$ **(X)**

14) **(CFO)** – No triângulo ABC de vértices A(3, 2), B(−1, 1) e C(2, 1), a altura relativa ao lado AC mede, em unidades de comprimento:

a) $\sqrt{2}/2$ **(X)**

b) 1

c) $\sqrt{2}$

d) $5\sqrt{2}/4$

e) $3\sqrt{2}/2$

15) **(AFA)** – O ponto do sistema de coordenadas cartesianas que define o baricentro do triângulo hachurado na figura abaixo, é:

a) $\left(\dfrac{7}{3}, 1\right)$

b) $\left(\dfrac{8}{3}, \dfrac{4}{3}\right)$ **(X)**

c) $\left(3, \dfrac{5}{3}\right)$

d) $\left(\dfrac{10}{3}, 2\right)$

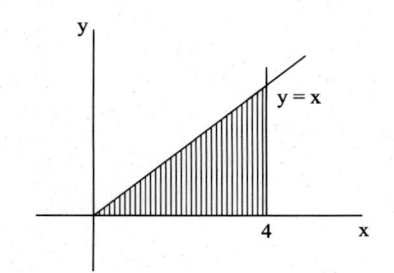

16) **(EsFAO)** – Seja P um ponto da reta $2x - y = 0$ que eqüidista de $A(1, -3)$ e da reta r: $x + 2y - 1 = 0$. As coordenadas de P são:

a) $(13/20, 13/10)$
b) $(23/30, 23/15)$
c) $(-27/40, -27/20)$
d) $(-49/60, -49/30)$ **(X)**

17) **(AFA)** – As retas (r) $3x + 2y - 5 = 0$, (s) $x + 7y - 8 = 0$ e (t) $5x - 4y - 1 = 0$ são concorrentes no mesmo ponto P. A distância do ponto P à reta (u) $3x - 4y + 3 = 0$ é:

a) $\dfrac{1}{5}$

b) $\dfrac{2}{5}$ **(X)**

c) $\dfrac{3}{5}$

d) $\dfrac{4}{5}$

e) n.r.a.

18) **(AFA)** – Dois lados de um paralelogramo ABCD estão contidos nas retas (r) $y = 2x$ e (s) $x = 2y$, respectivamente. Se $A = (5, 4)$, então:

a) $B = (-1, -2)$, $C = (0, 0)$ e $D = (2, 4)$.
b) $B = (-1, 2)$, $C = (0, 0)$ e $D = (2, 4)$
c) $B = (1, -2)$, $C = (0, 0)$ e $D = (4, 2)$
d) $B = (1, 2)$, $C = (0, 0)$ e $D = (4, 2)$ **(X)**
e) n.r.a.

19) **(AMAN)** – A soma dos coeficientes angulares das equações das linhas retas que contêm o ponto $A(4, 3)$, determinando com os eixos coordenados, nos quadrantes em que passam, triângulos de área igual a 3 unidades quadradas é:

a) 1,645
b) 2,625
c) 1,875 **(X)**
d) 2,525
e) 1,015

20) **(EsFAO)** – A distância entre as retas $x - 2y + 3 = 0$ e $2x - 4y + k = 0$ é $\dfrac{\sqrt{5}}{5}$ unidades de comprimento.
O produto dos valores de k é igual a:

a) 35
b) 32 **(X)**
c) 12
d) –32
e) –35

21) **(EsFAO)** – A equação da reta s perpendicular à reta $2x - 3y + 4 = 0$
e que passa por $(3, -1)$ é:
a) $3x + 2y - 7 = 0$ **(X)**
b) $3x - 2y - 11 = 0$
c) $2x - 3y - 15 = 0$
d) $3x + 2y + 1 = 0$
e) $3x - 2y = 0$

22) **(AFA)** – Para que as retas (r) $2y - x - 3 = 0$ e (s) $3y + kx - 2 = 0$
sejam perpendiculares, o valor de k deve ser:
a) $-\dfrac{2}{3}$
b) $\dfrac{3}{2}$
c) 5
d) 6 **(X)**

23) **(ITA)** – Sendo (r) uma reta dada pela equação $x - 2y + 2 = 0$, então
a equação da reta (s) simétrica à reta (r) em relação ao eixo das
abscissas é descrita por:
a) $x + 2y = 0$
b) $3x - y + 3 = 0$
c) $2x + 3y + 1 = 0$
d) $x + 2y + 2 = 0$ **(X)**
e) $x - 2y - 2 = 0$

24) **(ITA)** – Dadas as retas (r_1): $x + 2y - 5 = 0$, (r_2): $x - y - 2 = 0$ e (r_3):
$x - 2y - 1 = 0$, podemos afirmar que:
a) são 2 a 2 paralelas
b) (r_1) e (r_3) são paralelas
c) (r_1) é perpendicular a (r_3)
d) (r_2) é perpendicular a (r_3)
e) as três retas são concorrentes em um mesmo ponto **(X)**

25) **(AFA)** – Dados, em um sistema de coordenadas cartesianas, os pontos A = (1, 2), B(2, −2) e C(4, 3), então, a equação da reta, que passa por A e pelo ponto médio do segmento $\overline{BC}$, é dada por:
a) $3x + 2y − 7 = 0$
b) $x + 3y − 7 = 0$
c) $4x + \dfrac{7}{2}y − 11 = 0$
e) $3x + 4y − 11 = 0$ **(X)**

26) **(AFA)** – As equações das retas suportes dos lados do triângulo, de vértices A = (0, 0), B = (1, 3) e C = (4, 0), são:
a) $3x − y = 0$, $x + y − 4 = 0$ e $y = 0$ **(X)**
b) $3x + y = 0$, $x + y − 4 = 0$ e $y = 0$
c) $3x + y = 0$, $x − y + 4 = 0$ e $y = 1$
d) $3x − y = 0$, $x − y + 4 = 0$ e $y = 1$

27) **(AFA)** – Qual é a área do triângulo da figura abaixo?

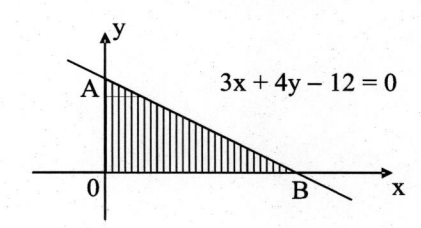

a) 4
b) 5
c) 6 **(X)**
d) 7

28) **(AFA)** – Dadas as retas (r) $x - y + 1 = 0$ e (s) $2x + y - 2 = 0$, é possível afirmar que a distância do ponto $P = r \cap s$ à origem é:

a) $\dfrac{\sqrt{17}}{4}$

b) $\dfrac{\sqrt{17}}{3}$ **(X)**

c) $\dfrac{\sqrt{17}}{2}$

d) $\sqrt{17}$

29) **(ITA)** – Duas retas r e s são dadas, respectivamente, pelas equações $3x - 4y = 3$ e $2x + y = 2$. Um ponto P pertencente à reta s tem abscissa positiva e dista 22 unidades de medida da reta r. Se $ax + by + c = 0$ é a equação da reta que contém P e é paralela a r, então $a + b + c$ é igual a:

a) -132

b) -126

c) -118

d) -114 **(X)**

e) -112

30) **(ITA)** – Dados os pontos A:(0, 8), B:(−4, 0) e C:(4, 0), sejam r e s as retas tais que A, B $\in$ r, B, C $\in$ r. Considere P_1 e P_2 os pés das retas perpendiculares traçadas de P:(5, 3) às retas r e s, respectivamente. Então a equação da reta que passa por P_1 e P_2 é:

a) $y + x = 5$ **(X)**

b) $y + 2x = 5$

c) $3y - x = 15$

d) $x + y = 2$

e) n.d.a.

31) **(ITA)** A área de um triângulo é de 4 unidades de superfície, sendo dois de seus vértices os pontos A: (2, 1) e B: (3, – 2). Sabendo que o terceiro vértice encontra-se sobre o eixo das abscissas, é possível afirmar que suas coordenadas são:

a) $\left(-\dfrac{1}{2}, 0\right)$ ou (5, 0)

b) $\left(-\dfrac{1}{3}, 0\right)$ ou (4, 0)

c) $\left(-\dfrac{1}{3}, 0\right)$ ou (5, 0) **(X)**

d) $\left(-\dfrac{1}{3}, 0\right)$ ou (4, 0)

e) $\left(-\dfrac{1}{5}, 0\right)$ ou (3, 0)

32) **(ITA)** Em um sistema de coordenadas cartesianas, duas retas r e s, com coeficientes angulares 2 e $\dfrac{1}{2}$, respectivamente, se interceptam na origem 0. Se B ∈ r e C ∈ s são dois pontos no primeiro quadrante tais que o segmento $\overline{BC}$ é perpendicular a r e a área do triângulo OBC é igual a 12 x 10⁻¹, então a distância de B ao eixo das ordenadas vale.

a) $\dfrac{8}{5}$.

b) $\dfrac{4}{5}$.**(X)**

c) $\dfrac{2}{5}$.

d) $\dfrac{1}{5}$.

e) 1.

33) **(ITA)** Em relação a um sistema de eixos cartesiano ortogonal no plano, três vértices de um tetraedro regular são dados por $A = (0, 0)$, $B = (2, 2)$ e $C = (1 - \sqrt{3}, 1 + \sqrt{3})$. O volume do tetraedro é

a) $\dfrac{8}{3}$ **(X)**

b) 3

c) $\dfrac{3\sqrt{3}}{2}$

d) $\dfrac{5\sqrt{3}}{2}$

e) 8

34) **(ITA)** A área do polígono, situado no primeiro quadrante, que é delimitado pelos eixos coordenados e pelo conjunto $\{(x, y) \in \mathbb{R}^2 : 3x^2 + 2y^2 + 5xy - 9x - 8y + 6 = 0\}$, é igual a:

a) $\sqrt{6}$

b) $\dfrac{5}{2}$ **(X)**

c) $2\sqrt{2}$

d) 3

e) $\dfrac{10}{3}$

27

Circunferência

01) **(EN)** – Seja P o ponto da circunferência $x^2 + y^2 - 6x - 8y + 24 = 0$ mais próximo da origem. A soma das coordenadas de P é:

a) $\dfrac{18}{5}$

d) $\dfrac{28}{5}$ **(X)**

b) $\dfrac{7}{2}$

e) $\dfrac{13}{2}$

c) $\dfrac{9}{2}$

02) **(EsFAO)** – A equação de uma reta que passa pelo centro da circunferência cuja equação é $x^2 + y^2 - 2x + 4y - 4 = 0$ e é perpendicular à reta $3x - 2y + 7 = 0$ é:

a) $3x + 2y + 7 = 0$

b) $2x + 3y + 4 = 0$ **(X)**

c) $3x - 2y - 4 = 0$

d) $2x + 2y - 7 = 0$

e) $2x - 2y - 4 = 0$

03) **(AFA)** – Qual a menor distância em cm, entre o ponto P(−4, 3) e a circunferência $x^2 + y^2 - 16x - 16y + 24 = 0$?
a) $\sqrt{3}$
b) $\sqrt{5}$
c) 3
d) 5 **(X)**

04) **(ITA)** – Seja C a circunferência $x^2 + y^2 - 2x - 6y + 5 = 0$. Considere em C a corda AB cujo ponto médio é M:(2, 2). O comprimento de AB (em unidade de comprimento) é igual a:
a) $2\sqrt{6}$
b) $\sqrt{3}$
c) 2
d) $2\sqrt{3}$
e) n.d.a. **(X)**

05) **(AFA)** – Qual o valor numérico da área do polígono que tem como vértices a intersecção da circunferência de centro C(2, 0) e raio 4, com os eixos coordenados?
a) $8\sqrt{2}$
b) $8\sqrt{3}$
c) $16\sqrt{2}$
d) $16\sqrt{3}$ **(X)**

06) **(AFA)** – No primeiro quadrante, seja a região triangular β determinada pelos eixos coordenados e pela reta (r) : $y = -x + a$ e a região circular (α) $2x^2 + 2y^2 < a^2$. O valor numérico da área da região β − α é:

a) $\dfrac{a^2}{16}(4-\pi)$ c) $\dfrac{a^2}{32}(\pi-1)$

b) $\dfrac{a^2}{8}(4-\pi)$ **(X)**   d) $\dfrac{a^2}{4}(\pi-1)$

07) **(AFA)** – Qual da equações abaixo representa a circunferência centrada no eixo das abscissas e tangente, externamente, no ponto da intersecção da bissetriz do primeiro quadrante com a circunferência $x^2 + y^2 - 6x - 6y + 17 = 0$?

a) $x^2 + y^2 - 3 + \dfrac{\sqrt{2}}{2} = 0$

b) $x^2 + y^2 + \left(6 - \sqrt{2}\right)x = 0$

c) $x^2 + y^2 - \left(6 + \sqrt{2}\right)x = 0$

d) $x^2 + y^2 - 19 + 6\sqrt{2} = 0$ **(X)**

08) **(ITA)** – Seja C a circunferência dada pela equação $x^2 + y^2 + 2x + 6y + 9 = 0$. $P = (a, b)$ é o ponto em C mais próximo da origem, então:

a) $a = -\dfrac{3}{2}$ e $4b^2 + 24b + 15 = 0$

b) $a = -\dfrac{1}{2}$ e $4b^2 + 24b + 33 = 0$

c) $a = \dfrac{\sqrt{10}}{10} - 1$ e $b = 3a$

d) $a = -\dfrac{\sqrt{10}}{10} - 1$ e $b = 3a$ **(X)**

e) n.d.a.

09) **(ITA)** – Considere a região ao plano cartesiano xy definida pela desigualdade: $x^2 + y^2 - 2x + 4y + 4 \leq 0$.
Quando essa região rodar um ângulo de $\dfrac{\pi}{3}$ radianos em torno da reta $y + x + 1 = 0$, ela irá gerar um sólido cujo volume é igual a:

a) $\dfrac{4\pi}{3}$

b) $\dfrac{2\pi}{3}$

c) $\dfrac{\pi}{3}$

d) $\dfrac{4\pi}{9}$ **(X)**

e) n.d.a.

10) **(CFO)** – A equação da circunferência na qual os pontos $A(2; -\sqrt{3})$ e $B(0; \sqrt{3})$ são diametralmente opostos é:

a) $x^2 + y^2 - 4x + 1 = 0$

b) $x^2 + y^2 + 2x + 3 = 0$

c) $x^2 + y^2 - 2x - 3 = 0$ **(X)**

d) $x^2 + y^2 = 3$

e) $x^2 + y^2 + 4x - 1 = 0$

11) **(AFA)** – Em um sistema de coordenadas cartesianas ortogonais, considere P1 a circunferência de equação $2x^2 + 2y^2 - 11x + 6y - 8 = 0$. Então, a equação da circunferência que é tangente ao eixo das abscissas e com o mesmo centro de P1, é dada por:

a) $\left(x + \dfrac{3}{2} \right)^2 + \left(y - \dfrac{11}{4} \right)^2 = \dfrac{4}{9}$

b) $\left(x + \dfrac{4}{11} \right)^2 + (y - 2)^2 = \dfrac{2}{3}$

c) $\left(x - \dfrac{11}{4} \right)^2 + \left(y + \dfrac{3}{2} \right)^2 = \dfrac{9}{4}$ **(X)**

d) $2x^2 + 2y^2 - 11x + 6y - \dfrac{1}{8} = 0$

12) **(AFA)** – De acordo com a figura abaixo, podemos afirmar que a área do triângulo isósceles ABC, em unidades de área, é:

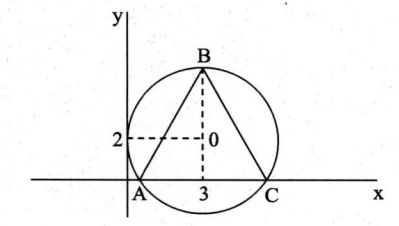

a) $2\sqrt{3}$

b) $3\sqrt{3}$

c) $4\sqrt{5}$

d) $5\sqrt{5}$ **(X)**

13) **(AFA)** – A equação da reta que passa pelos pontos de intersecção das circunferências:
$x^2 + y^2 - 2x - 2y = 0$ e $x^2 + y^2 - 3x + y - 4 = 0$ é:
a) $x + 3y + 4 = 0$
b) $x + 3y - 4 = 0$
c) $x - 3y - 4 = 0$
d) $x - 3y + 4 = 0$ **(X)**
e) n.r.a.

14) **(EsFAO)** – O centro e o raio da circunferência de equação
$x^2 + y^2 + 2x - 6y + 8 = 0$ são:
a) $C(-1, 3)$; $r = \sqrt{2}$ **(X)**
b) $C(1, -3)$; $r = 2$
c) $C(-1, 3)$; $r = 2$
d) $C(1, -3)$; $r = \sqrt{2}$
e) $C(-1, -3)$; $r = 2$

15) **(AFA)** – As equações das retas tangentes à circunferência
$(x - 2)^2 + (y - 1)^2 = 4$ e paralelas à reta $x + y - 2 = 0$ são:
a) $x + y - \left(3 + 2\sqrt{2}\right) = 0$ e $x + y - \left(3 - 2\sqrt{2}\right) = 0$ **(X)**
b) $x + y + \left(3 + 2\sqrt{2}\right) = 0$ e $x + y + \left(3 - 2\sqrt{2}\right) = 0$
c) $x + y + \left(-3 + 2\sqrt{2}\right) = 0$ e $x + y + \left(-3 - 2\sqrt{2}\right) = 0$
d) $x + y - \left(-3 + 2\sqrt{2}\right) = 0$ e $x + y - \left(-3 - 2\sqrt{2}\right) = 0$
e) n.r.a.

16) **(AMAN)** – As coordenadas do centro do círculo de equação
$x^2 + y^2 - 4x + 6y - 3 = 0$ são:
a) $C(-2; 3)$
b) $C(3; -2)$
c) $C(1; 0)$
d) $C(0, 1)$
e) $C(2; -3)$ **(X)**

17) **(AMAN)** – A equação da circunferência de centro C (2; 1) e tangente a reta y = 0 é:
a) $x^2 + y^2 - 4x - 4y + 1 = 0$
b) $x^2 + y^2 - 2x - 2y + 2 = 0$
c) $x^2 + y^2 - 4x - 2y + 4 = 0$ **(X)**
d) $x^2 + y^2 - 4x + 1 = 0$
e) $x^2 + y - 4y + 2 = 0$

18) **(EsFAO)** – A área da região do plano definida por $x^2 + y^2 - 4x \leq 0$ e $x - y - 2 \geq 0$ vale, em unidades de área:
a) $\pi/2$
b) π
c) 2π **(X)**
d) 4π
e) 8π

19) **(AFA)** – A circunferência, com centro em (1, 2) e tangente à reta x − y + 3 = 0, tem equação:
a) $x^2 + y^2 - 4x - 2y + 3 = 0$
b) $x^2 + y^2 - 4y - 2x + 3 = 0$ **(X)**
c) $x^2 + y^2 - 4y - 2x + 7 = 0$
d) $x^2 + y^2 - 4x - 2y + 7 = 0$

20) **(ITA)** – Um triângulo eqüilátero ABC é tal que A : (0, 3), B : $(3\sqrt{3}, 0)$ e a abscissa do ponto C é maior que 2. A circunferência circunscrita a esse triângulo tem raio r e centro em O : (a, b). Então $a^2 + b^2 + r^2$ é igual a:
a) 31
b) 32
c) 33 **(X)**
d) 34
e) 35

21) **(ITA)** – Uma das circunferências que passa pelo ponto P : (0, 0) e tangencia as retas $(r_1) : x - y = 0$ e $(r_2) : x + y - 2 = 0$ tem sua equação dada por:

a) $(x - 1)^2 + (y + 1)^2 = \sqrt{2}$

b) $(x - 1)^2 + (y + 1)^2 = 2$ **(X)**

c) $(x - 1)^2 + (y - 1)^2 = 2$

d) $(x + 1)^2 + (y - 1)^2 = \sqrt{2}$

e) $(x + 1)^2 + (y + 1)^2 = 2$

22) **(IME)** – Demonstrar analiticamente que se uma reta perpendicular a uma corda de uma circunferência, passa pelo seu centro, então, ela divide a corda no seu ponto médio.

23) **(ITA)** Considere o seguinte raciocínio de cunho cartesiano: "Se a circunferência de centro C = (h, 0) e raio r intercepta a curva $y = +\sqrt{x}$, $x > 0$, no ponto $A = (a, \sqrt{a})$ de forma que o segmento $\overline{AC}$ seja perpendicular à reta tangente à curva em A, então x = a é raiz dupla da equação em x que se obtém da intersecção da curva com a circunferência."

Use esse raciocínio para mostrar que o coeficiente angular dessa reta tangente em A é $\dfrac{1}{2\sqrt{a}}$.

24) **(ITA)** Duas retas r_1 e r_2 são paralelas à reta $3x - y = 37$ e tangentes à circunferência $x^2 + y^2 - 2x - y = 0$. Se d_1 é a distância de r_1 até a origem e d_2 é a distância de r_2 até a origem, então $d_1 + d_2$ é igual a:

a) $\sqrt{12}$.

b) $\sqrt{15}$.

c) $\sqrt{7}$.

d) $\sqrt{10}$.

e) $\sqrt{5}$. **(X)**

25) **(ITA)** Sejam os pontos A: $(2, 0)$, B: $(4, 0)$ e P: $(3, 5 + 2\sqrt{2}\ )$.

a) Determine a equação da circunferência C, cujo centro está situado no primeiro quadrante, passa pelos pontos A e B e é tangente ao eixo y.

b) Determine as equações das retas tangentes á circunferência C que passam pelo ponto P.

Resp. a) $(x - 3)^2 + (y - 2\sqrt{2}\ )^2 = 9$

b) $4x - 3y + 3 + 6\sqrt{2}\ = 0$ ou $4x + 3y - 27 - 6\sqrt{2}\ = 0$

26) **(ITA)** Seja C a circunferência de centro na origem, passando pelo ponto P = $(3, 4)$. Se t é a reta tangente a C por P, determine a circunferência C' de menor raio, com centro sobre o eixo x e tangente simultaneamente à reta t e à circunferência C.

Resp: $r = \dfrac{5}{4}$ e $0\left(\dfrac{25}{4}, 0\right)$

27) **(ITA)** Uma circunferência passa pelos pontos A = $(0, 2)$, B = $(0, 8)$ e C = $(8, 8)$.

Então, o centro da circunferência e o valor de seu raio, respectivamente, são

a) $(0, 5)$ e 6.

b) $(5, 4)$ e 5.

c) $(4, 8)$ e 5,5.

d) $(4, 5)$ e 5. **(X)**

e) $(4, 6)$ e 5.

28

Cônicas e Lugares Geométricos

01) **(AFA)** – Se A (10, 0) e B (−5, y) são pontos de uma elipse cujos focos são F_1 (−8, 0) e F_2 (8, 0), o perímetro do triângulo BF_1F_2 é:
a) 24
b) 36 **(X)**
c) 40
d) 60

02) **(AFA)** – A distância focal da elipse $x^2 + 16y^2 = 4$ é:
a) 1
b) 3
c) $\sqrt{15}$ **(X)**
d) $\sqrt{20}$

03) **(ITA)** – Uma reta t do plano cartesiano xOy tem coeficiente angular 2a e tangencia a parábola $y = x^2 - 1$ no ponto de coordenadas (a, b). Se (c, 0) e (0, d) são as coordenadas de dois pontos de t tais que c > 0 e c = −2d, então a/b é igual a:
a) −4/15 **(X)**
b) −5/16
c) −3/16
d) −6/15
e) −7/15

04) **(EN)** – A equação da parábola cujo foco é o ponto (1, 4) e cuja diretriz é a reta y = 3 é:

a) $y = x^2 - 2x + 8$

b) $y = -x^2 + x - 8$

c) $y = \dfrac{x^2}{2} - x + 4$ **(X)**

d) $y = \dfrac{x^2}{2} - \dfrac{x}{2} + 2$

e) $x = y^2 - y + 4$

05) **(EN)** – As imagens dos complexos z tais que $\left| z + 2\bar{z} \right| = 1$ formam uma:

a) elipse **(X)**

b) hipérbole

c) parábola

d) circunferência

e) reta

06) **(EN)** – A menor distância entre um ponto da parábola $y = 1 - x^2$ e a origem é igual a:

a) 1

b) $\dfrac{1}{2}$

c) $\dfrac{1}{4}$

d) $\dfrac{\sqrt{3}}{2}$ **(X)**

e) $\dfrac{\sqrt{3}}{4}$

07) **(CFO)** – No plano complexo, o lugar geométrico dos complexos Z
tais que $|Z - 2 + i| = |Z + 4 - 3i|$ é dado por:
a) um par de retas paralelas.
b) uma circunferência de centro C $(-1, 1)$.
c) uma elipse de focos em $(-2, 1)$ e $(4, 3)$.
d) uma reta perpendicular ao segmento de extremos $(2, -1)$ e $(-4, 3)$. **(X)**
e) uma reta que passa por $(-2, 1)$ e $(4, 3)$

08) **(AFA)** – A equação da elipse que, em um sistema de eixos ortogonais, tem focos $F_1 (-3, 0)$ e $F_2 (3, 0)$ e passa pelo ponto P $\left(\dfrac{5}{2}, 2\sqrt{3} \right)$ é:

a) $\dfrac{x^2}{36} + \dfrac{y^2}{25} = 1$

b) $\dfrac{x^2}{16} + \dfrac{y^2}{25} = 1$

c) $\dfrac{x^2}{25} + \dfrac{y^2}{36} = 1$

d) $\dfrac{x^2}{25} + \dfrac{y^2}{16} = 1$ **(X)**

09) **(ITA)** – Considere as afirmações:
I) Uma elipse tem como focos os pontos $F_1 : (-2, 0)$, $F_2 : (2, 0)$ e o eixo maior 12. Sua equação é $\dfrac{x^2}{36} + \dfrac{y^2}{32} = 1$
II) Os focos de uma hipérbole são $F_1(-\sqrt{5}, 0)$· $F_2(\sqrt{5}, 0)$ e sua excentricidade é $\dfrac{\sqrt{10}}{2}$. Sua equação é $3x^2 - 2y^2 = 6$.
III) A parábola $2y = x^2 - 10x - 100$ tem como vértice o ponto P : $\left(5, \dfrac{125}{2} \right)$.

Então:

a) Todas as afirmações são falsas.

b) Apenas as afirmações II e III são falsas.

c) Apenas as afirmações I e II são verdadeiras.

d) Apenas a afirmação III é verdadeira.

e) n.d.a. **(X)**

10) **(AFA)** – A equação da elipse de centro C = (−2, 1), de excentricidade $\frac{3}{5}$ e de eixo maior horizontal com comprimento 20 é:

a) $\dfrac{(x+2)^2}{100} + \dfrac{(y-1)^2}{64} = 1$ **(X)**

b) $\dfrac{(x-2)^2}{100} + \dfrac{(y-1)^2}{64} = 1$

c) $\dfrac{(x-2)^2}{100} + \dfrac{(y+1)^2}{64} = 1$

d) $\dfrac{(x+2)^2}{100} + \dfrac{(y+1)^2}{64} = 1$

e) n.r.a.

11) **(EsFAO)** – O triângulo ABC da figura é eqüilátero de lado 8 unidades e contém os focos da elipse. Se o centro dessa elipse é a origem do sistema cartesiano plano, sua equação é:

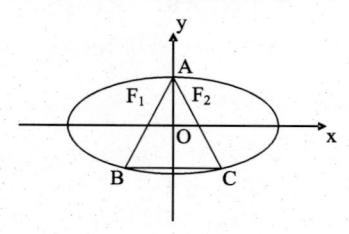

a) $16x^2 + 25y^2 = 400$

b) $9x^2 + 4y^2 = 144$

c) $3x^2 + 4y^2 = 75$ **(X)**

d) $9x^2 + 4y^2 = 36$

e) $9x^2 + 4y^2 = 4$

12) **(EsFAO)** – Os focos da elipse de equação:

$$\frac{(x-1)^2}{16} + \frac{(y+2)^2}{25} = 1 \text{ são:}$$

a) F_1 (1, 1) e F_2 (1, −5) **(X)**
b) F_1 (4, −2) e F_2 (−2, −2)
c) F_1 (0, 3) e F_2 (0, −3)
d) F_1 (3, 0) e F_2 (−3, 0)
e) F_1 (5, −2) e F_2 (−3, −2)

13) **(AMAN)** – A equação reduzida da elipse, na qual as distâncias de um dos focos sobre o eixo dos $\overline{xx'}$ às extremidades do eixo maior são iguais a 5 e 1, respectivamente, é:

a) $\dfrac{x^2}{9} + \dfrac{y^2}{5} = 1$ **(X)**

b) $\dfrac{x^2}{4} + \dfrac{y^2}{9} = 1$

c) $\dfrac{x^2}{3} + \dfrac{y^2}{5} = 1$

d) $\dfrac{y^2}{5} + \dfrac{x^2}{4} = 1$

e) $\dfrac{x^2}{2} + y^2 = 1$

14) **(AMAN)** – O lugar geométrico de $x^2 - 5x - 6 = 0$ no R^2 corresponde a:

a) uma reta
b) duas retas concorrentes
d) três retas
c) uma parábola
e) duas retas paralelas. **(X)**

15) **(EsFAO)** – No plano Argand-Gauss, o lugar geométrico dos complexos "z" tais que $|z - 2i| + |z + i| = 5$ é:
a) uma circunferência
b) uma hipérbole
c) uma parábola
d) uma elipse **(X)**
e) uma reta

16) **(EsFAO)** – A reta $x - 2y - k = 0$ é tangente à curva $3x^2 + 4y^2 - 8y - 8 = 0$. O valor de k é:
a) 2 ou −6 **(X)**
b) 2 ou −2
c) 3 ou 4
d) −3 ou 8
e) −3 ou 5

17) **(AFA)** – A equação reduzida $\dfrac{x^2}{9} + \dfrac{y^2}{4+k} = 1$, onde $k \neq -4$ é um número real, representa uma:
a) parábola, se $0 < k < 4$
b) hipérbole, se $k < -4$ **(X)**
c) circunferência, se $k = 4$
d) elipse, se $k > 0$

18) **(EN)** – O Lugar Geométrico das imagens dos complexos $z = x + yi$ tais que $x^2 - y^2 + x + y = 0$ é:
a) uma reta
b) uma circunferência
c) uma parábola
d) formado por duas retas concorrentes **(X)**
e) formado por duas retas paralelas.

19) **(ITA)** – Calculando-se a área da região limitada por $y \le \dfrac{3}{2}(x+2)$
e $x^2 + (y-3)^2 \le 13$ obtém-se:

a) $2\sqrt{13}\,\pi$

b) $(3\sqrt{13}\,\pi)/2$

c) 13π

d) $\sqrt{13}\,\pi$

e) $(13\pi)/2$ **(X)**

20) **(EN)** – A área do triângulo formado pelos eixos coordenados e pela tangente à curva $y = 4x^2$ no ponto $(1, 4)$ vale:

a) 8 **(X)**

b) 4

c) 2

d) 1

e) $\dfrac{1}{2}$

21) **(IME)** – ABCD é um quadrado de lado ℓ, conforme figura abaixo. Sabendo-se que K é a soma dos quadrados das distâncias de um ponto P do plano definido por ABCD aos vértices de ABCD, determine:

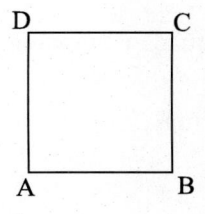

(i) o valor mínimo de K e a posição do ponto P na qual ocorre esse mínimo;

(ii) o lugar geométrico do ponto P para $K = 4\ell^2$.

Resp: círculo de raio $\dfrac{l\sqrt{2}}{2}$

22) **(IME)** – Uma piscina de base retangular tem, em metros, as seguintes dimensões: base, 5 × 6 e altura, 3. Dois terços do volume da piscina são ocupados por água. Na superfície da água, forma-se uma pequena bolha de ar. A bolha de ar está eqüidistante das paredes de 5m de base. Em relação às paredes de 6m de base, sua posição é tal que a distância a uma das paredes é o dobro da distância à outra. Estabeleça um sistema de coordenadas retangulares que tenham como origem um dos cantos interiores da piscina e como dos planos coordenados a parede de base de 6m mais próxima da bolha. Em relação a esse sistema, determine as coordenadas retangulares do ponto onde se encontra a bolha de ar.

Resp: (-5/3 , 3, 2)

23) **(IME)** – Considere uma elipse e uma hipérbole centradas na origem, O, de um sistema cartesiano, com eixo focal coincidente com o eixo OX. Os focos da elipse são vértices da hipérbole e os focos da hipérbole são vértices da elipse.

Dados os eixos da elipse como 10cm e $\dfrac{20}{3}$ cm, determine as equações das parábolas, que passam pelas intersecções da elipse e da hipérbole e são tangentes ao eixo OY na origem.

Resp: $x = \dfrac{9\sqrt{35}}{40} y^2$

24) **(IME)** – Determine a equação da reta que passa por um dos vértices da curva definida por: $4y^2 + 8y - x^2 = 4$, formando um ângulo de 45° com o eixo horizontal.

R. : $y = x - 1 \pm \sqrt{2}$

25) **(ITA)** Considere a região do plano cartesiano definida pela desigualdade $x^2 + 4x + y^2 - 4y - 8 \leq 0$. Quando essa região rodar um ângulo de $\dfrac{\pi}{6}$ radianos em torno da reta $x + y = 0$, ela irá gerar um sólido de superfície externa total com área igual a:

a) $\dfrac{128}{3}\pi$.**(X)**

b) $\dfrac{128}{4}\pi$.

c) $\dfrac{128}{5}\pi$.

d) $\dfrac{128}{6}\pi$.

e) $\dfrac{128}{7}\pi$.

26) **(ITA)** A distância focal e a excentricidade da elipse com centro na origem e que passa pelos pontos $(1,0)$ e $(0, -2)$ são, respectivamente,

a) $\sqrt{3}$ e $\dfrac{1}{2}$.

b) $\dfrac{1}{2}$ e $\sqrt{3}$.

c) $\dfrac{\sqrt{3}}{2}$ e $\dfrac{1}{2}$.

d) $\sqrt{3}$ e $\dfrac{\sqrt{3}}{2}$.

e) $2\sqrt{3}$ e $\dfrac{\sqrt{3}}{2}$.**(X)**

27) **(ITA)** Considere todos os números $z = x + iy$ que têm módulo $\dfrac{\sqrt{7}}{2}$ e estão na elipse $x^2 + 4y^2 = 4$. Então, o produto deles é igual a:

a) $\dfrac{25}{9}$.

b) $\dfrac{49}{16}$. **(X)**

c) $\dfrac{81}{25}$.

d) $\dfrac{25}{7}$.

e) 4.

28) **(ITA)** Considere a família de circunferências com centros no segundo quadrante e tangentes ao eixo Oy. Cada uma dessas circunferências corta o eixo Ox em dois pontos, distantes entre si de 4 cm. Então, o lugar geométrico dos centros dessas circunferências é parte:

a) de uma elipse.

b) de uma parábola.

c) de uma hipérbole. **(X)**

d) de duas retas concorrentes.

e) da reta $y = -x$.

29) **(ITA)** Sabe-se que uma elipse de equação $\dfrac{x^2}{a^2} + \dfrac{y^2}{b^2} = 1$ tangencia internamente a circunferência de equação $x^2 + y^2 = 5$ e que a reta de equação $3x + 2y = 6$ é tangente à elipse no ponto P. Determine as coordenadas de P.

resp. (8/9,5/3)

30) **(ITA)** Os focos de uma elipse são $F_1(0, -6)$ e $F_2(0,6)$. Os pontos $A(0,9)$ e $B(x, 3)$, $x > 0$, estão na elipse. A área do triângulo com vértices em B, F_1 e F_2 é igual a

a) $22\sqrt{10}$

b) $18\sqrt{10}$

c) $15\sqrt{10}$

d) $12\sqrt{10}$ **(X)**

e) $6\sqrt{10}$

31) **(ITA)** Assinale a opção que representa o lugar geométrico dos pontos (x, y) do plano que satisfazem a equação

$$\begin{bmatrix} x^2 + y^2 & x & y & 1 \\ 40 & 2 & 6 & 1 \\ 4 & 2 & 0 & 1 \\ 34 & 5 & 3 & 1 \end{bmatrix} = 288.$$

a) Uma elipse.

b) Uma parábola.

c) Uma circunferência. **(X)**

d) Uma hipérbole.

e) Uma reta.

29

Geometria Analítica no R^3

01) **(EN)** – A equação do plano que passa pelos pontos $(1, 0, 1)$ e $(0, 1, -1)$ e é paralelo ao segmento que une os pontos $(1, 2, 1)$ e $(0, 1, 0)$ é:

a) $3x - y - 2z - 1 = 0$ **(X)**

b) $x - 3y + 2z + 1 = 0$

c) $3x - y + 2z - 1 = 0$

d) $-5x + y + 2z + 3 = 0$

e) $2x - 3y + z - 1 = 0$

02) **(EN)** – Se $\vec{u} + \vec{v} + \vec{w} = \vec{o}$, $\left|\vec{u}\right| = \dfrac{3}{2}$, $\left|\vec{v}\right| = \dfrac{1}{2}$ e $\left|\vec{w}\right| = 2$, o valor da soma dos produtos escalares $\vec{u} \cdot \vec{v} + \vec{v} \cdot \vec{w} + \vec{u} \cdot \vec{w}$ é igual a:

a) 1

b) 0

c) $\dfrac{-1}{4}$

d) -1

e) $\dfrac{-13}{4}$ **(X)**

03) **(EN)** – Sabendo-se que $\vec{u}$ e $\vec{v}$ são vetores que satisfazem as seguintes condições:

I) $\vec{u}$ é paralelo a $\vec{w} = \vec{i} - \vec{j} + \vec{k}$

II) $\vec{v}$ é ortogonal a $\vec{w}$

III) $\vec{a} = \vec{u} + \vec{v}$, onde $\vec{a} = 2\vec{i} + \vec{j} - 3\vec{k}$

Podemos afirmar que o produto vetorial, $\vec{u} \times \vec{v}$, é:

a) $\dfrac{-16}{9}\vec{i} + \dfrac{2}{9}\vec{j} + \dfrac{14}{9}\vec{k}$

b) $\dfrac{-2}{3}\vec{i} + \dfrac{2}{3}\vec{j} - \dfrac{2}{3}\vec{k}$

c) nulo

d) $\dfrac{-4}{3}\vec{i} - \dfrac{10}{3}\vec{j} - 2\vec{k}$ **(X)**

e) $\dfrac{-16}{3}\vec{i} + \dfrac{2}{3}\vec{j} - \dfrac{14}{3}\vec{k}$

04) **(EN)** – O valor de m para que as retas r e s

$$r:\begin{cases} y = mx - 3 \\ z = -2x \end{cases} \quad e \quad s:\begin{cases} x = -1 + 2t \\ y = 3 - t \\ z = 5t \end{cases}$$

sejam ortogonais é:

a) -10

b) -8 **(X)**

c) 4

d) 6

e) 8

05) **(EN)** – A equação do plano que contém as retas de equação $\dfrac{x-4}{3} = y - 3 = \dfrac{z-5}{4}$ e $\dfrac{x-6}{5} = \dfrac{y-4}{2} = \dfrac{z-3}{2}$ é igual a:

a) $4x + 3y + 5z = 13$

b) $6x + 4y + 3z = 12$

c) $6x - 14y - z = 0$

d) $6x - 14y - z = -23$ **(X)**

e) $4x + 3y + 5z = 12$

06) **(EN)** – Os vetores $\vec{u}$ e $\vec{v}$ são tais que $|\vec{u} + \vec{v}| = 10$ e $|\vec{u} - \vec{v}| = 4$. O produto escalar $\vec{u} \cdot \vec{v}$ vale:
a) -1
b) $2\sqrt{5}$
c) 21 **(X)**
d) 29
e) 40

07) **(CFO)** – Os vetores $\vec{v_1} = x\vec{i} + 2\vec{j} + 3\vec{k}$ e $\vec{v_2} = 2\vec{i} - \vec{j} + 2\vec{k}$ são perpendiculares. O valor de x é:
a) -2 **(X)**
b) -1
c) 0
d) 1
e) 2

08) **(EN)** – A componente do vetor $\vec{u} = (5, 6, 5)$ na direção do vetor $\vec{v} = (2, 2, 1)$ é o vetor:

a) $\left(\dfrac{5}{\sqrt{86}}, \dfrac{5}{\sqrt{86}}, \dfrac{5}{2\sqrt{86}} \right)$
b) $(6, 6, 3)$ **(X)**
c) $(10, 10, 5)$
d) $\left(\dfrac{2}{3}, \dfrac{2}{3}, \dfrac{1}{3} \right)$
e) $\left(\dfrac{5}{2}, \dfrac{5}{2}, \dfrac{5}{4} \right)$

09) **(EsFAO)** – O vetor $\vec{v} = (-1/2, a)$ é unitário, então:
a) $a = \pm\sqrt{3}/2$ **(X)**   d) $a = \pm 1$
b) $a = \pm 1/2$ e) $a = \pm 3/2$
c) $a = \pm 1/4$

10) **(EsFAO)** – Sendo $\vec{u} = 2\vec{i} - 3\vec{j}$ e $\vec{v} = 4\vec{i} + \vec{j}$, o vetor $\vec{w} = 2\vec{u} - 3\vec{v}$ pode ser representado pelo par ordenado:

a) $(-8, -9)$ **(X)**

b) $(8, 9)$

c) $(-9, -8)$

d) $(9, 8)$

e) $(0, 0)$

11) **(EsFAO)** – Os vetores u e v pertencentes ao R^3 determinam um ângulo de 135° e são tais que $\left| \vec{u} \right| = \sqrt{2}$ e $\left| \vec{v} \right| = \sqrt{3}$. O valor de $\left| \vec{u} \times \vec{v} \right|$ é:

a) 3

b) $\sqrt{3}$ **(X)**

c) $\dfrac{\sqrt{3}}{2}$

d) $-\dfrac{\sqrt{3}}{2}$

e) $-\sqrt{3}$

12) **(EN)** – As equações da reta que passa pelo ponto $P(3, -2, -4)$, é paralela ao plano $3x - 2y - 3z - 7 = 0$ e intercepta a reta $\dfrac{x-2}{3} = \dfrac{-4-y}{2} = \dfrac{z-1}{2}$ são:

a) $\dfrac{x-3}{5} = \dfrac{y+2}{-6} = \dfrac{z+4}{9}$ **(X)**

b) $\dfrac{x-3}{-43} = \dfrac{y+2}{30} = \dfrac{z+4}{-23}$

c) $\dfrac{x-5}{3} = \dfrac{y+6}{-2} = \dfrac{z+-9}{4}$

d) $\dfrac{x+43}{3} = \dfrac{y-30}{-2} = \dfrac{z+23}{-4}$

e) $\dfrac{x-2}{3} = \dfrac{y+4}{-2} = \dfrac{z-1}{2}$

13) **(EsFAO)** – Os vetores $\vec{u}$ $(2, -1, 3)$ e $\vec{v}$ $(3, k, -1)$ são perpendiculares. O valor de k é:
a) $\sqrt{2}$
b) $\sqrt{3}$
c) 2
d) 3 **(X)**
e) 6

14) **(EN)** – $\vec{u}$ e $\vec{v}$ são vetores tais que $\vec{u} \cdot \vec{v} = 1$ e $\vec{u} \times \vec{v} = \vec{i} + \vec{j} + \vec{k}$. O ângulo entre $\vec{u}$ e $\vec{v}$ vale:
a) $30°$
b) $45°$
c) $60°$ **(X)**
d) $90°$
e) $120°$

15) **(EN)** – O gráfico da solução do sistema $\begin{cases} x = 2 \\ y = 3 \end{cases}$ é, no R^2 e no R^3, respectivamente:
a) um ponto e uma reta **(X)**
b) uma reta e um plano
c) um ponto e um ponto
d) um ponto e um plano
e) inexistente e uma reta

16) **(EN)** – Coloque, na coluna direita V quando a afirmação é verdadeira e F quando é falsa.
I) Se $(\hat{a}, \hat{b}, \hat{c})$ é uma progressão aritmética então $(a^2 b c, a b^2 c, a b c^2)$ também é. ( )
II) O produto dos 17 primeiros termos da progressão geométrica $(3^8, -3^7, 3^6, \ldots)$ é 1 ( )
III) Os pontos $A(2, 2, 3)$, $B(0, 1, 2)$, $C(-1, 3, 3)$, $D(3, 0, 1)$ não são coplanares ( )

Lendo a coluna da direita de cima para baixo encontramos:

a) V V F **(X)**

b) V V V

c) F F F

d) F V F

e) V F V

17) **(EN)** – Dois vetores $\vec{u}$ e $\vec{v}$ são unitários e formam um ângulo de 30°. O módulo do vetor soma ($\vec{u}$ + $\vec{v}$) é:

a) $\sqrt{2+\sqrt{3}}$ **(X)**

b) $\sqrt{6}$

c) $2\sqrt{3}$

d) $\sqrt{3}+2$

e) $3+\sqrt{2}$

18) **(EN)** Sejam $\vec{u} = (-1,0,1+c)$, $\vec{v} = (-1,0,0)$ e $\vec{w} = (0,1,-1)$ vetores do , $c \in \Re$. Se o ângulo entre os vetores $\vec{u}$ e $(\vec{v} x \vec{w})$ é $\dfrac{\pi}{3}$ radianos, então o valor não nulo de c é

a) 3

b) 2

c) -2 **(X)**

d) -3

19) **(EN)** Se $\left|\vec{u}\right| = 3$ e $\left|\vec{v}\right| = 4$, o valor máximo de $\left|\vec{u} x \vec{v}\right|$ é:

a) 1

b) 3

c) 4

d) 5

e) 7 **(X)**

20) **(EN)** A reta no $\Re^3$ que passa pelo centro da esfera
$x^2 + y^2 - 4x - 2y = 5$ e é perpendicular ao plano
$2x - 3y - z + 1 = 0$ tem equações paramétricas
a) x = 2 + 2t , y = -3 + t , z = -t , t ∈ $\Re$
b) x = 2 + 2t , y = 1 – 3t , z = -t , t ∈ $\Re$ **(X)**
c) x = 1 – 2t , y = 1 + 2t , z = -1 – t , t ∈ $\Re$
d) x = 1 + t , y = 2 + 2t , z = -1 + t , t ∈ $\Re$

ANOTAÇÕES

Impressão e acabamento
Gráfica da Editora Ciência Moderna Ltda.
Tel: (21) 2201-6662